基于教育共同体的课改实践之十年探索

邹全红　主编

苏州大学出版社

图书在版编目(CIP)数据

基于教育共同体的课改实践之十年探索 / 邹全红主编. —苏州：苏州大学出版社，2020.10
ISBN 978-7-5672-3265-5

Ⅰ.①基… Ⅱ.①邹… Ⅲ.①中学-教学改革-经验-苏州 Ⅳ.①G632.0

中国版本图书馆 CIP 数据核字(2020)第 152019 号

书　　名：基于教育共同体的课改实践之十年探索
主　　编：邹全红
责任编辑：周建国
装帧设计：吴　钰

出版发行：苏州大学出版社(Soochow University Press)
社　　址：苏州市十梓街1号　邮编：215006
印　　装：宜兴市盛世文化印刷有限公司
网　　址：www.sudapress.com
邮　　箱：sdcbs@suda.edu.cn
邮购热线：0512-67480030
销售热线：0512-67481020
开　　本：700 mm×1 000 mm　1/16　印张：22　字数：384千
版　　次：2020年10月第1版
印　　次：2020年10月第1次印刷
书　　号：ISBN 978-7-5672-3265-5
定　　价：78.00元

凡购本社图书发现印装错误，请与本社联系调换。服务热线：0512-67481020

本书编写组

主　编　邹全红
副主编　钱　芳　钱　玲　朱　刚
　　　　袁　英
编　委　施　静　陆　娴　周　欢
　　　　王　珣　李　婷　谢　亮
　　　　郑　馥　季　菊　王　彬
　　　　金　超　陆根生　谢　波
　　　　薛钧东　许　静　张来群
　　　　周　俐　颜妍霞　方剑影
　　　　胡　静　吴晓红

前言　溢彩流香　臻至完美　／Ⅰ

彩香　聚贤引道,在呵护中奋斗前行　／1

溢彩流香　美在路上(钟启泉)　／3
春风杏坛　行者无疆(成尚荣)　／5
溢彩流香　再现芬芳(王少东)　／7

初心　为党育人,在"三厚"中沉淀素养　／9

溢彩流香在路上
　　——基于核心素养发展的教育共同体建设的实践探索(邹全红)　／11
厚其道　彩其人　香其学:一所普通初中的逆袭之路(邹全红)　／17
"三厚教育"引力学校发展(邹全红)　／22
课程变革打开成长空间(邹全红)　／26
能效课堂助生本教育理念落地(钱　玲)　／29

创新　深耕课堂,在变革中激发能效　／33

(一) 架构:筑起课堂改革的四梁八柱　／35
　　能效ACP课堂子课题项目实施方案(讨论稿)　／35
　　理念先行,坚持课改(邹全红)　／38
　　传承与创新　课程展魅力
　　　　——基于核心素养的"厚朴·厚博"课程体系的探索实践(钱　芳)　／42

　　苏州市彩香实验中学能效ACP课堂生训体系(施　静)　/49

　　初中能效ACP课堂教学实践改革

　　　　——班组文化建设子课题总结与反思(姚浩宇)　/57

　　完善综合评价体系　助推品格素养提升(王　珦)　/62

(二)落地:雕琢学科推进的课堂细节　/65

　　能效ACP课堂语文教学案　《呼兰河传(节选)》(一)(张来群)　/65

　　能效ACP课堂语文课堂反思　《呼兰河传(节选)》(二)(张来群)　/71

　　能效ACP课堂语文教学案　学会读古诗(一)(周　俐)　/73

　　能效ACP课堂语文导学案　学会读古诗(二)(周　俐)　/80

　　能效ACP课堂数学导学案　锐角三角函数正切　/83

　　能效ACP课堂英语教学案　Comic strip & Welcome to the unit(陈　婧)
　　　　/87

　　能效ACP课堂政治教学案　走向世界的中国(钱　芳)　/92

　　能效ACP课堂历史导学案　列宁与十月革命(苏云琰)　/98

　　能效ACP课堂地理教学案　工业(一)(蒋　栋)　/105

　　能效ACP课堂物理教学案　初中物理透镜教学设计(汤晶晶)　/108

　　能效ACP课堂生物教学案　饮食与营养(钱　玲)　/114

　　能效ACP课堂体育教学案　八年级双杠教学(王现德)　/119

持续　科研助推,在接力中提升内涵　/125

从江苏省教科院"十二五"重点规划课题走向"十三五"规划课题　/127

呈现　同频共振,在绽放中美美与共　/139

(一)教育论文:吹起研究之风　/141

　　根植在学校生活中的初中教育共同体的实践研究(邹全红)　/141

　　饱览能效ACP课堂几抹亮色(张来群)　/143

　　教出语文"三趣"(张来群)　/146

　　能效ACP课堂中的小组合作学习运行机制探究(张来群)　/152

腾挪跌宕　曲径通幽
　　——让"故事"在记叙文中"拔节"(张来群)　　　/157
在小组合作中提高初中语文作文教学的有效性(张　寒)　/163
从互学走向共学(张　寒)　/166
巧设语文活动以培养学生语文的能力和习惯(程晓慧)　/169
"未来教室"环境下数学教学的反思(薛钧东)　/174
学习目标及策略在英语能效ACP课堂教学中的应用(徐梅方)　/180
小组合作课堂与核心素养的培养
　　——基于彩香实验中学能效ACP课堂实践感悟之一(袁　英)　/184
精心预设讨论课题,激发学生探究欲望
　　——基于彩香实验中学能效ACP课堂实践感悟之二(袁　英)　/189
静听勤思深度对话,科学构筑合作讨论
　　——基于彩香实验中学能效ACP合作课堂实践感悟之三(袁　英)
　　　　　　　　　　　　　　　　　　　　　　　　　　　/194
依托小组合作学习转化初中英语"学困生"(方　瑜)　/200
叶圣陶"引导自学"教学思想与能效ACP课堂模式的融合研究(施　静)
　　　　　　　　　　　　　　　　　　　　　　　　　　　/209
王韬在上海格致书院的教育实践(吴　韵)　/216
小组合作促进学习可见(汤晶晶)　/221
小组合作下的初中物理教学(祁鸿杰)　/223
运动与快乐齐飞翔——谈初中体育课的愉快教学(金　超)　/227

(二)课改感言:燃起奋斗之情　/232
一抹飞鸿惊煞人
　　——苏州市彩香实验中学校教改掠影(邹全红)　/232
语文组教师课改感言　/237
数学组教师课改感言　/240
英语组教师课改感言　/242
政治组教师课改感言　/244
历史组教师课改感言　/246

地理组教师课改感言　/247

　　生物组教师教改感言　/248

　　艺术组教师课改感言　/249

　　初一学生课改感言　/250

　　初二学生课改感言　/259

　　初三学生课改感言　/304

（三）学生获奖：奔向卓越之路　/312

　　荣誉总汇　/312

　　艺术、体育类获奖　/315

　　科技类获奖　/317

（四）学校荣誉：铸就品牌之光　/319

（五）媒体报道：展呈辐射之力　/320

溢彩流香　臻至完美

江苏省苏州市彩香实验中学校创办于1984年,坐落于姑苏古城,毗邻苏州市委、市政府办公大楼,是苏州市教育局直属公办初级中学。

学校现有教职工143人,其中,省特级教师1人,大市学科带头人6人,市区学科带头人20人,现有30个教学班,1 100多名学生。

学校以"厚道"为校训,秉持"合作学习,幸福成长,超越自我"的办学理念,以"办老百姓喜爱的,有品位、有特色的优质初中校"为办学目标,全员育人,立德树人。

近年来,学校在江苏省教育科学规划"十二五"规划课题《初中能效ACP课堂实践研究》和"十三五"规划课题《未来学校视域下教育共同体建设的行动研究》的引领下,探索教育综合改革。学校围绕"厚道"文化营造丰厚的校园文化,探索"厚学"课堂践行小组合作,开发"厚蕴"课程成就学生成长,施行"厚道"评价培育核心素养。学校逐步形成了棋类、阅读、科技、体育等特色鲜明的教育形式。

学校荣获全国未成年人思想道德建设重要贡献奖,并被评为全国群众体育先进集体、全国奥林匹克教育示范学校、全国青少年校园足球示范学校、全国红十字模范学校、中国STEM教育种子学校、江苏省文明单位、江苏省教育现代化工程示范初中、江苏省德育先进学校、江苏省初中教学研究先进集体、江苏省初中教学团队建设特色学校、江苏省青少年科技教育特色学校等。

彩中教育,惠及学子,溢彩流香。近年来,彩中学子在课改中快乐成长,自信、阳光、蓬勃、向上,他们在各级各类比赛中获得世界金奖1项,亚太金奖1项、银奖2项,全国一等奖6项,省特等奖1项,省一等奖13项,省二等奖17项,市特等奖2项,市一等奖76项,市二、三等奖200余人次。

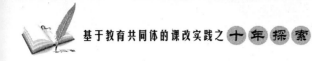

彩中教育，启迪同道，引领全国。近年来，全国100多所学校近10 000名专家、校长、教师来校参观，课改成果受到中国主流媒体《中国教育报》《教育视界》、全国中文核心期刊《中小学管理》、教育行政部门、官方媒体及各类报刊的高度关注和专门报道。

彩中教育，开拓创新，臻至完美。新时代的彩中人，将胸怀美好教育的理想，成就教育的美好，成全学生美好生命的绽放。

彩 香

聚贤引道，在呵护中奋斗前行

溢彩流香　美在路上

钟启泉

2018年3月26日,笔者受苏州市彩香实验中学邹全红校长的邀请,参加了由苏州市教育局主办、苏州彩香实验中学承办的"苏州区域整体推进有效教学实践研究暨基于学习共同体的有效教学研究研讨会",在此次研讨会上,彩香实验中学的师生向来自全国各地的近六百名校长和骨干教师呈现了基于学习共同体研究与实践以来获得的成效。笔者欣喜地看到了彩中人对学习共同体的理解,欣喜地看到彩中人对教育教学改革的认真和执着,程晓慧老师为来宾呈现了一节基于学习共同体的能效"ACP"的语文课堂,孩子们在课堂上认真倾听,相互合作探究,勇敢地表达思想,真正做到了课堂从传递中心转变为对话中心,真正实现了课堂转型,笔者真心为这样的课堂而感到高兴。

笔者一直认为课堂是交织着多重声音的世界。李普曼主张,课堂应当成为"探究的共同体"(community of inquiry)。所谓"探究"是一种自我批判的实践,一种孜孜不倦地探究未知世界的活动。探究永远是基于共同体的,而共同体也永远是基于探究的。这种共同体的最大特征是共同探索真理,学会思考,并且奠定社会的基石——人际纽带,在这里,关键的课题在于教师的角色转换。笔者欣喜地看到彩香实验中学的教师们正在努力地实现角色的转变,走了一条正确的课改之路。

教育部陈宝生部长已经吹响了课堂革命的号角,但如何真正地在学校生根落地,还是需要一个漫长的过程。课堂转型归根结底是要摒弃传统课堂推崇的"应试学力",课堂转型是学校改革的核心,今日的学校必须为明日的社会造就拥有"主体性觉悟"的"探究者",而不是"记忆者"。课堂改革的焦点是从"独白式"到"对话式",课堂绝不是单向传递的场所,它是一种沟通的组织,是师生之间借助交互作用,相互传递信息、彼此交流思想,从而获得创见、变革自我的一种沟通。

在当今的课堂上,教师的作用不是简单地"传授",而是促进对话的提问,

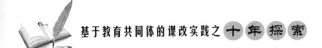

等待学生的表达,在课堂的对话性实践中,学生彼此尊重,相互倾听对方的见解,形成彼此的主张,发现各自的困惑,展开互补的讨论。这种"对话流",正是学生头脑中的"思考流"的外化。

我们的课堂在转型之中,其间迸发出的教育智慧将是无穷无尽的。革新的教师一定会积蓄丰富的经验与充沛的能量,从多声交响的课堂里飞出一首首崭新的歌。

邹全红校长担任过两所学校的校长,她十年前在苏州市第二十六中学担任校长时,就着手进行课堂模式变革的探索,探索基于小组合作的学习共同体的实践。苏州市第二十六中取得了明显的变化,从该校走出了一大批干部,学生的习惯养成越来越好,学习劲头越来越大,学业成绩也飞速提高,可以说创造了奇迹。2014年,邹全红调任苏州市彩香实验中学,这是一所合并的学校,生源质量不高,教师工作干劲不足,然而,邹校长不忘教育初心,继续探索学习共同体建设,加大课改力度,从班组文化建设、导学案制定与课堂流程管理、生训体系构建及评价体系运用等多方面构筑课堂改革的闭环。经过短短的几年时间,彩中发生了巨大的变化,取得了前所未有的好成绩,一切的一切归功于课堂的转型与改革。

笔者衷心希望苏州市彩香实验中学坚持学习共同体的研究与实践,为苏州教育乃至全国教育竖起真正的课堂改革的标杆!

春风杏坛　行者无疆

成尚荣

苏州是一座以文化和休闲著名的古城,笔者曾多次到过这座城市,喜爱她悠闲的市井气息,喜爱她恬淡的文化底蕴。尽管大多数情况下都匆匆而过,但因为工作的原因,还结识了这座温婉的千年古城里几位安静而不安分、敏锐而有朝气的教育工作者及他们背后的学校,其中就有邹全红校长和她所在的苏州市彩香实验中学。

一位女校长,一所普普通通的社区配套建设的公办学校,十年,扎扎实实地从基础的管理和课堂教学改革做起,进行全方位的课程改革,寻找核心素养落地的力量,创造性地推行"厚实管理、厚乐课堂、厚博课程"的"三厚教育",实施"厚学""厚问""厚德""厚道"的梯级评价制度,以江苏省"十二五"重点规划课题和江苏省"十三五"课题为依托创新发展,学校逐步走出了发展困境,得到了社会各界广泛的高度赞誉。

近几年来,不少学校都在关注学生的核心素养问题,自觉研究,自觉对照,自觉调整和改进课程与教学。这说明,课程改革在不断地改变我们,校长和其他教师的积极性、创造性得到了进一步开发,顶层设计与基层探索相结合的改革路线越来越清晰,也结合得越来越好。是的,核心素养不只是上层领导和专家学者们研究的事,像彩香实验中学这样的基层学校能参与到研究过程中去,有自己的表达,发出自己的声音,令人欣慰。

《基于教育共同体建设的课改实践之十年探索》这本书,是成果集,更是十年间点点滴滴的呈现,凝聚了彩香实验中学从学校教育到课堂教学,从校长到教师及学生各方的见解、智慧和努力。我们欣喜地看到邹全红校长对学校改革的初心不改、坚定执着,看到彩中的教师们对课程改革的诚心支持、积极践行,看到彩中的学生们对变化了的课堂和丰富多彩的教学活动的喜爱与热情投入,看到整个学校精神面貌的焕然一新,这一切都在证明:为了做到"让每个孩子享有公平而有质量的教育",立德树人、核心素养、课堂转型这几个关键词

在这里开始落地生根。

春风入杏坛,十年写春秋。

教改实践探索的十年倏忽而过,留下了一个个奋斗者坚实的脚印,那是一群有理想的教育者,他们仰望星空,怀揣梦想,却又脚踏实地,着眼现实,持续创新,勇敢地走在教育改革的前线。

行者千里,已然无疆。

溢彩流香　再现芬芳

王少东

20世纪80年代初,苏州教育进入新的蓬勃发展时期。全市小学毕业生升学率连续五年超过99%,小学教学质量逐年攀升,小学教育普及任务基本完成,支持教育、发展教育的理念在全社会蔚然成风。把握机遇,乘势而上,提高初中教学质量,基本普及义务教育,使学校教育的层次、数量、质量与日新月异的城市形态格局更加匹配,呼应社会发展和人民需求,成为当时苏州教育紧迫而重要的议题。从大的方面来说,正是在这样的背景下,1984—1989年,经苏州市政府批准,彩香中学、三元中学等一批居民新村配套初级中学开始创办。这批新建学校顺应时势、主动进位,充实了基础教育力量,更新了苏州教育版图,提升了苏州教育设施水平,满足了人民群众享受优质教育资源的美好愿望,在苏州古城"西延东扩"迈向"大城时代"的历史进程中,充分体现了教育工作者的时代感和使命感。

笔者是这一时期教育事业改革发展的见证者和亲历者,对这几所学校的情况都很熟悉。彩香中学、三元中学等校领导班子和全体教职员工克服了创办之初的各种困难,从无到有,白手起家,自加压力,团结奋进,一任接着一任干,在较短的时间内,探索和形成了鲜明的办学特色,在师资队伍、校园环境、教风学风、素质教育和办学质量等方面,"年年一层楼,三年迈了三大步",以优良的办学实绩塑造了各具特色的教育品牌,赢得了广泛的社会赞誉。

2013年,彩香中学与三元中学启动合并办学,成为苏州市第一中学分校(苏州市彩香实验中学),实施优化重组,迎来了彩香中学历史上一次重大的变革。2014年,笔者应邀参加彩香中学建校30周年、三元中学建校25周年校庆,新合并校成立之初,不可避免地遇到了一些困难,经历了一些"成长的烦恼",作为学校整个发展过程的见证者和亲历者,笔者对当时的新校提出了期望:坚定信心、迎难而上。新校成立,就像鲤鱼跳龙门,跳过去就是一片新天地,进入一种新境界!

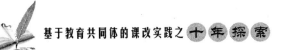

正是这一年,邹全红受命调任彩香实验中学校长,挑起新校发展的重担。2014年11月,学校以江苏省"十二五"重点规划课题《初中能效ACP课堂的实践研究》为引领,打破原有的课堂模式,开展小组合作学习的实践和探索。充分转变教师教学理念、更新学生的学习方法,配合学校整体课程建设,形成了颇具特色的苏式校园,为教师素养提升、为学生多元成长搭建了宽广的平台。彩中人对课改的不断追求,让学校取得了可喜的成绩和显著的发展。学校的中考合格率连续三年一路攀升,2018年更是达到了十年之最;学校的声誉越来越好,五湖四海的学校前来参观、结对,美好的苏式教育传遍了全国各地。

2019年,两校合并后的第五年,笔者再次来到彩香实验中学。校园内,有着满是历史积淀的校史墙,文化气息浓郁的"厚道"广场,典雅园林风格的"彩香园",别是一番风景的"采撷园";这边是苏绣、核雕、桃花坞木刻年画的吴文化专用教室,那边是未来工程师实验室、机器人模拟实验室、地理探究室等科学技术专业场所,"笑脸墙""诚信小屋""班级文化展示墙"……历史、当下与未来在时空中交相辉映,校园文化的踪迹随处可见。课堂里的学生在讲台上自信满满,操场上的学生在奔跑中彰显活力。校园外,学生和教师们都在他们各自的领域绽放光彩,成绩斐然。彩香实验中学用硕果累累的成绩单展示了她的新天地、新境界。邹全红校长带领全体彩中人用实践证明,任何一项工作都是挑战与机遇并存,沉着应对挑战,全面把握机遇,才可以赢得主动、赢得优势。她用五年的时间,让曾经陷入低谷的彩香实验中学,实现了一次绝妙的"华丽转身",如今的彩中,正以强劲的姿态重回学校二十多年前最好的时期。溢彩流香,这所苏州地区的传统名校,终于再现芬芳。

少年智则国智,少年强则国强。今天的孩子们,有着不可限量的潜力和不可估量的未来。肩负教育重担的彩中人,更应该顺应时代的潮流,站在最需要改革的阵地上,为孩子们提供更加广阔的舞台。笔者衷心希望苏州市彩香实验中学校,在学校领导班子的带领下,不忘教育初心,牢记育人使命,勇于改革创新,着力真抓实干,持续向好发展,再创火红年代彩香教育发展激情燃烧、干事创业的新篇章!期待苏州的教育事业,能引领更多的孩子走向更加美好的未来!

初 心

为党育人，在"三厚"中沉淀素养

溢彩流香在路上

——基于核心素养发展的教育共同体建设的实践探索

邹全红

哈佛大学一位校长曾说过："我想让我到过的地方比没有到过的地方更美一些！"十多年的校长经历，笔者始终以此作为教育追求，时常和笔者的团队及老师们说道：我希望让我到过的学校比没有到过的学校更美一些，同时更希望让那些和我在一起的教师与孩子比没有和我在一起的更幸福快乐些！在践行自己的教育追求和理想的路上，充满了挑战，笔者遇到了太多的问题，碰到了太多的烦恼，甚至想到要放弃，但是，本着教育初心，笔者一步一步地坚持了下来，终于有了云开雾散的感觉，或许就是所谓金蝉定律、竹子定律给了笔者启示吧：成功，需要厚积薄发，需要忍受煎熬，需要耐得住寂寞，只有坚持，坚持，再坚持，才会到达最后成功的那一刻。

2008年8月，笔者被苏州市教育局任命为苏州市第二十六中学校长，从那时起，笔者就努力地追求自己的教育梦想，验证自己的教育格言——用爱为孩子撑起一片蓝天。笔者在二十六中担任校长的六年，积极探索课改路径，为了每一个孩子生命美好的绽放，带领一班人，积极探索适合孩子成长的课堂和课程，并且勇于付诸实践，取得了显著的成效，在2012年申报了江苏省教育科学院"十二五"重点规划课题《初中能效ACP课堂模式的研究与实践》，2013年获批，在此课题的引领下，学校各方面的工作取得了长足的进步，学校的改革锻炼培养了一批年轻中层领导，让他们在教育局的干部竞聘活动中脱颖而出，为苏州市教育局输送了多名优秀的校长和处长，学校也被评为苏州市文明单位、江苏省艺术特色学校、教育部全国优秀文化传承学校。2014年8月，一纸调令，笔者被市教育党工委调到了苏州市第一中学分校（苏州市彩香实验中学）担任校长。苏州市第一中学分校（苏州市彩香实验中学）是一所非常复杂的学校，是由彩香中学和三元中学两所学校合并重组而成的。这两所学校分别始建于1984年和1989年，属于与居民新村相配套的初级中学。自建校以来,两校均有过辉煌的历史,但随着立达等四大民办公助学校的扩招,以及苏州教育的一系列布局调整,再加上两校教学质量的逐渐滑坡,办学条件的日趋弱化,导致地段内优质生源留不住,两校学生70%以上均为外来务工人员子弟。2013年,苏州市教育局为促进城区义务教育优质均衡发展,扩大优质教育资源的覆盖面,为新城区建设提供优质品牌支撑,苏州市第一中学分校实施品牌输出,与彩香中学重组,成立苏州市第一中学校分校(苏州市彩香实验中学校),但是两校重组并未从根本上改变办学越来越难的现状,反而出现了更多的困难。两校文化的差异、学校管理模式的差异、绩效分配的差异、每年面广量大的教师交流、教师人心不稳……教师教得累、学生学得沉闷的现状一直困扰着我们。"如何才能改变彩中的现状""如何才能将上级教育行政部门所定位的实验学校的'实验'二字落到实处",笔者带领着班子开始苦苦思考这些问题,并在彩中师生中开展了大讨论,我们且行且思考,且行且改革,在笔者任职的几年里,通过以下努力,让处于低迷状态的彩香实验中学实现华丽转身。

一、聚其心

习近平总书记说过:人心是最大的政治。世界之力,人心为最!团结是永恒的主题。能用众力,则无敌于天下;能用众智,则无畏于圣人。孟子曰:"天时不如地利,地利不如人和。"人心向背是决定学校成败的关键!如何把一盘散沙聚拢,第一件要做的事就是完善、优化管理制度和机制,管理的最高层次是文以化人,但对如此错综复杂的合并学校,我们还是需要立一些规矩,在学校一定要做到制度第一,校长第二,只有做好了这一点才会得人心。于是我们着手完善和优化学校的各项规章制度,在一年中,修订了教学"七认真"考核制度,改革绩效分配制度、教职工出勤考核制度、教职工发展性评估考核指导、中层干部竞聘制度、班主任竞聘及考核制度,选举了新一届教代会代表,选举产生了新一届工会委员会等。这些制度和举措深入人心,改变了教师原来懒散的作风,改善了干群之间的关系。第二件事,就是通过开展各类活动来凝聚人心,归纳起来一共有六类活动。

第一,重大活动振精神。每年学校都会举办一次重量级的大型活动,主要目的是提振全校精神。2014年,恰逢彩香中学建校30周年、三元中学建校25周年,利用此契机,学校开展了以"联袂添活力 融合续华章"为主题的校庆系列活动。其中,举办了一次校长微论坛,邀请了两校的老校长们来为合并学校如何发展出谋划策,彩香中学第一任校长王少东(时任苏州市委常委、市委秘书长)亲临学校,他回忆过去奋斗的场景,鼓励我们继续努力,再创辉煌,全校师生精神大振。

第二,师德活动树正气。习总书记提出的做"四有教师",其中最重要的是要有道德情操。因此,师德师风教育一定要抓紧抓实,每年学校和教师们签订师德师风承诺书,开展师德的"六个一"活动,即许一份承诺,送一次温暖,做一次家访,上一节好课,与学生进行一次谈心,写一份心得。

第三,教育活动提水平。每年开展大量的教育活动,比如,每年举办两次以彩中为"盟主"的苏州大市联盟活动,每次活动都精心组织,开展同课异构、班主任风采大赛、班会课PK、教科研课题分享、校长微论坛等。每次活动都得到当地教育局和市教育局领导的高度重视,领导亲临现场,为教师们颁奖鼓劲,让教师们有成就感,减少职业倦怠。与此同时,彩中加强名师共同体的建设,2015年,启动"名师引路 专业成长"工程,聘请了18名特级教师为彩中58个教师的导师,加快彩中骨干教师的成长。2018年,该工程第二轮启动,成立了"厚道名师工作坊",聘请了25位特级教师,一对一结对,更专业、更专心地指导彩中骨干教师成长,迅速提高学校整体教师专业水平。

第四,庆祝活动聚人心。每年彩中都会举行许多庆祝活动来凝聚人心,比如,每年9月10日,全校师生与部分家长集中在操场上,召开庆祝和表彰活动,该活动每年的主题不一,有"共庆教师节,共筑教育梦""不忘初心,向着明亮那方进发""携手逐梦,精进改革,再出发"等。每年年末,彩中举行不同主题的"彩中春晚",师生同台演出,其乐融融。

第五,文体活动暖人心。比如,每年在妇女节和儿童节都要组织女教师活动及亲子活动。在每年举办的教工运动会上,全校教职工都参与,怀旧铁圈、击鼓颠球、消防接力等活动让教职工体验到团队合作的力量。

第六,贴心活动感人心。比如,2017年的妇女节,笔者为每位彩中女教师送上亲笔写的贺卡,每位女教师都非常感动,当天刷爆微信朋友圈。

将心比心,以心换心,才能心心相印,众志成城。俗话说得好:"人心齐,泰山移。"随着时间的推移,如今的彩中人,真正聚成了一个强大的整体。

二、厚其道

"道"在这里指的是文化。文化的核心是某个群体共同的价值追求,而学校文化的核心就是全体师生共同的价值取向,它是学校发展的灵魂。并校之初,我们梳理了两校的文化,在继承其优秀文化的基础上,凝练了新的富有寓意的彩中新文化,以此引领学校的新发展。学校文化的最核心部分是校训"厚道",即厚做人之道,厚职业之道,厚治校之道;形成新的"三风":厚德明道,厚爱博学,厚学乐行;产生新的办学理念:合作学习,幸福成长,超越自我。在这些基础之上,我们确立了学校最朴实的办学目标:办百姓喜爱的、有特色、有品位的优质初中校。精神文化需要物化,教师和学生待在学校的时间非常长,因此,营造一个好的校园环境尤为重要。2014年之前的彩中校园没有明显的特色和品位,为了让彩中成为师生流连忘返的家园,2015年起,彩中着手实施"一、二、三、四工程","一"即对厚道广场进行了改造,赋予它苏州的特殊元素,有苏州的味道;"二"即樱花大道和红枫大道力图呈现高尚、美丽而又令人记挂的教育;"三"即三个园子,彩香园、厚蕴园、采撷园,让师生感受到四季的不同和沉甸甸的收获;"四"即四个棋类特色点,中国象棋、五子棋、围棋、国际跳棋,让孩子课堂上或课余有放松心情、陶冶情操的好地方。此外,2019年,学校启用的新食堂,环境优雅温馨,饭菜可口卫生,这让彩中的师生幸福感又提升了一大步。

三、彩其学

现代教育论认为,教育的核心是"促进人的全面发展",我们的教育必须做到一切为了孩子,为了每一个生命美丽地绽放!要实现这一点,说起来容易,做起来难,但在这些年中,我们坚持三方面的改革,努力使孩子得到了全面的发展。

第一,坚持课堂改革。新课程要求我们必须树立新的课程观,时代要求我们必须更新理念,教育部陈宝生部长吹起了"课堂革命"的号角,他说:"课堂是教育的主战场,课堂一端连接着学生,一端连接着民族的未来,教育改革只有进入课堂的层面,才真正进入了深水区,课堂不变,教育就不变;教育不变,学生就不变,课堂是教育发展的核心地带。"这么多年来,笔者做得最多也最辛苦的就是课改,我们践行两个理念:生本理念和学习金字塔理念;我们依托三个课题,其中的核心是省"十二五"重点规划课题《初中能效ACP课堂模式的实践研究》(2013—2017年)和省"十三五"重点规划课题《未来视域下的教育共同体建设的实践研究》;我们实施的是小组合作制的学习共同体的教育,是以小组文化建设为基础、以小组合作学习为核心的学生自主管理体系和自主教育体系。围绕课题,我们实施五大体系的建设。随着改革的深入,我们的课堂越来越被师生、家长接受,课堂内充满活力,我们的班组充满朝气。

第二,坚持课程改革。彩中逐步完善并形成了新的课程体系图谱,学校在这个方面主要开展如下工作:① 立足学生实际的核心素养指标设计;② 立足素养培育的课程图谱框架搭建;③ 立足资源整合的校本特色课程开发,完成基于核心素养培养的课程图谱设计。学校努力实施国家课程校本化工程,每年申报江苏省、苏州市的课程基地项目,都先后成功获批,并分别在年底的验收中获得示范和优秀级别。同时加强校本课程多样化的实施,我们为孩子建设了最美最优的课程环境,创设了 50 多个社团,为孩子的多元发展奠定了良好的基础,彩中社团多次被评为苏州大市十佳社团,2017 年,彩中被评为苏州市社团建设先进学校。

第三,坚持评价改革。有什么样的评价,就有什么样的教育! 教育能否为学生的终身发展服务、能否为学生的未来奠基,关键看学校是否有完善的教育评价体系。四年来,彩中不断探索建立起一套比较完善的学生发展性评价体系,对个人、小组、班级都分别设有评级和晋级两种制度,分为厚学、厚问、厚德、厚道四个等级,贯穿了孩子整个初中生涯。我们同时配以积分制,每月对学生进行表彰与积分兑换,这样大大提高了学生各方面的积极性,真正达到我们预设的功能:激励本人,感染他人,培养全面发展的人。

我们坚持构建关键能力—课程建设—课堂教学—综合评价系列模型,将关键能力具体化,易操作化。同时,我们也要让学生在学校遇到适宜自己成长的土壤,遇到自我绽放的平台,遇到和他一起前进的伙伴和老师,这些美好的"相遇"是我们的努力最大意义所在。

四、香其人

几年的融合,彩中人不忘初心,改革创新,逐梦前行,已然走在了一片芳香四溢的田野上! 我们的学生自信阳光、多才多艺、全面发展,中考成绩连年攀升,在各级各类比赛中屡屡获奖。据不完全统计,2016 年至今,彩中学子在科技、棋类、阅读、体育、英语等多项比赛中先后荣获世界金奖 1 项、亚太金奖 1 项和银奖 2 项,全国一等奖 6 项,省特等奖 1 项,省一等奖 13 项,省二等奖 17 项,大市特等奖 2 项,市一等奖 76 项,市二、三等奖 200 余人次。我们的教师

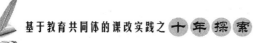

精益求精、敬业奉献、团结合作,在各类评优课、基本功比赛中取得了一个又一个好成绩,如今,我们的教师队伍热爱教育,静等花开,热爱生活,激情四射。

我们的学校溢彩流香,学校的课改已经吸引了来自省内外100多所学校近10 000人次的观摩和访问,国内外多所学校与彩中签订教改合作"跟岗协议"。全国中文核心期刊《中小学管理》及主流媒体《中国教育报》《教育视界》等都对彩中的改革与发展做了长篇的报道,2019年第22期《人民教育》杂志刊登了学校的教育案例,2019年3月29日《姑苏晚报》刊登了学校的特色育人故事,4月8日《苏州日报》整版报道了学校的教育改革。学校《初中能效 ACP 课堂模式的研究与实践》课题入选"江苏初中课堂教学改革优秀成果"。此外,彩中还被评为"全国课改基地学校"。

学校取得了一个又一个好成绩,先后被评为苏州市"文明校园",连续两年被苏州市教育局评为绩效管理优秀单位、江苏省生态教育示范学校、江苏省教学管理创新特色学校、苏州市课程示范基地学校、苏州市社团建设先进学校、苏州市家庭教育优秀项目学校、苏州市优秀党建书记项目一等奖、苏州市青少年体育先进集体等。

面对如此多的荣誉和关注,彩中人更加奉行"不忘初心,砥砺前行"的宗旨,虚心求教,近几年来,邀请华东师范大学终身教授钟启泉博士、国家督学成尚荣先生、江苏省教科院基础教育研究所倪娟所长、上海师范大学王健博士、苏州市教科院丁杰院长,以及苏州市教育局领导、调研员和省内外特级教师、市教研员及大市学科带头人来校指导基于教育共同体建设的改革实践活动,为彩中的发展出谋划策,使彩中的发展更上一层楼。

2019年4月,老校长王少东又一次来到了彩香实验中学,参加彩香中学建校35周年暨彩香实验中学合并5周年的纪念活动,他为彩中的显著变化感到万分高兴,因为彩中已经用硕果累累的成绩单展示了她的新天地、新境界。

没有对教育的本质理解,就不会有充满生命的课堂;没有对课改的执着追求,就不会有学生生命美好的绽放。在基于教育共同体建设的实践探索的路上,笔者已经坚持了十余年,非常喜欢这句话:不是看到希望才去坚持,只有坚持了才会看到希望。笔者将不忘教育初心,继续在为孩子们提供公平优质的教育路上砥砺前行!

厚其道　彩其人　香其学：
一所普通初中的逆袭之路

邹全红

"同学们,我给大家展示一堂微课'模拟呼吸运动装置的制作',这是我和伙伴们一起制作的。大家回去也可以学着做一个哦!"在初一(10)班的生物课上,"小老师"正在开展自主教学,通过一部自制小电影,教同学制作模拟呼吸运动的装置。

"同学们,请欣赏这些美丽的图片,这是长城的四季风采,这是从不同角度展现的长城的建筑艺术之美。""这是关于长城的历史故事、成语、谚语、歌谣和影视片……"在初二(1)班语文课上,两位"小老师"正在用他们自制的PPT,从多个维度来解读长城。

……

如今,只要你走进江苏省苏州市彩香实验中学的课堂,像这样的场景是再寻常不过了。但几年前,这里的课堂还与大多数传统课堂一样中规中矩、平平常常,甚至平淡乏味、了无生趣。以能效"ACP"教学模式研究为核心的课程与教学改革,为学校发展带来了巨大变化。

一、寻找复兴支点:以生为本,以学为本

2014年8月,笔者调任江苏省苏州市第一中学分校(彩香实验中学)校长,此时学校刚由原彩香中学与三元中学重组合并而成。两校的文化、管理、师资、生源等各不相同。原彩香中学在十几年前曾经辉煌一时,后来由于多种原因开始滑坡,初三中考成绩连续多年在市直20多所初中学校中近乎垫底。三元中学的情况也不容乐观。笔者第一天踏进学校教室时,就发现课堂死气沉沉。有的学生一到上课就萎靡不振,个别"睡神"上午第一节课就想睡觉;有的学生一上课就捣乱,教师一边上课一边维持纪律。两校重组又使得部分优秀教师流失,教师心态不稳、人心不齐。

师生精神涣散，得过且过，没有精气神；短时间内学校的设施设备、生源等也很难改善。在这种情况下，学校怎样才能走出困境？笔者与校领导班子成员、教师、同行和上级领导深入交流，同时进行系列问卷调查，最终决定从学校最薄弱、最紧要处着手，凝神聚力，聚焦课程，改革课堂，走"课改"之路。

首先，明确"厚道"办学理念。学校变革，必须凝聚人心，理念先行。在彩中，一进校门就能看到一块刻有"厚道"的巨石，"厚道"是本校资深老校长提出的校训。"厚"有深、广、大、宽容、仁善、淳朴、温暖等意。我们以"厚"字为核心，形成了一个系统的学校文化体系。比如，以"厚道"为校训，厚为人之道，厚职业之道，厚办学之道；以"厚德明道"为校风，以"厚爱博学"为教风，以"厚学乐行"为学风。师生在新的文化体系的引领下，提振了士气，明确了方向。

其次，以"生本教育"为理论依据。我们引导教师进行"生本教育"大讨论，理解"一切为了学生，高度尊重学生，全面依靠学生"的"生本教育"内涵。教师们认识到，"生本教育"是使学生真正成为学习主人的教育；生本教学是教师为学生设计和服务的教学；生本课堂是探究与交流的课堂；生本教育的内核是"先学后教，先练后讲，最终达到'教是为了不教'的教学目的"。

再次，运用"学习科学"研究成果。我们通过对埃德加·戴尔"学习金字塔"的研究，引导师生改进课堂教与学的方式，养成有效教学与科学学习的习惯。"学习金字塔"揭示了不同学习方式的记忆效果，揭示了学习的基本规律，比如，认为"小组讨论"对于学习内容的 24 小时保持率在 50%，"做中学"或"实际演练"的保持率为 75%，"教别人"或者"马上应用"的保持率可以达到 90%。我们引导师生根据每节课的内容，科学选择学与教的方式。

二、打破传统范式：改课改学，方式与内容同变

"课改先改课，改课先改学"。学生上课无精打采、课堂气氛沉闷，既有教师教学方式不得法的原因，也有学习内容枯燥的原因。我们双管齐下，先改学，让教师把自主学习的乐趣还给学生；再改课，将学习内容本身的魅力彰显出来。

1. 改学：打造能效 ACP 课堂

能效 ACP 课堂，是学生先学、先讲，师生再一起倾听和点评的课堂，"A"是 active，即主动；"C"是 cooperative，即互动；"P"是 presentation，即展示。通常，教师提前一两天把"导学案"发给学生，并辅以微课、网络课程资源或其他教辅

材料,让学生在自习课上(或家里)先进行自主学习。在第二天的课堂上,学生再对自学内容进行展示、补充与点评,学生合作探究、自我展示、自评互评,教师或讲解,或解疑,或赞赏,"教学"成了"学教","课堂"变成"学堂"。

这种模式刚开始推行时,遇到的最大阻力是教师的观念和习惯问题,以及学生的预习习惯的养成问题。学生小组合作时相对而坐,是不是更方便"开小会"了?大部分内容都让孩子们自学,老师干什么去,学生能学会吗?许多大大小小的担忧迎面而来。

为此,我们先改变教师的观念和教学习惯。首先,我们请课改专家、特级教师来校为全体教师做报告,更新大家的观念。其次,我们请骨干教师上课改示范课,引领教师专业成长。再次,聘请专家贴身指导,例如,我们从苏州全市范围内聘请18位省特级教师担任彩中58名骨干教师的指导教师。最后,让学生做课堂观察记录,倒逼教师改变教学方式。

为帮助学生养成良好的预习习惯,我们请来外校优秀课改专家就此话题做专题讲座;通过"小组长论坛"来征求好的建议与意见;加强小组长培训,严格把好学生预习关。慢慢地,大家惊喜地发现,学生真正成了学习的主人。学生的自主学习、主动发展等核心素养也在自主生长。

于是,在这样的课堂上,学生始终处于积极主动的思考状态,没有机会去走神,没有时间去打盹。学生在预习、合作、展示、点评、反馈等环节的表现,均会被记录和评价。以问导学,以学为要,以学定教,先学后教,把"课堂时间还给学生,把学习的主动权还给学生,让学生真正成为学习的主人"的课堂改革目标初步实现。

2. 改课:开发厚博校本课程

改学,解决的是"怎么学"的问题;改课,解决的则是"学什么"的问题。我校遵循学生成长的规律,以个性发展为方向,构建多元"厚博"校本课程体系。

目前,学校已初步形成三大特色校本课程:厚德课程、厚悦课程和厚蕴课程。厚德课程主要是非限定性拓展课程,以德育活动课程为主,例如社会实践、志愿者活动、军训及感恩教育等主题活动。厚悦课程主要是自主选择性课程,分为厚生课程与厚真课程,厚生课程包括烘焙、园艺、陶艺、木工、核雕、苏绣、木刻年画、古筝、柳琴、笛子、吉他、葫芦丝等艺术类课程;厚真课程包括未来工程师、机器人、创客空间、科学探秘、无人机等科学类课程。厚蕴课程包括阅读、足球、棋类(围棋、国际跳棋、中国象棋)等综合性并彰显学校特色的课程。

学校定期组织阅读节、艺术节、科技节、体育节等活动,开展多种多样的常规社团活动。目前学校已有50多个社团,形成了科技、棋类、足球等教育特色。例如,我们营造棋类文化氛围,打造魅力棋韵校园,通过棋类教育来开发学生智力,磨炼学生意志,完善学生人格,陶冶学生情操。再如,为提高校园足球普及水平,学校每周每班级开设1节足球课,每周开展3次以足球训练为主题的大课间或课外活动。学校现为苏州市首批"全国青少年校园足球特色学校"和"欧亚校园足球促进会会员单位"。

三、完善践行机制:评价护佑,文化滋养,培养全面发展的人

1. 评价引领,聚焦核心素养

学校对学生个人、小组、班级,实施日评价、周评价、月评价、学期评价、学年评价、学段评价。初中三年,学生、小组和班级一律进行量化积分,实行"学—问—德—道"晋级制。

(1)"走红地毯"——寻找校园之星

对学生个人,每班每月评选一次"校园之星"中的"常规之星":分管理、合作、展示、点评、勤奋、进步、礼仪、卫生、劳动、纪律10个明星领域。每学期每班评选一次"校园之星"中的"特殊之星",分学习、体育、艺术、社团、阅读5个领域。学生评价实行"厚学少年—厚问少年—厚德少年—厚道少年"晋级制,晋级情况将作为其是否能进入团校学习、入团、评定三好生及优秀学生干部等的主要依据。学生依据各自积分可以到学校德育处兑换相应的学习和生活用品。学校还为问鼎"厚道少年"的学生召开表彰大会,让学生及其家长走一次红地毯,校领导为其颁奖,并让获奖者发表获奖感言。

(2)户外"撒欢"——激励魅力小组

对小组,每周每班评出"周魅力小组"和"周进步小组";每月每班评出"月魅力小组"和"月进步小组"。对小组评价实行"厚学小组—厚问小组—厚德小组—厚道小组"晋级制。对于每学期每班表现最优秀的小组成员,学校除给予其精神奖励之外,还赠书给他们,组织他们免费观看电影、游览名胜、进行户外实践、跟校长共进午餐和合影留念等。

(3)定制"班服"——奖赏魅力班级

对班级,学校每月每年级评出"月魅力班级"和"月进步班级"。班级评价

实行"厚学班级—厚问班级—厚德班级—厚道班级"晋级制。对于每学期每年级表现最优秀的班级,除授予其班旗之外,学校还为获评"最优班级"班上的每个学生定制一套精美的班服。

2. 文化滋养,焕发生命光彩

文化是学校的DNA。学校文化建设,就是要让校内所有东西都能体现其优秀的内涵和个性,给学生以高雅的文化熏陶与浸染,培养其良好的品质和素养。

踏进校园,校本文化踪迹随处可觅。镌刻的"三字经""弟子规",给人心灵的滋养;姹紫嫣红的樱花、红枫大道,令人赏心悦目;厚德楼、厚学楼、厚问楼、厚行楼等教学办公楼,昭示着学校文化的厚重。笑脸墙,是以全体教职工的一张张笑脸拼成的大"爱心";诚信小屋,存放着学生日常学习用品、图书、雨伞等,方便学生借用;箴言长廊,展示着教师们的教育箴言;学生作品展,让青涩的学生书画作品有了露脸的机会;学校小园中安置着几方棋盘,供学生随时对弈……

孩子们犹如一粒粒种子,而班组文化就好比滋养他们成长的土壤。学校每间教室外的墙面上都悬挂着班牌,班牌上有班级的"全家福"、班名、班级简介、班级口号、班主任寄语、班级所获荣誉等内容。进入教室,每个小组围坐的桌面中央都摆放着学生亲手制作的组牌,组牌的内容包括组名、组训、组规、组花、组徽、组歌、小组口号等。在每个教室内前面一侧,是班级文化展示,由学生亲手设计,并定期更新。文化沉淀在学生们的血液中,就会转变为学生们的自觉行为。如今,学生的自我管理与约束能力,班组凝聚力,竞争与合作意识,积极向上、奋勇争先的精神,等等,都比过去任何时候要高。

"便觉眼前生意满,东风吹水绿参差。"没有对教育的本真理解,就不会有充满生命活力的课堂。没有对课改的执着追求,就不会有学生美好生命的绽放。春华秋实,厚积薄发,我们相信,"厚德明道"的彩中人,终会迎来自己五彩缤纷的芳香世界。

"三厚教育"引力学校发展

邹全红

苏州市彩香实验中学近年来逐渐把准教育教学改革脉搏,推行"三厚教育",即"厚实管理、厚乐课堂、厚博课程",实施"厚学""厚问""厚德""厚道"的梯级评价制度,学校逐步走出了困境,得到了社会各界广泛的高度赞誉。

以班组文化为切入口,夯实推行厚实管理

彩香实验中学多年来重视学校管理,并以班组文化为切入口,把管理做实、做细、做好。一是建立以班级为主体的管理制度,制定班级文明公约、小组建设评比条例、优秀学生个人规定等,使班级管理工作有章可循。二是建立班级自主管理的机制,以班主任和任课教师为主导,以学生自主管理为主体,以学校督导为引领,开展了丰富多彩的以班级为单元的管理实践。三是以文化建设为载体,体现管理的人文性。每个小组都有学生亲手制作的组牌,组牌的内容包括组名、组训、组规、组花、组徽、组歌、小组口号等。每间教室外的墙面上都赫然悬挂着班牌。班牌上有班级的"全家福"、班名、班级简介、班级口号、班主任寄语、班级所获荣誉等内容。

管理的目的不是约束和限制,而是促进学生成长和个性发展,发挥他们学习的主动性和最大潜力;而教学过程则表现为教师教和学生学的互动活动,其中有情感交流,有问题研讨,有管理技巧展示,有教学方法实施等众多的课堂教学元素;有自主管理,有监控管理,有人际管理,等等。这也就是我们所说的"厚实管理",它既有显性的制度管理,又有隐性的人文管理,而且以隐性的人文管理为根本,塑造一种班组建设的文化氛围。

以学生发展为根本点,打造助推厚乐课堂

为谋求学校教学质量的提高,学校尝试课堂改革,成立了课改领导小组,以江苏省"十二五"重点规划课题《初中能效ACP课堂的实践研究》为引领,大

刀阔斧地进行了课堂改革。能效ACP课堂是以"生本教育"为理念,以《教学案》教学为核心,以小组建设为载体,以小组合作学习为主体形式,发挥学生主观能动性,培养学生的主动学习能力、合作能力、展示能力,具备竞争意识、团队观念和创新精神,提高学习效率的课堂教学模式。

"A"是指主动学习,它与平日里其他学校所提倡的自主学习是不同的,它不仅关注学生的学习能力、学业成绩,而且关注学生的心理成长,并以心理成长为基础,探索和寻求学生主动学习的规律。"C"是指合作学习,它同样不仅是学习,而且是一种学生共同成长的心理过程,它包含了关心、尊重、互助、分享和提高等情感因素;学生学习的好坏主要基于非智力的情感因素,而不是智力的理性因素。"P"是呈现,这种呈现也是不同于一般的呈现,这是一种学习过程后的呈现,包含了个人思维、集体思维及多元合成思维后的对所学内容的新展示。

彩中实施能效ACP课堂以后,孩子们不仅自学能力、自我管理能力显著提高,而且他们的精神面貌发生了很大变化,显得更阳光自信、积极向上、团结合作,在2016年苏州市举办的"三话"比赛中,我们的学生脱颖而出,分别获得了大市团队一等奖及个人的一等奖。

以个性发展为突破口,开发实施厚博课程

彩中根据学生的不同禀赋与潜能,精心设计内容丰富、形式多样的校本课程,大力开展富有特色的各类社团活动,拓宽学生实践空间,让每个学生享有选择的权利,为学生的成长搭建宽阔的平台,使现代化的校园成为学生健康成长,个性飞扬,成长、成人、成才的乐园,让每个学生都享有成功的喜悦。

学校根据学生发展的需求,重新树立了课程体系,确立了课程框架,形成厚德、厚乐、厚生和厚蕴四大课程。厚德课程指向学生思想品德教育,包括学生道德教育、学习习惯教育、文明礼仪教育、心理健康教育、核心价值观教育等,主要课程包括学校的主题活动、义工、志愿者活动等。厚乐课程指向学生个性发展,强身健体,激发学生兴趣,充实学生生活,提高学生素养,主要课程有国际跳棋、国际象棋、中国象棋、围棋、机器人、未来工程师、戏曲表演、舞蹈、动漫设计、羽毛球、乒乓球、跆拳道、健美操等。厚生课程指向高雅艺术进课堂,为学生未来走向美好的生活奠定基础,并根据地方文化特色,培养学生具有地方特色的审美情感和审美情趣,主要分为艺术类的古筝、柳琴、竹笛、葫芦丝、吉他;民族优秀文化传承类的评弹与吴文化、核雕、苏绣、苏州灯彩、木刻年画;还有情趣生活类的烘焙、陶艺、园艺等。厚蕴课程是基于学校多年的文化积淀、具有学校特质、反映学校特色的系统课程,彩中是全国足球特色示范校,因此,足球成为学校的厚蕴课程之一,我们聘请足球教练来彩中为学生指导,开展足球大课间活动及举办年级足球联赛,2016年接受考核,获得二等奖。阅读课程也是彩中的特色课程之一,阅读是会影响孩子终身的,因此,学校确立每周一节阅读必修课,把图书馆搬进每个教室,逐步形成具有彩中特色、适合学生发展的阅读校本教材。科技是彩中的重要特色,学校的"未来工程师"社团在2016年荣获了苏州大市"十佳优秀社团"光荣称号。

以厚道为终极目标,发展好每一个学生

彩中组织开展同伴互助小组合作学习,并把课堂上学生的同伴合作学习的种种表现作为主要评价内容。每节课由教师、科代表和学生组长根据每个学生在课堂上的表现打分,评价内容主要涉及自主学习、合作、展示、点评、反馈、纪律等。除了对学生开展"课堂内评价"之外,我校还积极尝试对学生开展"课堂外评价",主要涉及学生在各类各级竞赛获奖、好人好事、卫生值日、遵守纪律等方面。

建立个人评价制。每班每月评选一次"班级之星":管理之星、参与之星、展示之星、点评之星、勤奋之星、进步之星。在此基础上,每班每月产生两名"校园之星"。个人评价实行晋级制:厚学少年(5张荣誉证书获金卡一张)、厚问少年(2张金卡获白金卡一张)、厚德少年(2张白金卡获钻石卡一张)、厚道少年(2张钻石卡)。

建立小组评价制。每班每周、每月、每学期分别评价一次。周评价有"周魅力小组""周进步小组";月评价有"月魅力小组""月进步小组";学期评价有"最优小组"。对于每班每学期产生的"最优小组"成员,除给予相应的精神奖励之外,学校还组织他们有选择地开展了免费观看电影、赠书、游览名胜、户外实践、跟校长共进午餐和合影留念等一系列的有益活动。

依据"厚道"校训,为全校学生及其合作学习小组量身定制了四级:"厚学""厚问""厚德""厚道",每一个学生及其所在小组根据自己的积分,拾级而上,得到晋级。

在今天的苏州市彩香实验中学的校园里,学生的学习生活丰富多彩,而且

充满智慧、力量和人格精神。在这里,素质教育走进了课堂,全面依靠学生的威力:发掘了学生的潜能,激发了学生的学习天性,利用了学生自身的学习资源。就像夸美纽斯在《大教学论》中所提出的那样:"找出一种教育方法,使教师因此可以少教,但是学生可以多学;使校园因此可以少些喧嚣、厌恶和无益的劳苦,独具闲暇、快乐及坚实的进步。"

"三厚教育"实施两年多来,学校有了显著的变革和发展。学生从被动的、压抑的学习中解脱出来,个性得到了发扬,多名学生在苏州市吉尼斯比赛中分别获得一、二、三等奖;学生在各类活动中提高了身体素质,在省市中学体育比赛中名列前茅;学校也被评为苏州市体育特色学校;被授予欧亚校园足球促进会会员单位、省级健康学校铜牌,以及关心下代成长先进学校、苏州市文明单位、苏州市德育先进学校等数十项荣誉称号;学生的中考成绩逐步走出低谷,不断进步,2016年更是创造了历史新高,被称为"百姓家门口最满意的学校"。

(此文发表于《中国教育报》2017年4月5日第7版)

课程变革打开成长空间

钱 玲

日前,苏州市教育监测中心发布的该市学业质量监测报告显示:对苏州市215所初中学生抽样调查发现,苏州市彩香实验中学虽然学生的学习条件、家庭环境和学校师资力量等在全市处于中下游水平,但学生总体测评结果积极价值取向明显高于全市平均水平,尤其是学生的自信心发展水平明显超出市平均值,而每天学生作业时间超过2小时的比例则明显低于市平均值。这所四年前还处于发展低谷、随迁子女占学生总人数70%以上的学校,靠什么在短期内取得如此大的突破?

变革教学模式就是改变教与学的生态

2014年11月起,苏州市彩香实验中学以"初中能效ACP课堂教学模式研究"(江苏省教育科学"十二五"规划课题,已结题)为引领,大刀阔斧地进行了课堂改革,努力构建以小组合作学习为主体形式,发挥学生主观能动性,培养学生思维品质及主动学习的能力(active)、互动合作能力(cooperative)、展示能力(presentation)的课堂教学模式。

打破原有课堂教学模式是一项十分艰巨的任务。很多教师认为:这么差的生源,这么差的学习基础,要进行自主、合作和探究的学习,怎么可能?然而,经过短短一个学期课堂教学改革实验,两个实验班的学习方式和教学方式有了根本的改变,教学效果和学生成绩有了明显提高。

为了消除教师课堂教学改革的疑虑和坚定课改的信心,学校邀请全国课改专家和特级教师进校做报告、上课改示范课,聘请了18位省级名师担任彩中58名骨干教师的指导老师。

能效ACP课堂模式,首先改变的是教师的教。能效ACP课堂,是学生先学、先讲,师生再一起倾听和点评的课堂,"A"是active,即主动;"C"是cooperative,即互动;"P"是presentation,即展示。通常,教师提前一两天把"导学案"

发给学生,并辅以微课、网络课程资源或其他教辅材料,让学生在自习课上(或家里)先进行自主学习。在第二天的课堂上,学生再对自学内容进行展示、补充与点评,学生合作探究、自我展示、自评互评,教师或讲解、或解疑、或赞赏,"教学"成了"学教","课堂"变成"学堂"。

分组互助学习是 ACP 课堂教学模式的一个重要环节。彩中实行课改后,各班级按照每 7 人一组的标准分成 6 个小组,每个小组中设立各领域的负责人,每人所担任的职务尽量不重复,比如语文组长、数学组长、社会实践组长等。组长是学生自我管理的核心力量,每个组长都要先参加学校各类组长培训,了解如何帮助整个小组进步,起到调动所有组员学习积极性的作用。

为了帮助学生们转变学习方法,学校建立了新型评价机制。学校对学生个人、小组、班级实施日评价、周评价、月评价、学期评价、学年评价、学段评价。初中三年,学生、小组和班级一律进行量化积分,实行"学—问—德—道"晋级制。经过一阶段的实践,学生的自我管理与约束能力、班级凝聚力、竞争与合作意识及积极向上、奋勇争先的精神,比过去任何时候都高。

一年以后,年级教师逐渐体会到了 ACP 教学方式的优势,不仅提高了学生的学习兴趣,而且体会到了自己教学的成就感。第二年,ACP 教学推广到了两个年级;第三年 ACP 教学推广到了整个学校的每一个班级。

初三(1)班学生朱玉龙在作文中这样写道:"如果说,从前的课堂学习是冬季那一抹草般的枯黄,如今的课堂就是春天里的百花,竞相争艳。课改如一声春雷,惊醒了我们所有人!经过了第一次的上台展示,我体会到了学习的乐趣。课堂不再是老师一个人的战场,而是我们自我展示的舞台;课堂上不再是老师一个人的独角戏,而是大家一起合作,分享成果。"

多元校本课程拓展个性发展空间

能效 ACP 课堂教学改革取得成效以后,学校又着手进行整体课程建设,以个性发展为方向,构建多元"厚博"校本课程体系。该课程体系分为"厚德课程""厚悦课程""厚蕴课程"三个部分。

厚德课程是非限定性拓展课程,以德育活动课程为主,比如社会实践、志愿者活动、军训及感恩教育等主题活动。

厚悦课程主要是自主选择性课程,分"厚生课程"与"厚真课程","厚生课程"包括烘焙、园艺、陶艺、木工、核雕、苏绣、木刻年画、古筝、柳琴、笛子、吉他、葫芦丝等艺术类课程;"厚真课程"包括未来工程师、机器人、创客空间、科学探秘、无人机等科学类课程。

厚蕴课程包括阅读、足球、棋类(围棋、国际跳棋、中国象棋)等综合性并彰显学校特色的课程。同时,学校定期组织阅读节、艺术节、科技节、体育节活动,开展多种多样的常规社团活动。目前学校已有60多个社团,形成了科技、"真趣"画信社、棋类、足球等教育特色。

学校大力开展科技创新教育,成立创客空间,开发厚真课程,包括机器人、未来工程师、苏式建筑建模、光影魔术照明、编程教育等项目化课程,把真实的世界带进课堂,把跨界的学科带进课堂,把中国的传统文化带入课堂,把现代技术带入课堂。通过跨界学习、深度研究、融合创新,学生的创新思维、实践创造、个性发展在课程中实现有机生长。

学校将科技创新教育渗透进课程,普及全校,"创客空间""机器人社团""未来工程师"等创客类社团在国家级、省级和市级各类科技竞赛中分别取得丰硕成果。

"真趣"画信社是学生喜爱的社团。学校针对学生发展的兴趣,开设画信课程,每周一次,每次一小时,让学生爱好者沉浸在笔墨香气中。他们的作品被选入苏州美术馆,还走进了苏州博物馆。

经过三年多的课堂教学改革和课程建设,学校面貌有了很大改观,先后获得第十七届中国青少年机器人竞赛最佳创造奖、江苏省初中教学创新特色学校、全国首批青少年足球特色学校、"美国国家自然科学基金项目 IF 课程"合作学校、中国教育信息化 STEM 教育种子学校等荣誉。学生在学科、科技、棋类、阅读、体育等多项比赛中崭露头角。2017 年,学校学生获得北京世界机器人大赛金奖及亚太银奖各 1 项、全国一等奖 5 项,参加全国中小学生科技竞赛(江苏赛区)获化学特等奖。

(此文发表于《中国教育报》2018 年 9 月 26 日第 9 版)

能效课堂助生本教育理念落地

钱 玲

中国学生发展核心素养强调培养学生的关键能力和必备品格,最终落脚点是培养全面发展的人。苏州市彩香实验中学两年前开展的"初中能效 ACP 课堂"课改探索,与学生发展核心素养理念有高度契合之处。

"能效 ACP 课堂",其中的 A 是指积极主动(Active),C 即合作互动(Cooperative),P 即展示(Presentation)。苏州市彩香实验中学校长邹全红介绍说:"这种课堂教学模式以生本教育理念为指导,以导学案教学为核心,以小组合作学习为主体形式,注重发挥学生的主观能动性,培养学生的主动学习能力、合作能力、展示能力、竞争意识、团队观念和创新精神,从而有效提高学生的学习效率。"

着力构建三个教育共同体

为了将生本教育理念落到实处,彩香实验中学着力构建了三个"共同体"。

一是"学习共同体"。通过小组合作学习的形式,实现从课堂到学堂、从知识传递到知识建构的转变,引导学生自主学习、合作探究、交流展示,让学生真正成为学习的主人。初二(3)班的学生刘慧说:"以前课堂上主要是老师在讲,一堂课下来没有几个学生主动问问题。现在老师主要负责指导,大家为了小组的荣誉,在课堂上踊跃参与,每个人都成了'小老师'。"学校进行的一项调查显示,43.6%的学生希望"教师讲解不要太详细,小组讨论应占课堂的主要部分",59.4%的学生指出,互学展示环节对自己很有帮助。同时,学生们表示,实行小组合作的学习和管理方式后,大家在集体荣誉感、自主学习能力、口头表达能力、处理问题能力和人际交往能力五个方面有了明显进步。

二是"德育共同体"。以班级、小组为二级单位组建"德育共同体",班级实施班主任管理,小组实行德育导师制。

在管理上,班主任担任班级德育管理总负责人,每班配备一名副班主任协助班主任工作；同时，学校为班级里的每一个小组配备一名德育导师（一般是本班任课教师），负责协助各小组德育管理和活动的开展。

在活动过程中，学校所有德育和体艺活动全部以"德育共同体"为单位组织开展，每个学生在学校的各项活动中，均有机会参与、展示、锻炼、成长。"德育共同体"有助于学校德育实现精细化管理、微观化渗透，让学校德育思想真正渗透到每一个学生心中。

三是"学校、家庭、社区融合共同体"。整合学校、家庭、社区的教育资源和力量，发挥学校"全国红十字模范学校"的课程资源优势，开设了物理人文环境课程、家庭生活环境课程、社区实践环境课程三个维度的课程，通过环境育人，润物无声，滋养学生的心灵。

建立晋阶式综合素质评价制度

评价制度是课堂教学及教育管理的指挥棒、风向标。与"能效 ACP 课堂"共同体育人模式相对应，彩香实验中学基于学校的"厚道"文化，实行"学—问—德—道"的晋阶式评价制度，分别从个人、小组、班级三个维度，实施日评价、周评价、学期评价、学年评价、学段评价的初中三年量化积分管理。

学校目前已建立起"聚焦学生核心素养的培育"学生综合素养发展评价体系。评价体系分别对个人、小组、班级三个维度实施"学—问—德—道"晋阶式评价和日常积分制管理，让评价实现过程与结果结合、德育和教学结合、个人与集体结合。

在个人维度上，发现"厚道少年"。学校举办"校园之星"评选，每班每月评出 10 个"常规之星"，包括展示之星、勤奋之星、进步之星、礼仪之星、卫生之星、劳动之星、纪律之星等。每班每学期评选出 5 个"特殊之星"：学习之星、体育之星、艺术之星、社团之星、阅读之星。学生依据自己获得的积分到学校德育处兑换相应的学习、生活用品。同时，学生可参与晋级"厚学少年"，并在初中三年内持续努力，不断向"厚问少年""厚德少年"逐级晋级，最终问鼎"厚道少年"。学生的晋级情况还与入团、评定三好生及优秀学生干部等相结合。学校专门为问鼎"厚道少年"的学生召开表彰大会，让学生及其家长走一次红地毯，接受颁奖并发表获奖感言，让学生和家长一起感受成长的快乐。

在小组维度上，每周每班评出周魅力小组和周进步小组，每月每班评出月魅力小组和月进步小组。对小组评价也实行"厚学小组、厚问小组、厚德小组、厚道小组"的逐级晋级制。对于每学期每班表现最优秀的小组成员,除精神奖励之外,学校还组织他们开展免费观看电影、赠书、游览名胜、与校长共进午餐和合影留念等一系列的有益活动。

在班级维度,奖赏魅力班级。每月每年级评出月魅力班级和月进步班级。对班级评价也实行"厚学班级、厚问班级、厚德班级、厚道班级"逐级晋级制。对于每学期每年级表现最优秀的班级,除授予班旗之外,学校还为最优秀班级学生每人定制一套精美的班服。

评价过程中,学生的积分可以兑换相应的实物,这调动了学生的积极性。同时,学校把"校园之星""厚学少年""厚问少年""厚德少年""厚道少年"等荣誉以奖状和喜报的形式发送到学生和家长手中,让家长分享学生发展的喜悦,促进了家庭教育与学校教育的融合。

邹全红说:"这种晋级式的评价体系,贯穿于教育教学活动的始终,它关注的不是单纯的学业,而是学生课堂中能力发展的过程,关注学生在德育管理中的日常表现,关注学生初中三年的持续性发展。因而,它能起到以评促学、以评促教的作用,借助评价机制,能促使生本教育理念、发展学生核心素养的理念落地。"

(该文发表于2017年11月1日《中国教育报》)

创 新

深耕课堂,在变革中激发能效

（一）架构：筑起课堂改革的四梁八柱

江苏省"十二五"规划重点课题

能效ACP课堂子课题项目实施方案（讨论稿）

苏州科技大学附属第二十六中学

一、课题核心组成员

校长室全体成员，教导处、教科室、德育处主要负责人，各学科组长教研组长。

二、子课题项目及研究内容

（一）能效ACP课堂小组建设研究

子课题项目负责人：德育处、年级组长、班主任。

1. 内容

(1) 小组组建

(2) 组长及组员培训

(3) 小组活动开展

(4) 小组评价

(5) 小组成果展示等

2. 研究方法

实践研究法。

3. 成果呈现

(1) 论文

(2) 小组合作组织体系研究形成性资料

(3) 建立和实施相关制度

(4) 形成性资料（包括会议纪要、声频及影像资料等）

(二)能效 ACP 课堂学生个人及团队评价与激励研究

子课题项目负责人:德育处及推进年级。

1. 内容

(1)学生层面

个人及团队评价的内容、实施方法、奖惩机制等。

(2)教师层面

个人及团队评价的内容、实施方法、奖惩机制等。

(3)其他

2. 实施方式

以某个年级为重点,其他年级在这个年级取得成效的基础上逐步推广。

3. 成果呈现

(1)论文

(2)学生个人及团队评价与激励形成性资料

(3)建立和实施的相关制度等

(三)能效 ACP 课堂各学科三部曲模式研究

子课题项目负责人:教务处、各学科教研组长、备课组长。

1. 内容

(1)对教师本学科三部曲模式的实施研究(自主、合作、展示、反思)

(2)对班级学生在学科中进行小组合作学习的状态研究(自主、合作、展示、检测)

(3)具体的教法研究

2. 实施方式

(1)集体教研

关注学科特点、课型特点、班级特点、学生能力特点。

(2)问题反馈

及时跟踪并关注老师教法中存在的问题。

(3)实践研究

3. 成果呈现

(1)论文

(2)各学科三部曲的模式框架

(3)过程性资料(访谈、座谈及问卷的具体资料,形成的其他影像资料等)

（四）能效 ACP 课堂实施问题及对策研究

子课题项目负责人：教科室。

1. 内容

对访谈、座谈及调查中发现的问题进行梳理，排除研究重点。

2. 实施方法

（1）访谈法

（2）座谈法

（3）调查问卷法

3. 成果呈现

（1）论文

（2）梳理问题及对问题的策略研究汇总

（3）过程性资料（访谈、座谈及问卷的具体资料，形成的其他影像资料等）

理念先行，坚持课改

邹全红

2014年8月，笔者调任苏州市彩香实验中学时，学校刚由原彩香中学与三元中学重组合并而成，两个学校的文化、管理等各不相同，彩香中学从十几年前的曾经辉煌，一步步滑坡，教师们又是人心不稳且不齐，可以说是百废待兴。第一天踏进课堂，气氛死气沉沉、了无生机。有的学生一上课就萎靡不振，个别奇葩"瞌睡虫"，上午上第一堂课就趴在课桌上想睡觉；有的甚至上课调皮捣蛋、破坏纪律，一堂课有时都很难顺利进行下去，教师往往得一边上课，一边维持纪律。这样的课堂还要持续下去吗？我们的教育真正做到"以生为本"了吗？"九州生气恃风雷，万马齐喑究可哀。"面对此现状，我们只有一条出路：实施课改！怎么改？改什么？

新课程改革的主要任务是：更新观念、转变方式、重建制度。即更新教与学的观念；转变教与学的方式；重建学校管理与教育评价制度。

我们常说，思想是行动的指南，观念主宰命运。既然观念可以影响一个人的一生，那么，传统教育观念的转变就足以改变一位教师的命运，影响这位教师所教学生的一生。传统的教学观念都相信教材是用来"教"的，而不是教学生学会使用教材，学会自学教材的。所以首要任务必须让教师接受新课改的理念，理念是教育的灵魂，只有建立了正确的课改理念，课改才能真正推进到位。"课改先改课，改课先改学。"当教师有了正确的课改理念后，才能建立"促进学生有效教学的学教系统"，才能从学教层次、学教方式、学教策略等方面进行教学的突破与创新。彩中的"课改"，依托江苏省教科院"十二五"重点规划课题《初中能效ACP课堂模式的实践研究》而实施。能效ACP课堂是以《导学案》教学为核心，以小组建设为载体，以小组合作学习为主体形式，发挥学生主观能动性，培养学生主动学习能力、合作能力、展示能力，使学生具备竞争意识、团队观念和创新精神，提高学习效率的一种课堂教学样式。我们始终秉持两大理念，即"生本教育"和"学习金字塔。"生本教育的精髓就是："一切为了学生,高度尊重学生,全面依靠学生。"生本教育是使学生真正成为学习的主人的教育,是使学生事先有准备的教育,生本教学是教师为学生而设计和服务的教学,生本课堂是探究与交流的课堂。生本教育的内核是"先学后教,先练后讲,以致达到'教是为了不教'的目的"。在《今天我做教师》这本书中,著名的教育家叶圣陶老先生在1941年8月23日出版的《教育通讯》杂志第4卷第32—33期合刊的文章《如果我当教师》一文中就写道,他无论担任哪一门功课,绝不专做讲解工作,从跑进教室始,直到下课铃响,只是念一句讲一句……他不怕多费学生的心力,他要他们试读、试讲、试做探讨、试做实习,做许多的工作,比仅仅听讲多得多,他要教他们处于主动的地位。他们没有尝试过的事物,他绝不滔滔不绝地一口气讲给他们听,他们尝试过了,他才讲,上课时他并不逐句逐句地讲书,他只给他们纠正,给他们补充,替他们分析和综合。中国人民大学附属中学的刘彭芝校长在《人生为一大事来》中也说,上课时,他改变了"老师讲,学生听"的传统教学模式,通过讨论、"板演",让学生的大脑和双手像一台高速运转的机器一样不停地开动着。大家对刘校长的教法颇有微词,他们看到在他的课堂,唱主角的是学生,他这个老师反而成了配角,一节课下来,学生讲的比老师讲的多,学生在黑板上写的字比老师写的还多。这种打破常规的教学方法,不但提高了学习效率,而且极大地调动了学生主动参与学习的积极性和热情。可见,我们老一辈的教育家早就提出把课堂还给学生,让学生成为课堂的主人,要改变传统教育的模式,可是这么多年来我们大多数教师还是停留在说教层面,没有任何改变。当代的教育大咖们也提出了他们对课堂的看法,顾明远认为课堂教学改革要把灌输式教学转变为启发式、参与式,组织学生开展探究性学习;日本著名教育家佐藤学认为课堂改革重在小组合作;著名教授钟启泉认为课堂改革必须从传递中心走向对话中心;田慧生院长认为我们必须摒弃捆绑式的课堂教学文化;成尚荣先生认为教学过程正在被学习过程替代。

  其实我们的课改依据除了来自国内的理论之外,来自国外的理论更是比比皆是,"学习金字塔"是由美国学者埃德加·戴尔在1946年率先提出的。按照其理论,在塔尖,是第一种学习方式——"听讲",也就是老师在上面说,学生在下面听,这种我们最熟悉最常用的方式,学习效果却是最低的,24小时以后学习的内容只能留下5%。通过第二种学习方式,即"阅读"方式学到的内容,可以保留10%。第三种学习方式,即用"声音、图片"的方式学习学到的内容,可以达到20%。第四种学习方式是"示范",采用这种学习方式学到的内容,可以记住30%。第五种学习方式,即"小组讨论"学到内容,可以记住50%。第六种学习方式,即通过"做中学"或"实际演练"学到的内容,可以达到75%。最后一种是通过金字塔基座位置上的学习方式,即学生"教别人"或者"马上应用",可以记住90%的学习内容。

如此多的理念支撑,让我们必须行动起来:

第一,学校变革,必须凝聚人心。一进彩中校门就能看到一块刻有"厚道"的巨石,"厚道"是彩中资深老校长提出的校训。"厚"有深、广、大、宽容、仁善、淳朴、温暖等意。我们以"厚"字为核心,形成了一个系统的学校文化体系。比如以"厚道"为校训,厚为人之道,厚职业之道,厚办学之道;以"厚德明道"为校风,以"厚爱博学"为教风,以"厚学乐行"为学风。师生在新的文化体系的引领下,提振了士气,明确了方向。

第二,改变观念,形成共识。我们引导教师进行"生本教育"大讨论,理解"一切为了学生,高度尊重学生,全面依靠学生"的"生本教育"内涵。教师们认识到,生本教育是使学生真正成为学习的主人的教育;生本教学是教师为学生设计和服务的教学;生本课堂是探究与交流的课堂;生本教育的内核是"先学后教,先练后讲,最终达到'教是为了不教'的目的"。这种模式刚开始推行时,最大的阻力是教师的观念和习惯问题,以及学生的预习习惯的养成问题。学生小组合作时相对而坐,是不是更方便他们"开小会"了?大部分内容都让孩子们自学,老师干什么去,学生能学会吗?许多大大小小的担忧迎面而来。

为此,我们先改变教师的观念和教学习惯。首先,我们请课改专家、特级教师来彩中为全体教师做报告,更新观念。其次,我们请骨干教师上课改示范课,引领教师专业成长。再次,聘请专家"贴身"指导,比如我们从苏州全市范围内聘请18位省特级教师担任我校58名骨干教师的指导教师。最后,让学生做课堂观察记录,倒逼教师改变教学方式。

为帮助学生养成良好的预习习惯,我们请外校优秀课改专家就课改话题做专题讲座;通过学生"小组长论坛"来寻求好的建议与意见;加强学生小组长培训,严格把好预习关。慢慢地,大家惊喜地发现,学生真正成了学习的主人。学生的自主学习、主动发展等核心素养也在自主生长。

在这样的课堂上,学生始终处于积极主动的思考状态,没有机会去走神,没有时间去打盹。学生在预习、合作、展示、点评、反馈等环节的表现,均会被记录和评价。以问导学,以学为要,以学定教,先学后教,把"课堂时间还给学生,把学习的主动权还给学生,让学生真正成为学习的主人"的课堂改革目标初步实现。

第三,完善机制,持续推进。彩中成立了课改领导中心,任命了课改中心主任,同时根据课题要求,建立四大体系即子课题的研究团队,根据课改动向,及时研究,并逐步推进课改。同时,为了更好地推进课改,我们建章立制,建立了一系列的规章制度,例如课堂教学常规管理制度、课堂学生学习规范、课堂小组建设及评价制度、课堂督查制度等,以学校中层干部与教研组长和备课组长组成课改调研小组,每月进行听课反馈,查找课改中存在的问题并及时进行修正与完善,这样才能保证课改的良性发展。

(此文发表于2017年第5期《教育视界》)

传承与创新　课程展魅力

——基于核心素养的"厚朴·厚博"课程体系的探索实践

钱　芳

2016年9月,我国公布了中国学生发展核心素养发展的框架,分为文化基础、自主发展、社会参与三个方面。综合表现为人文底蕴、科学精神、学会学习、健康生活、责任担当、实践创新六大素养,以培养"全面发展的人"为核心。核心素养是国家"立德树人"教育方针下最为重要和基本的教育目标。对核心素养的研究必将引领新一轮的课程改革,对一所学校而言,这个任务就是核心素养在学校教育中要落地,而其落地的关键是要深化课程改革,要构建个性化的课程系统。

近年来,苏州市彩香实验中学紧紧围绕着"什么是课程建设""建设什么""怎样建设"等基本问题就学校的课程建设问题进行组织研究。

一、什么是课程建设？

课程不是一种"文化筐",也不是一种"传声筒",那么课程是什么呢？朱永新先生的理解是,我们比较喜欢课程最本初的比喻,即称课程为道路。如果把此刻的教育作为我们的"起点",那么"教育目的"就是一个终点或阶段性终点。在起点和目的地之间的这段道路,就是我们所说的课程。在我们的课程意蕴中,起点处是活生生的人,终点处也是活生生的人。起点处,是活生生的人的问题,是人的各种可能性;终点处,是这些问题的解决,是人的可能性的实现。据此,彩中的教师们认为:课程是促进学生全面发展的,具有教育意义的经验、计划、活动。教育是通过课程培养人、创造人、生成人的。满足并促进学生身心健康发展的需要,是学校课程的根本使命。

二、建设什么？

美国学者布拉德利在他的《课程领导——超越统一的课程标准》一书中提

到:学校课程发展超越州和国家的统一标准模板,开发、调整、改编并持续地改进学校课程。我们要开发、调整、改编,并持续改进的学校课程是怎样的?彩中人的想法是:

1. 尊重历史与现实

苏州市一中分校(彩香实验中学)是由苏州市彩香中学和苏州市三元中学合并而成的,两校分别始建于1984年和1989年,均属与居民新村相配套的初级中学。自建校以来,两校均有过辉煌历史。但随着苏州教育的一系列布局调整,再加上两校教学质量的逐渐滑坡,办学条件的日趋弱化,导致地段内优质生源留不住,50%~70%的学生均为外来流动人口子女。上一个五年,两校把握苏州市大力发展艺体特色学校的发展机遇,立足国际跳棋和中国象棋的优势,回归教育本真,探求国际跳棋和中国象棋基本棋理所蕴含的育人之道,并借力教育科研,全面推动学校特色建设。2013年,苏州市一中分校(三元中学)品牌输出,与彩香中学重组,成立苏州市第一中学分校(彩香实验中学),重组后彩香实验中学的教育教学质量有所提升,但离"老百姓家门口的优质初中校"的定位还有差距。为此,学校以课堂教学改革和课程改革为契机,在校外专家的指导下,运用SWOT分析法对校情、学情进行系统分析,厘清了学校课改的优势、劣势。我们梳理出阻碍课改的主要问题有以下两点。一是学校缺乏文化引领。虽然学校曾经提出"厚道"文化,但仅仅停留在口号层面,没有形成相对应的制度,更没有和教育教学活动深度融合,因此,造成了文化"漂浮"于学校教育之上的局面,并没有深入师生内心而产生凝聚和引领作用。二是校本课程体系亟待构建。尽管学校开设了国际跳棋、中国象棋、科技教育、心育等校本课程,但不能满足学生的兴趣需求和个性发展需要。更重要的是,没有基于核心素养的培养来根据学校的教育哲学和学生培养目标进行总体设计,没有形成个性化的课程体系。校情和学情分析都聚向一点——彩香实验中学的课程建设刻不容缓。

学校课程建设首要任务就是要有自己的教育哲学。我们多次召集学校中层以上干部、骨干教师及离退休老校长们开展教育教学研讨、座谈,从历史和现实框架中挖掘与提炼出既体现学校历史传统,又符合时代要求的教育理念和办学宗旨。我们的办学目标定位在"办百姓喜欢的、有品位、有特色的优质初中校"。"合作学习、幸福成长、超越自我"是我们的办学理念。秉承传统而取"厚道"为校训,意为厚做人之道、厚职业之道、厚治校之道。在新的"三风"

中,校风为"厚德明道",教风为"厚爱博学",学风为"厚学乐行"。

学校课程建设还必须围绕校本化的培养目标。学校是用课程育人的,培养什么样的人是学校课程建设思考的原点,体现在学校课程的设置和实施过程中。根据中国学生发展的核心素养,经过学生、家长、教师及专家的多次研究论证,彩香实验中学提出了培养"有修养、会学习,善合作、能创新"的彩中学子这一课程培养目标。

在教育哲学和课程培养目标明晰后,彩中人构建了重基础、多样化、有层次、综合性的"厚朴·厚博"课程体系。如图1所示。

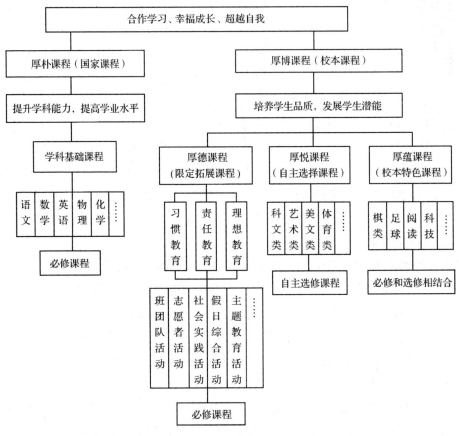

图1　校本课程系统优化

2. 兼顾兴趣与特色

重要的是在每一个孩子身上发现最强的一面,找到他作为人发展根源的"机灵点",做到使孩子能够最充分地显示和发展他的天赋的事情上,达到他们年龄可能达到的最卓越的成绩。苏霍姆林斯基这一主张的核心就是尊重学生的个性差异,让他们在不同项目上表现和展示自己的特长与优势,学校是用课程育人的,学生的发展需要本就应该作为学校课程建设的追求。因此,在进行课程设计时,彩香实验中学充分考虑了学生的个性差异,在每周三下午3:50—4:50,开设厚悦课程,作为自主选修课程。选修项目分类设置:学校社团课程选修项目,采用分类设置的方式,分为四大类,包括课文类、体育类、艺术类、吴文化和手工类,每一类涉及10余门课程,总计48门课程,学生根据自身兴趣和特长自主选择,人人参与,为每一个学生的特长发展、个性发展打下基础。依据特长安排教师:学校对教师的特长进行问卷调查,在此基础上,采取特长优先的原则,安排教师授课,相对固定地安排教师担任项目授课人员,同时还积极聘请校外专家进行引领和指导,从而保障了教师对其所承担项目课程的专业和教学实效。人人参与全校"走班":学校根据学生选课结果,打破原有班级管理的形式,采用全校"走班"的方式,人人参与,开展社团课程选修学习活动。在所有教室和功能教室全部开放的基础上,学校还将一部分闲置教室改建成社团活动专用教室,充分开发使用功能价值。

  一个学校没有特色,就没有竞争力。学校的个性就是学校的特色,学校越有个性就越有生命力,越有特色就越有吸引力。科技、棋类、体育历来就是三元中学和彩香中学两校的特色,彩中人一直以来也在思考如何才能在满足学生兴趣爱好的基础上将学校的这些特色办成特色教育。2015年3月开始,学校在积极创造条件为学生提供个性化发展的校本课程的基础上,将足球、棋类、科技、阅读四个项目列入学校的特色课程,每周排入课表,开设一节必修课,"足球节""科技节""棋文化节""阅读节"每年定期举行,积极开发校本教材,努力打造课程基地,做亮这"四张名片"。这些项目都分为必修、选修和特色三个层次,在普及的基础上,对学生进行分层培养、重点打造,成就学生的幸福快乐成长。目前,学校已成为全国青少年足球特色示范学校、苏州市棋类课程基地建设项目学校,其阅读实验项目获苏州市义务教育质量监测优秀案例评比一等奖,机器人创客项目辅导的学生在全国、省、市比赛中屡获团体一等奖、个人一等奖。

  3. 统整教学和德育

  德育和教学不可分割。杜威认为,道德是教育最高和最终目的。又认为,道德目的应当普遍存在于一切教学之中,并在一切教学中居于主导地位——不论是什么问题的教学。如果不能做到这一点,一切教育的最终目的在于形

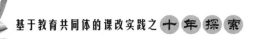

成品德这句尽人皆知的话就成了伪善的托词。由此可见,德育和教学无法分割,教学必须包含道德教育的目的,没有道德教育的目的,就无所谓教学。为此,彩香实验中学将学校课程开发与学科课程、社团活动、课外活动、主题教育活动等有机结合,在已形成的学校四类课程(国家课程、限定拓展课程、自主选择课程、校本特色课程)的基础上,统整德育和教学活动,统整国家课程和校本课程,构建课程体系。在彩香实验中学的学科教学课堂上,教师注重德育渗透、情感升华。彩香实验中学的课堂教学改革也是涵盖班组文化建设体系、评价体系、导学案编制体系和课堂流程体系,德育和教学双管齐下。彩中人深知,德育课程的教学形式应该是多元化的,更多的应该是活动体验型的。所以,彩香实验中学对德育序列化、课程化进行了初步探索。紧扣厚道文化,初步构建德育课程框架,将整个初中的德育培养目标分解到各年级德育活动中,认真梳理总结学校的班团队活动、主题教育活动、志愿者活动、社会实践活动、研修活动、家校合育教育,等等。例如,作为苏州市首批家庭教育指导项目学校,彩香实验中学的家校合育课程就提出了"八个一"工程,包括每学期亲子阅读一本好书,每学期参加一次家长会,每学期参加一次家长培训,每学期与教师进行一次深度交流,每学期参加一次学校开放日活动,每学期参加一次亲子旅行,每周与孩子深度交流一次,以及每学期给孩子写一封信。我们力争使德育活动上升为德育文化课程,融入学校的整个课程体系,以期构建具有彩中"厚德"教育文化特征的德育课程。

三、怎样建设?

任何改革的推进,都不可能是一帆风顺的。改革,是基于需要,要善于发现问题、分析问题、解决问题,才能深入实施下去。随着课程改革的不断推进,从课程规划到课程实施,从课程理念到具体行动的转变,彩香实验中学不断地发现问题,触及难点。其探索实践的重点有以下几点。

1. 构建学习共同体

学习共同体是"彰显21世纪型学校"愿景的概念,应该说这一概念是为学校再生为如下场所设计的,即让学校成为儿童合作学习的场所,教师与专家相互学习的场所,家长与市民参与学校教育并相互学习的场所。作为学校教育的支柱——课程,必须构建学习共同体。彩香实验中学的课堂里实现了"合作学习":学生充分讨论、充分展示,开展自主、合作、探究活动,成为课堂的主人;

而教师则退居其后,做好点评工作,讲方法、讲拓展、讲提升。彩香实验中学的教学研讨室和教师办公室里构筑了教师合作、富于创意地一起挑战、评议、学习的"同僚体";学校实施"名师锻造工程",特聘18名特级教师和30多位校外专家担任彩香实验中学教师学科教学和校本课程的指导教师,努力打造基于专家指导、引领的学习共同体;同时还通过完善各学科组的集体备课,积极组建了教学研究的共同体。在彩香实验中学的校园里,家长与市民致力于参与教学实践并协助教师的"学习参与"活动:校外专家进校园积极开设讲座,开设课程;家长开放日定期召开,家长进校园参与学校管理,参与课堂教学观摩,和孩子一起学习成长,评、教、研、学已成为常态。

2. 挖掘校内外资源

课程资源作为制约课程改革的关键性问题之一,对课程实施范围和水平具有极大影响。在课程建设过程中,彩香实验中学充分挖掘自身、社区现有的可得资源,在最大限度上满足学生的发展需求。在人力资源方面,首先,考虑了本校教师开发校本课程的资源、能力和时间等,特别是教师自身的业余爱好,就这样,政治老师进入了烘焙社团,物理老师成了羽毛球社团的指导老师,信息技术老师开出了心理剧课程和摄影课程,生物老师指导创客社团,等等。其次,邀请校外专家指导并参与校本课程的开发,学校的30多名校外专家团队中有高校教授,有民间艺人,有园艺专家,有棋类高手,有创客(具有创新理念、有主创业的人)专家,等等,可以说,只要学生有需求,我们就尽量创造条件满足,在开发课程的过程中,当得知有几个学生有学习古筝的愿望后,学校专门从艺术院校请来教授,教他们演习古筝。同时,学校还通过家长委员会等组织邀请具有特长或相当能力的家长参与校本课程的开发,如此一来,彩中艺术节中有担任艺术指导的家长活跃的身影,在彩中大讲台中也有家长成员的宣讲。在非人力资源方面,我们基于学校和社区现有资金、设施、器材、场地及时间安排、网络信息等方面资源进行统筹安排,合理利用,学校新近装配完成的三个棋类专用教室、四个苏州文化传承专用教室、五个科文类专用教室、六个艺术类专用教室,为学生提供最优、最美的课程环境。同时,苏州三体校(南山棋院)是学校的校外课程基地。此外,学校又和苏州科技大学美术学院签订了课程建设合作协议。

3. 综合素质评价助推

"评价最重要的意图不是为了证明,而是为了改进。"斯塔费尔姆的这句话时刻提醒我们评价的目的不单单是对学习者划分等级或做出鉴定,选出合格者,淘汰不合格者;评价更应强调改进与激励的功能、促进学生发展的功能,从而创造适合学生的教育,真正体现"教育的一切为了学生发展"这一目的。近年来,彩香实验中学积极推行综合素质评价,助力教学改革和课程建设,为学生的个性发展、全面发展护航。学校陆续推出了学生综合素质评价手册、成长档案袋,实行学生成长德育导师制,并且还积极构建"厚朴·厚博"课程评价体系,对课程设计、课程实施和课程效果进行全过程评价,评价主体包括学生、教师、家长、专家和学校管理者;评价方式包括自评、互评、他评等;既注重过程评价,也注重结果评价。其中的师生本位评价,对课程效果的评价坚持师生本位评价,既要看教师的成长,更要看学生的成长,注重发展性评价。

4. 现代教育技术支撑

在数字时代,信息技术与互联网正在逐渐进入教育领域,给传统的教育带来冲击和挑战,引起一场教育改革。在这个"互联网+"教育的时代里,课程建设无疑也面临机遇和挑战,如何利用现代教育技术支撑课程的开发和实施,也成为每个课程设计者必须思考的问题。彩中人在这方面的探索是:在学科教学中,学校要建设并运用好智慧课堂、未来教室,借助信息平台和技术,通过教师任务导向、资源拓展、过程指引、评价导向,引导学生基于网络、教材和学案相结合的自主学习,互动学习,有效地实现信息技术和学科教学的有效融合。在社团选修课程板块中,学校积极开设机器人、未来工程师、3D打印等课程,引导学生从知识的消费者转化为创造者。在评价方面,学校计划利用现代信息技术,打造课程管理网络平台,把课程管理、组织实施、评价等融合,借助这一网络平台,实现课程成果展示、学生网络自主选课、师生互动评课、师生及家长问卷调查与分析、课程质量监测及课程更新数据分析等,来提高对课程的管理效益,提高评价效果,推动"厚朴·厚博"课程建设的可持续发展。

总之,彩香实验中学的课堂改革和课程改革致力于构建核心素养—学科素养—课程建设—课堂教学—综合评价系列模型,将核心素养具体化,易操作化。要让学生在学校遇到适合自己成长的土壤,遇到自我绽放的平台,遇到和他一起前进的伙伴和老师,这些美好的"相遇"是彩香实验中学努力构建丰富完善课程体系的最大意义所在。虽然在课改的路上有鲜花也有荆棘,有喜悦也有泪水,但是彩香实验中学人会凭着永不放弃的精神,继续这段痛并快乐着的旅行,让彩香实验中学课改美在路上。

(此文获苏州市教育监测中心监测结果运用论文比赛一等奖)

苏州市彩香实验中学能效ACP课堂生训体系

施　静

"小老师"是实现"学习管理自动化"和"课堂学习自动化"的前提。过去的课改经验表明,"小老师"培养越成功,课改推进效果就越明显,课改阻力就越小,教师负担就越轻。

一、培训目标

通过观摩学习与实践探究,以学生学习小组的组长、行政组长为培训对象,以实现学习小组在"独立完成,合作中的分工,分工后的整合、展示与交流"等诸多环节的高度自动化管理,高效完成小组共同的学习、活动、实践等任务为目标,形成"小老师"培训体系,并通过培训和活动实践,助推学习小组团队力建设,提高课堂效率。

二、培训形式

根据各组长所掌握的能力情况,进行统筹安排,每周定期召开"小老师"培训。

（1）讲座式培训

由培训师主讲。

适合:组长定义培训、组长职责培训、学科组长职责培训。

（2）互动式培训

由培训师主持,提出问题和要求,进行互动。

适合：① 组长交流在工作过程中遇到的问题和解决方法。

② 培训对学、群学、展示的方法和过程。

（3）体验式培训

由培训师主持,通过实际操作和体验,掌握培训内容。

适合：① 培训《课堂得分表》《分分必争本》《班级日志》填写方法。

②培训团队游戏方法(地点为操场、体育馆等空旷场地)。

③培训群学、展示,培训师提供学习内容,学员经历群学和展示环节的过程。

(4) 观摩式培训

带参加培训的各个组长去教室,参观优秀班级、小组的展示过程。

适合:① 课堂对学、群学、展示环节的观看。

② 班级文化和小组文化的展示。

(5) 观影式培训

观看优秀的课堂展示录像,学习课堂各环节的小组学习方法。

(6) 组长论坛式

进行组长间的经验交流和分享。

三、培训内容

1. 组长定义培训

为什么是我做组长?参考教案见附件。

2. 课堂流程培训

(1) 组织上课

课前各组长根据能力大小给每个组员分配任务。每个人在能力范围内都要有明确的任务。

① 每个人的能力有没有大小?

② 每个人完成的任务有没有不同?

(2) 基础部分

可展示也可以不展示。

(3) 要点部分同伴互助("对学")

同伴互助时,全体组员必须站起来,身体前倾,围成一个圈,交流导学案上的有关问题。组内交流时,可以两个人交流,也可以是多个人交流。同伴互助绝不仅是提供帮助的一方把答案告诉对方,或让对方照抄答案,而应将思考的过程讲给对方听;被帮助的一方在听讲的同时,可以做适当的记录。

(4) 组内讨论讲解("群学")

"群学"时,每一个组员仍是站立、身体前倾。"群学"应在组长的主持下进行,形式是一人讲,多人听。每个组员讲的内容,应是组长在课前根据其学习能力分配的。讲解从基础相对薄弱的学生开始,实力较强的学生接着讲难度较大的题目。组内讲解完毕时,本小组同学以同时击掌的方式示意并坐下。老师会巡视并根据情况给各组分配汇报题目,各组在分配到汇报题目后进行二次群学,主要任务是对分配到的题目进行深入探究和汇报预演。完成后本小组同学以互相击掌的方式示意并坐下。

(5) 班级展示

班级展示是小组之间竞争的战场,是真正体现组长组织管理能力的舞台。

原则:

① 尽最大努力让自己小组获得加分。

② 尽可能让自己小组获得展示的机会。

③ 尽可能让自己组内的展示"完美"——完美答案,完美形式,完美姿态。

④ 尽可能让自己小组获得点评的机会。组织组内成员认真倾听展示者展示、观察、思考有何不足,并争取进行点评或补充。

(6) 课堂小结

不是看老师教了多少,而是看看我们学会了多少。通过课前自学、课堂交流,小组成员将自己的收获进行小结,并构建出知识框架。小结之后同学们独立完成导学案上的当堂检测。A同学完成挑战自我,B、C同学完成当堂练习。结束后组长当堂核对。

(7) 评价总结

① 组长对本节课的得分进行记录,并对得分情况进行分析总结。

② 对表现突出为集体做出贡献的同伴进行表扬,对相对落后的同伴进行鼓励。

③ 如与其他组的得分相差较多,必须进行总结反思并提出改进意见。

3. 课堂各环节的组织分工培训

(1) "独学""对学""群学"、展示和倾听的书面要求

① "独学":读一读,写一写,明确学习内容;想一想,标一标,找出存在疑惑的知识。

② "对学":对学时间,对查对议不争吵,自控小声善表达。

③ "群学":合作学习,轮流发言不独断,以强带弱同进步。

④ 展示:小组展示,分工明确不慌乱,条理清晰重过程。

⑤ 倾听:有人发言,眼看对方不插嘴,积极思考勤补充。

(2)"独学""对学""群学"的方法和步骤

①"独学"的流程:读一读、画一画、想一想、记一记、做一做、标一标。

"独学"的方法:裸学—助学—记学—量学。

"独学"的基本规则:专、静、快。

"独学"的误区:"抄学"。

②"对学"的流程:分享—求教—讨论—整理或标疑惑。

"对学"的基本模式:对查、对问、对议、对抗。

"对学"的规则:自控、小声、会倾听、善表达。

③"群学"的流程:帮学、合学、质疑、研学。

"群学"的形式:

a. 组长依次讲解,组员倾听、质疑。

b. 潜能生说,中等生补充,优等生总结。

c. 中等生讲,卡壳时优等生提醒。

d. 独立思考,自由讨论。

"群学"的基本模式:

a. 中心发言式。

b. 指定发言式。

c. 叽叽喳喳式。

d. 两两配对式。

e. 切块拼接式。

f. 接力循环式。

"群学"的目的:解决共性问题,发现新问题,探究新问题。

"对学""群学"的误区:各位组员都在说,无人倾听,照课本或解题结果念答案。

(3)合作学习的基本形式和礼仪常规

①基本形式:

a. 轮流式发言。

b. 复述式发言。

c. 一人综合发言,得出结论,多人发言解读。

d. 一人发言引争议,多人辩论发言。

e. 同桌交流,合作探究,由掌握典型内容的同学发言。

f. 四人小组讨论交流,合作探究,小组代表发言。

g. 全班书面做题,几位同学个体"板演",多人评价发言。

h. 全班朗读背诵成果,防止遗忘。

② 礼仪常规:a. 听取;b. 说明;c. 求助;d. 反思;e. 自控;f. 帮助;g. 支持;h. 说服;i. 建议;j. 协调。

(4) 小组展示形式

① 小组派代表汇报。② 整组一起汇报。③ 解说板书分工汇报等。

(5) 小组展示规范用语

"我代表××小组展示第×题(读题—答题),我的展示完毕,同题组还有补充吗?(同题小组同学补充)其他小组还有什么补充和疑问吗?(其他小组补充、质疑、点评)。请老师点评。"(老师点评打分)

同题组用语:"我们组还有补充……""我们组认为……"

学生点评用语:"我还有补充……""我认为……"

汇报组在听其他组补充点评后常用语:"接受你的意见""谢谢你的提醒""我们还是坚持我们的想法"等。

展示注意事项:

① 各组学生代表可以通过口头、书面形式进行展示。(包括讲解、朗读、介绍、表演、小报、图表等)展示要面向全体同学,站姿端正,声音洪亮,语言规范,善于运用肢体语言;展示时准备要充分,尽量脱稿或半脱稿,板书要迅速、工整,合理运用彩色粉笔。展示时要时刻关注其他同学是否在认真倾听。(必要时可以提醒开小差的同学认真听讲)关注其他同学是否听明白你的汇报。(必要时可以询问同学们"大家能听明白我的意思吗?")

② 汇报不等同于读一遍答案,而是要将答题的依据和方法讲清楚。

4.《一课一计表》《班级日志》《分分必争本——小组记录本》《成长的足迹》填写培训

此项培训标准详见评价体系说明。

5. 团队游戏项目培训

(1) 踩报纸游戏

规则:所有人的一只脚都要踩在报纸上,然后把报纸翻过来,不能用手,报纸不能碎,而且脚不能离开报纸。可前脚掌踩报纸,后脚跟离地,脚可以替换,但只能踩纸后替换,时间短者获胜,注意脚不可以在报纸上蹭。

人员:5~8人。

目的:一个人的表现会影响到整个团队的表现,做项目也是一样。

(2)传瓶游戏

规则:一班分为几组,6~10人一组,以最短时间内从第一人到最后一人,然后再传到第一人。传递3个瓶子,依次传递,若掉在地上,则按10秒处理。可借助工具,每个瓶要在每个人手上传递,每组设定时间目标后分几轮操作,然后得实际结果。

目的:① 不要低估自己的能力,不要首先为自己的工作和学习找借口,不要怀疑自己的能力,要以积极的态度面对问题。② 看似不能实现的目标,在团队智慧合作的前提下能非常出色地完成。

(3)一个组成员找物品

在最短时间内找到以下一组物品为胜。

(教师规定每个小组分别找齐10样东西,用时最短的组获胜。)

目的:要发现团队中每个人的能力;在团队合作中,任务分配要合理;在团队中的每个人的能力充分发挥后,才能更好地完成任务。

6. 学科组长培训

(1)语文学科组长培训

(2)数学学科组长培训

(3)英语学科组长培训

(4)科学学科组长培训

四、培训标准

① 通过培训,行政组长你能明确为什么是你做组长。作为行政组长,你的职责是什么。

② 了解开展组内工作的一些方法,并能实际应用。

③ 清楚课堂模式,知道课堂各个环节如何组织组员学习与讨论。

④ 能正确填写《一课一计表》《分分必争本》《班级日志》《成长的足迹》。

⑤ 各学科组长明确自己的职责,并知道自己负责学科的展示汇报方法。

⑥ 学会一些团队游戏,并能回到班级中去应用。

⑦ 培训结束,每位组长要进行组长经验总结和分享。

五、"小老师"考评标准

表一 "小老师"培训考评标准

考评项目	分值标准	得分情况			合计
		学生自评	班级考评	培训师考评	
培训到岗率	班级组长全员到齐共得6分,未到1人减1分。以此类推,扣完为止。		—		
培训过程参与度	培训过程能积极参与互动的最高得6分;偶尔参与,得5分;只听不参与互动,得4分;培训过程中影响他人1分/人次。		—		
培训后班级执行率	培训后每组都能在班级和小组中积极实施的,得6分,小组未实施减1分。以此类推,扣完为止。			—	
小组组织学习能力	培训后小组学习、组织能力改善情况酌情给各小组3~6分。			—	
班级任课教师小组合作组织情况	小组合作在课堂中的实施情况。现在主要以语文、数学、英语、科学四门学科为实施课程,四门课程都实行小组合作的,得6分,一门未实施的,减1分。				
经验分享	在培训过程中能积极向其他小组和班级分享自己的经验,分享1条,加1分,最高每节课得6分。		—		
合计		—	—	—	

注:此表每班一张,用于表二的填写评分标准。

表二 "小老师"得分情况统计

( )班( )中队

组序 组名 得分 项目	一		二		三		四		五		六		七		备注
	自评	班级/培训师考评	自评	班级/培训师考评	自评	班级/培训师考评	自评	班级/培训师考评	自评	班级/培训师考评	自评	班级/培训师考评	自评	班级/培训师考评	
培训到岗率															
培训过程参与度															
培训后班级执行率															
小组组织学习能力															
班级任课教师小组合作组织情况															
经验分享															
合计															

注：此表每班一张，一周记录一次，每次培训前下发。在下次培训前，统计完得分情况后上交培训师。

初中能效 ACP 课堂教学实践改革

——班组文化建设子课题总结与反思

姚浩宇

自 2014 年 11 月苏州市彩香实验中学正式启动并实施课改以来,班组文化建设子课题组围绕总课题提出的要求,在充分汲取兄弟学校课改经验的基础之上,将班组文化建设具体分成组织体系、培训体系、文化体系、评价体系四个部分加以整体推进。经过一年多的实践探索,目前课题实施路径已基本成型,班组文化建设已初具规模。现将一年多来彩香实验中学的实践探索和存在问题及下一步打算做如下总结。

一、实践探索

1. 组织体系建设

班组文化的前提和基础在于组织体系建设。课题组在充分参考兄弟学校课改经验及相关理论文献的基础之上,结合学校班容量及学生生源等实际情况,确定了具体实施途径。

（1）小组划分原则

同质结对、异质编组、组间平行。具体而言,就是要重点考虑男女比例、性格搭配、优势学科与弱势学科平衡。

（2）具体划分办法

首先,按学生知识基础、心理特征、性格特点、兴趣爱好、学习能力、家庭情况将学生分为 A、B、C 三类,其中 A 为优等生,B 为中等生,C 为待转化学生。由于第一次划分时,班主任老师手头关于学生的信息较少,因此,在实施时,重点考虑学生知识基础。其次,原则上按每组 6 人进行划分,其组合为 AAB-BCC。

（3）组内人员职责

每组设正、副组长各一名,正组长主抓全面工作(包括小组成员的学习和

日常表现),副组长侧重抓纪律、卫生等方面的工作,还有小组记分。其他每人均按照各自特点设置组内学科代表、纪律委员、计分委员等。

(4)教室座位安排

目前主要有两种。(略)

(5)划分与调整时段

初中三年间,我们确定了三个重要时段,分别为分组建设阶段,即新初一集中军训期间;调整阶段,即初一上半学期期中考试过后进行调整;微调阶段,即初一学年结束后。

为了更好地协助班主任进行小组建设,我们还编撰了两份文件予以参考,分别是《新生小组文化建设布置》《小组建设操作指导手册》。

2. 培训体系建设

培训是否全面、充分、及时,是班组文化建设成功与否的关键。目前我们的培训主要面向学生,按照个体学生在小组中的角色和任务不同,将其分解为组长培训、学科组长培训、组员培训。其中,学科组长培训由各科教师按照学生学科特点,特别是学生在各学科的上课实际情况而分科培训;课题组重点在于进行组长培训。

组长培训是培训体系的核心,一个好的领头人会有信心和办法营造积极向上、团结进取的文化氛围。目前我们将组长培训分为三个培训方向,并已积极展开了实践探索。首先是理念培训,其内容主要是"为什么要当组长?我能得到哪些方面的提高?"其次是操作培训,其内容主要针对实际情况而实施,例如"我怎么进行课堂评分和记分?"再次是反思培训,其内容围绕组长在管理小组过程中所遇到的实际问题展开,比如"当碰到困难时,我会怎么办?"

为了帮助组长进行有效管理,课题组还实施了德育导师制,聘请各班任课教师担任各小组的辅导教师。确定了导师的五项基本职责:思想引导、学业辅导、生活指导、心理疏导、创新启智。确定了导师每周的具体任务:借助《小组周志》,每周至少一次召集小组成员开展集中学习自省、查漏补缺,共同提高,并做好相关记录。

3. 文化体系建设

我们将班组文化建设分为有形文化建设和无形文化建设两类。有形文化建设包括小组日志、组牌、组训、组规、组歌、组徽、班名、班徽、班规、班训、班歌等。无形文化建设包括班风、班级气质、班级凝聚力、小组氛围、组内人际关系、组长威信等。

为了能给予班组文化建设以充足空间,一方面我们为每个班级文化建设做了刚性要求,比如必须要有组名、组训、组规、组徽系列,班名、班徽、班规、班训系列,并在教室环境布置中进行了展板基础布置;另一方面我们积极借助原有德育活动体系或者创设新的活动体系,为班组文化建设提供平台。比如我们已经开展的班级文化布置评比、小组文化展示评比、小组主题小报评比、小组周例会、我们的运动会、我们的艺术月等,此外,小组周例会、月沙龙等固定项目也为小组文化体系建设提供了一个交流与反思的机会。

4. 评价体系建设

评价什么?如何评价?怎样利用评价?这三个问题虽然是另一个子课题需要重点考虑的内容,但在具体实施中,也与"班组文化建设"子课题密不可分。如果说班组文化建设是大海中一艘航行的船只,那么评价体系就如海中的灯塔,指引我们该向哪个方向努力。

由于存在种种制约,目前我们的评价体系的特点是:以课堂学习状态为主,以课后各种行为表现为辅;以小组整体表彰为主,以学生个体表彰为辅;评价融评级制和晋级制为一体,体现了评价的阶段性和延续性。

二、存在问题

1. 组长的能力还未真正达到要求

在课题实施前,我们也充分估计到了这方面的问题。但在实施中,无论是班主任还是学科教师都纷纷反映课堂上各小组在开展合作学习时,仍有很多班级、很多小组,其组长未能真正担负起组织、协调、评价、激励等管理职责,课堂合作学习、小组展示不充分,小组合作学习的优势得不到充分的发挥。而平时的小组成员的管理也未能完全达到事前要求。部分小组长无论在组织能力、号召能力、学习能力上都存在缺陷。

究其原因,我们的分析有二。客观上,的确存在班级与班级、小组与小组、学生与学生之间的能力差异。例如,在特色班中,问题的严重程度会轻一些,但在普通班中这种差异就比较普遍。主观上,还是与我们目前培训体系比较薄弱有关系,例如,组长培训还缺乏聚焦,针对性及示范性不强;缺乏足够的学科组长培训;在教师如何对学科组长,班主任如何对组长、组员进行系统培训方面还是空白。

2. 小组文化建设的强势下，班级文化建设某种程度上被忽视

"小组合作学习"是一个系统课改工程，原有的五大体系为班级建设、小组建设、教(导)学案、课堂流程、评价体系。根据彩香实验中学的实际情况，我们将班级建设、小组建设合二为一，确立"班组文化建设"子课题组。由于小组建设是新生事物，我们将绝大部分精力集中于小组文化建设，忽视了原有班集体建设，导致部分班级班委形同虚设，班委各成员未能承担起应有的职责，应有的班主任—班长(班委成员)—小组长—组员四级班级管理体系，实际上变成了班主任—小组长—组员三级管理体系，我们以往重点强调的班风建设缺少了组织支撑。

3. 原有的德育管理体系还不能适应课改对班组文化建设的新要求

新的德育管理模式的扎实推进，不仅需要有新的德育管理理念，也要有其落地生根的德育管理体系的支撑。在班组文化建设的过程中，我们明显感觉到旧有的管理体系在某些方面只是表面应付，而未能积极引领。主要表现在以下三个方面：一是班主任的日常管理内容和方法还未能调整以适应新形势的发展；二是德育导师制还停留在表面，如何针对性地辅导小组长进行有效管理还是一个难题；三是德育处的职能、工作内容及工作重点，只是做简单的加法，还未能进行深层整合。

三、下一步打算

1. 深化四大体系建设

组织体系建设重点丰富《小组建设操作指导手册》内容，尤其是在两个方面上开展深入研究：一是在A、B、C三类学生划分指标上提供科学方法和充足信息；二是在组内人员职责的描述上更为精细。通过修改、补充，《小组建设操作指导手册》真正成为班主任、小组长开展小组文化建设的指南、助手。

培训体系建设重点在于填补学科组长培训、组员培训的空白，尤其要借助对学科教师进行关于小组合作学习课堂流程方面的培训，从而加强对学科组长的培训。组长培训要甄选真实问题、实际问题，在进行理念培训的同时要围绕课改的各个细节问题加强操作培训，比如，如何组织小组开展周反思会，如何进行展示任务的分配，如何撰写《小组周志》等。

文化体系建设要尽量做到系列化、有层次、有阶段、有重点地稳步整合目前的各种文化建设活动平台。我们的初步想法是，尽量依托目前学校开展的

各种德育活动平台,以一学年为时间单位,分年级、按月份、有主题地设计并整合各种活动平台。

评价体系建设会将行为品性引入评价体系,并突出评价的激励性。

2. 改进并调整目前的德育管理体系

① 编写《班组文化建设班主任须知》,主要涵盖小组建设、班委建设等队伍建设方面的内容,以及每月主题式班组活动指导等方面的内容。

② 进一步重视广大班主任对班组文化建设、初中能效 ACP 课堂教学改革的认识,以理念的认同带动实践的探索。比如,围绕班组文化建设,结合目前苏州市直属德育南片的班主任讲师团,总结凝练彩香实验中学班组文化建设的成功经验;在校班主任基本功竞赛活动中加入班组文化建设方面的元素。

③ 进一步完善德育导师制,除进行《小组周志》方面的调整外,进一步完善导师具体指导内容,例如,每周一次,与小组成员面谈什么?每月一次,督促小组改进什么问题?每学期一次,如何集体反思一学期小组得与失?

3. 进一步加强课题组自身建设

① 遴选部分优秀班主任进入课题组,使课题组研究更能接地气。

② 加强对课题研究本身的理论学习,尤其是对核心问题的聚焦研究,比如对组风建设、小组合作等方面的研究。

③ 走出去,请进来,和兄弟学校共同研讨,扩大课题研究的视野面。

④ 认真进行调研、反思与总结,开展一些恰当的问卷调研,召开一些主题研讨,撰写一批反思文章,为总课题组提供丰富的研究材料。

完善综合评价体系　助推品格素养提升

王　珣

教育质量是一个国家重要的发展生命线,它的好坏直接关系下一代的发展和国家的未来。立德树人、品格锤炼,是党和人民赋予我们教育工作者神圣的使命。

苏州市彩香实验中学在小组合作制管理的模式下,开拓新型的德育模式,重构和逐步完善学生综合素质评价体系,为学生品格素养的提升不遗余力。

一、学习共同体,品格教育落地生根

学生品格教育最重要的实施阵地是课堂,彩香实验中学施行的是能效ACP课堂,就是以"小组合作制"来构建"学习共同体"。

能效ACP课堂上,以小组为单位的"学习共同体",基于《导学案》这一核心,学生先自主学习,然后在"学习共同体"中开展小组合作、探索、交流,最后在讲台上展示和思辨。这样的课堂培养的是学生主动学习、合作、思辨和展示方面的能力。

在能效ACP课堂上,教师退后一步,带给学生的是能力自由发展的海阔天空;课堂上学生精彩连连的展示,留下的是"知之者不如好之者,好之者不如乐之者"的教育审美快感,学生的学习激情和高效率也给老师带来一个又一个惊喜。

二、德育共同体,品格素养滋润生长

1. 文化聚核,为小组建设铸魂

习近平认为文化是"国家之魂,文以化之,文以铸之"。大到一个国家是这样;小到一个班级、一个小组也是如此,我们要以丰厚的文化来滋养学生的心灵,聚生文化内核,强化班组建设。

班组文化建设对于学生品格成长有着至关重要的作用。孩子们犹如一粒粒"种子",而班组文化建设就好比"土壤","土壤"的营养将直接影响"种子"萌发和未来生长的状态。文化悄然融入孩子们的血液,走近孩子们的内心,内化孩子们的行为,在德育共同体的发展中,文化真正入耳、入心、润德。

2. 德育导师,为小组成长护航

彩香实验中学分别以班级、小组为二级单位组建"德育共同体",班级实施班主任管理,小组实施德育导师制。学校建立《苏州市彩香实验中学全员育人"德育导师制"》,细化德育导师"五导"策略(思想引导、学业辅导、生活指导、心理疏导、创新启智)。德育导师每周通过《小组周志》与小组成员见面、点评,辅导学生成长,并参加"小组沙龙"引导学生自我教育、自我管理。

德育导师让教师在导学中发挥教学交流、情感互动的作用,在"导育"中发挥成长引领、个性指导、品格塑造的作用,这就是我们学校"厚道"文化中的"厚实管理"。

3. 活动赋能,为小组发展助力

彩香实验中学的德、体、卫、艺活动全部以"德育共同体"(小组)为单位开展,比如美文朗诵比赛、学科竞赛、体艺技能比赛等。在活动中,每一个学生以小组为单位,充分展示自己,他们分工合作、阳光展示,无论他们的能力、水平如何,他们都有机会从班级小舞台走向学校大舞台,今后有勇气在社会大舞台上自信地展现。彩香实验中学的德、体、卫、艺活动以小组为单位开展,就是要让德育的阳光播撒到每一个学生心田,让德育受惠于每一位学生。

三、"厚道"评价体系,品格提升保驾护航

有什么样的评价体系,就有什么样的教育。教育能否为学生的终身发展服务、为学生的品格提升保驾护航,培养"全面的人",很大程度上取决于是否建立绿色的评价体系。所以,彩香实验中学聚焦学生品格塑造和核心素养,重构和逐步完善学生评价体系。

1. 成立学生自管会,实现更大意义的自我管理和评价

彩香实验中学的"厚道"评价体系,评价方式是"课内评价+课外评价"。课内评价:把课堂上"学习共同体"在小组合作学习中的表现作为评价内容。课外评价:把小组每日常规作为评价内容。学生自管会把这些分数打到每个小组头上,同时将小组分数进行统整作为班级评选"星级班级"的直接依据,强化小组在班级管理中的重要作用。

学生自管会由90名学生组成,参与对班级的常规管理和评价。一方面,每天各班根据学生自管会的反馈单,及时整改;另一方面,在学生自管会每周评分的基础上评选出遵章守纪星级班、仪容仪表星级班、美观卫生星级班,这是文明班级评比的依据。同时,各班根据积分,每周评选出魅力小组和进步小组。

2. 推出《"厚道"学生综合素质评价记录本》,为品格成长护佑

《"厚道"学生综合素质评价记录本》是把个人、小组的课内、课外表现以积分制进行记录,并设置晋级制:"厚学"—"厚问"—"厚德"—"厚道"。每一位学生及其小组根据自己的积分,拾级而上,进行晋级。对于每学期每班表现最优秀的小组,除给予精神奖励之外,学校还组织他们开展免费观看电影、赠书、户外实践等一系列的有益活动。

每学期,彩香实验中学还为"厚道少年"和"厚道小组"举办隆重的红毯仪式。

彩香实验中学希望完善多元、丰富、系统、充满趣味的评价体系,达到鼓励学生本人,激励周围人,培养大写的"人"的目标。

实践证明,小组合作制下的德育共同体建设及其综合评价机制对培育学生的核心素养、立德树人起到了重要的作用。

2017年以来,彩香实验中学学生在初中阶段各级各类比赛中,可谓群星闪耀、溢彩流香、硕果累累。先后获得科技类奖项:世界金奖1个、亚太银奖1个、全国一等奖2个、省特等奖1个、省一等奖5个、市一等奖9个;文化与棋类奖项:市一等奖10个;艺体类奖项:市区团体第一名6个、市区季军5个、单项第一名9个。另有百余人在各类比赛中获得市二等奖以上的奖项。

苏州市质量监测中心的数据显示,彩香实验中学学生的心理状况、学习习惯、学业成绩都有了显著的提升。

在未来的征途上,我们一定会继续追寻教育的本真,为培育学生良好的品格、成就学生美好的生命而不懈努力。

（二）落地：雕琢学科推进的课堂细节

能效ACP课堂语文教学案
《呼兰河传（节选）》（一）

张来群

※【教学目标】

（1）品味作品对童年生活的描写，体会儿童天真烂漫的个性。

（2）学习用鲜活而充满灵气的语言描摹事物。

（3）体会作者对自由自在生活的向往和对人性美的追求。

※【教学重点】

（1）学习用鲜活而充满灵气的语言描摹事物。

（2）体会作者对自由自在生活的向往和对人性美的追求。

※【教学难点】

体会作者对自由自在生活的向往和对人性美的追求。

※【教学安排】1课时。

※【教学准备】《导学案》1份、多媒体课件1套。

※【教学过程】

导入

导语一：请同学们看大屏幕，猜一猜她是谁。（出示投影：①民国四大才女之一；②20世纪30年代"文学洛神"；③被鲁迅誉为"当今中国最有前途的女作家"；④20世纪中国文学史上最耀眼的女作家"双子星座"之一。）（生：萧红）猜对了。她就是萧红。这节课就让我们一同走近萧红，走近她文学艺术的巅峰之作——《呼兰河传》。

导语二：诗人白居易曾写过这样的诗句："谁能更学孩童戏，寻逐春风捉柳花。"以此来感叹自己已经失去童年，无法追寻了。每一个人在回想起童年时，总会觉得美好和温暖。

作品《呼兰河传》是一部回忆性、自传性的小说。作者以她惯用的散文手法,疏疏落落地写出"我"对儿时难忘的记忆。它打破了以人物为中心的传统小说模式,而以呼兰城的公众生活和环境为中心,辐射出生活的种种方面,正如书名所示,它是为整个小城的人物风情作传。

课文节选部分是活泼的"我"和慈爱的祖父在后花园一起度过的快乐时光。

一、初感知,童年的后花园

1. 一读

大声跳读课文,结合文中的词句,说说后花园的特点,即吸引"我"的原因。
【明确】自由、生机、亲情、温暖——自由
追问:动物、植物都是自由的,置身于这样的环境中的人呢?举例说说。
① §7——祖父下种种小白菜,"我"东一脚、西一脚地瞎闹。
② §9——和祖父锄地,随便乱弄,祖父也不责备。
③ §22——"我"不仔细听祖父的话,又去吃黄瓜。
④ §23——"我"没吃完黄瓜又去追蜻蜓。
⑤ §25、26——祖父给菜浇水,"我"反把水往天上浇,还嚷嚷着"下雨了"。
⑥ §31——玩累了,"我"就挑个阴凉的地方睡着了,不用枕头与席子。

2. 二读

请选择你喜欢的几句话或一小段文字大声、有感情地读一读,读出后花园的自由、生机、亲情。

二、再领悟,精神的后花园

1. 作者内心的渴求

后花园的这方土地,让它的小主人感受到了自由、生机、亲情、爱、温暖,而在小说《呼兰河传》中四次提到了"我家的院子是很荒凉的",整部小说共七章,除了这写后花园的第三章是温暖的,其他六章都是灰色的背景、灰色的人物,那么,到底是怎样的身世和经历让这位"20世纪30年代的文学洛神"、让这个被鲁迅认为"当今中国最有前途的女作家"感到如此孤寂与苦闷呢?请看材料。结合课文和材料,用你的心触摸作者萧红的心,你认为萧红内心渴求什么？

2. 出示链接材料

萧红,1911 年生于黑龙江省呼兰县今哈尔滨市呼兰区。她一生漂泊,几多坎坷,历经沧桑。9 岁丧母,父亲性格暴戾,继母也经常虐待她,她只有从年迈的祖父那里享受到些许人间温暖。后因反抗包办婚姻而离家出走,一再遭遇感情挫折、病魔缠身、故乡沦陷。1942 年病逝于香港,年仅 31 岁。

3. 作者的渴求

作者她渴求——而这一切,"我"全部寄托在哪里?(后花园、祖父)。所以这哪里是一个简单的后花园啊,这分明是萧红精神的后花园!心灵的后花园!这个后花园正是因为有了祖父才熠熠生辉,才让"我"的童年有了一丝温暖,而这一丝温暖也成了"我"以后人生路上的慰藉,为"我"筑起一道心灵的屏障。

所以萧红说:"在后花园中,从祖父那里,知道了人生除掉了冰冷和憎恶而外,还有温暖和爱。所以我就向这'温暖'和'爱'的方面,怀着永久的憧憬和追求。"

三、用心悟,灵动的语言

在用我们诚挚的内心触摸了作者萧红的内心世界之后,相信你对这些文字有了更深的感悟,你认为哪一小节最能流露出作者内心的渴望和呐喊?(学生各抒己见)

1. 关于第 28 小节

有人认为应当用舒缓的语调读,有人认为应当语气急促,一口气读下去,还有人认为应该"喊"出来。你认为该怎么读?为什么?选择自己认可的朗读方法,沉浸其中读,再次感悟萧红的内心世界。

体会这 11 个"就"字对表达感情的作用。

前 3 个"就"字表示强调的语气;后 8 个"就"字表示自由自在,不加任何约束。这 11 个"就"字非常有表现力,语气轻松,一气呵成,形象而有力地表现了一切都在自由地生长,为"我"的童年生活提供了自由自在的生长环境。

2. 关于赏析

赏析的角度:词语的运用、句式的特点、修辞手法等方面任选一个话题来欣赏和品味文章的语言。同学们先自己默读课文,认真品味,然后再交流。

① 一组色彩词,像"花园里边明晃晃的,红的红,绿的绿,新鲜漂亮"一句中,"红的红""绿的绿",这样的词语运用很漂亮,符合小孩的心理。再如,"蜻蜓是金的,蚂蚱是绿的"。

【明确】运用色彩词能让文章中的画面变得更加鲜明,有层次感。

在我们学过的课文中有很多类似这样的描写,作者都很注意景物与色彩的搭配,谁能举个例子?

("日出江花红胜火,春来江水绿如蓝。")

② 一组叠词用得很好,像"明晃晃""胖圆圆""蓝悠悠"等。

我们还能说出哪些叠词呢?

(红彤彤、绿油油、黑乎乎、白花花、黄澄澄、金灿灿……

冷飕飕、暖烘烘、暖洋洋、热乎乎……)

【明确】这些叠词很形象地写出了事物的具体情况,比如"胖圆圆"写出了蜜蜂的体态,"毛嘟嘟"写出了狗尾草的质感,"蓝悠悠"写出了天空的色彩。有时候,这样的叠词还能让景物变得充满诗意。

③ 动词用得好,"小白菜冒了芽了"中"冒"字,比用"长""出""发"等字更能表现小白菜旺盛的生命力。另外,"采一个倭瓜花心,捉一个大绿豆青蚂蚱,把蚂蚱腿用线绑上……"中的"采""捉""绑"等动词的运用也很有表现力。

"拚尽了力气,把水往天空里一扬"中的"扬"字,比用"洒"或"浇"等字,更能表现小女孩当时的兴奋心情。

④ 句式特点,"花开了……"一段中的"就"字句,语气轻松,一气呵成,反复强调一切都在自由自在地生长。

【明确】运用了一些短句,显得活泼,充满活力。比如,"这花园里,蜂子、蝴蝶、蜻蜓、蚂蚱,样样都有。蝴蝶有白蝴蝶、黄蝴蝶,这种蝴蝶极小,不太好看"。

"一切都活了,都是自由的:要做什么,就做什么;要怎么样,就怎么样。"一组短句运用,酣畅淋漓,写出了一切都是充满活力,自由自在的。要是用长句,就表达不出这样的效果。

⑤ 修辞手法。

a. 排比:"花开了,就像花睡醒了似的。鸟飞了,就像鸟飞上天了似的。虫子叫了,就像虫子在说话似的。"一气呵成,写出了小女孩奇特的想象力。

b. 比喻:"胖圆圆的就和一个小毛球似的不动了",其中,"小毛球"这个喻体形象地写出蜜蜂的体态。"太阳一出来,大榆树的叶子就发光了,它们闪烁得和沙滩上的蚌壳一样了"一句,用"蚌壳"来比喻雨后的"榆叶",形象地写出了雨后大榆树是那样富有生机,一般人是想象不到用这样的喻体的,可"我"却把它们联系在一起,突出小女孩的心理特点,想象力可真丰富啊!

【明确】文章叙事流畅自然,如同歌谣般地娓娓道来,没有丝毫的造作。这正是作者长期锤炼语言达到的境界。同学们刚才的发言很精彩,有时对课文优美语言的品评都超过了老师,给我很大的启发,谢谢同学们!我想以后不论遇到哪篇美文,同学们都要像今天这样仔细品味、揣摩,来提高自己的语言鉴赏能力。

四、用心练,巩固回味

(1)怎样理解"来了风,这榆树先啸,来了雨,大榆树就冒烟了"这句话?

【明确】风吹树叶,刷刷作响;雨落在树上,像笼起的烟雾。用儿童的眼光来观察、辨别,呈现出来的是景物的本来面目,因而鲜活灵动,充满孩子的真挚。

(2)文章为什么以"呼兰河这小城里住着我的祖父"开头呢?有评论家认为,整部作品只是这一句话的扩展。你觉得有道理吗?

【明确】小说节选部分详写"我"和祖父的故事,突出表现"我"与祖父的亲密无间,孙女调皮,祖父慈爱,彼此都已经习惯,家庭气氛和谐,祖父在"我"心目中的地位太重要了,故乡最让"我"怀念的还是祖父。

(3)模仿下列句子的写法,写一段话来回忆你美好的童年。

示例:童年在清澈的河流里,那里沉淀着我童年玩耍的欢乐,还沉淀着我留下的欢声和笑语。

结尾

美好的回忆总是不能轻易忘记。这正如萧红自己所说的,因为不能忘却,所以永远记住,在她生命结束前的一年一个月零两天的时候,这位"文学洛神"用这段文字祭奠她精神的后花园及那位老主人。

茅盾曾经这样评价《呼兰河传》:"一篇叙事诗,一幅多彩的风土画,一串凄婉的歌谣。"

老师是这样理解的,这本散文体的小说叙事如同歌谣般流畅自然,笔调散漫细腻;小说不仅有作者对童年生活的回忆,还有对呼兰人卑琐平凡生活的描写,也揭露了民族的劣根性;这部小说是一生坎坷的作者在病痛中怀着对故乡、对祖父、对后花园的无限眷恋完成的,给人以凄美之感。

我希望大家如有机会,应该读读整部的小说《呼兰河传》,肯定会有自己独到的理解。(出示投影:推荐阅读萧红的《呼兰河传》及其他作品。)

能效ACP课堂语文课堂反思
《呼兰河传(节选)》(二)

张来群

一、择"学案"而教

2017年2月27日至3月5日,日本教育学家佐藤学来华进行学术交流,他指出,如果说19世纪和20世纪的教师是"教学"的专家,21世纪的教师则该是"学习"的专家。他认为,"学习的专家"有两层含义:一是21世纪学校教学体制的含义发生了变化——从以教师讲授为中心的教学体制转为以学生的学习为中心的教学体制,教师的专业性也因此改变,过去的教师强调教学技巧,但现在的教师更要懂得为学生设计适合他们学习的东西,并评价学生的学习与反省情况。学习的设计和反思将成为今后教师教学的工作重心。二是教师自身成了学习者。21世纪教师工作的本质不只是"教学",更是"学习"。为了顺应从"教为中心"向"学为中心"转变,从"传递中心"向"对话中心"转变,从各自呆坐的学习走向活动性的学习,从"习得、记忆、巩固"的学习转向"探索、反思、表达"的学习,笔者在设计《呼兰河传(节选)》这堂课教学时,摒弃了传统教学模式——以"教案"为蓝本组织实施教学,而是选择、依据"学案"来组织实施教学。重学生先学、重过程体验、重问题设计、重思维启发。因此,学案的设计就显得尤为重要。可以这样说,一份优秀的学案就像一部好的剧本,将直接决定演出是否精彩。

二、跌宕起伏,曲折多姿

好课犹如美文,也追求曲折之美。本堂课不满足于在同一平面上滑行,而是跌宕起伏,错落有致。主要表现在以下两方面。①先扬后抑。同学们认为作者萧红的童年生活是自由、快乐的。起初,笔者跟同学的想法是一样的。但是,当笔者读完《呼兰河传》整部小说之后,发现作者萧红的童年生活并不像我们想象的那样自由、快乐。②出人意表。笔者曾经喜欢用舒缓的语气来朗读，因为后花园五彩缤纷、生机盎然，确实很美！记得著名音乐人高晓松说过这样一句话："我们的生活除了眼前的苟且之外，还有诗和远方。"后花园对于萧红来说，就是她的"诗"，因此，我们要读出它的诗意之美。(师稍微停顿一下，面转向坚持用急促语气读的小组)但是，如今笔者更喜欢用急促的语气来读，甚至会用近乎呼喊的方式来读，因为笔者认为，只有当萧红走进后花园的时候，她率真的天性才得以释放出来。就像百草园是鲁迅的乐园一样，后花园就是萧红的乐园。在这里，她可以唱，可以跳，可以呼喊，可以欢笑，可以撒娇，甚至可以乱闹。就连这里的动植物都可以自由自在地、任由天性地生长。用急促的语气来读，更能将小女孩所有的不快统统抛到九霄云外去。

三、把朗读作为理解课文的切入点

本堂课的指导思想是教师作为启发者和鼓励者，引导学生通过朗读，主动参与学习，积极建构知识，积淀语文核心素养。整个教学过程主要是以朗读为纽带，以对作品中人物命运的关注为主线，品味作品对童年生活的描写，体会儿童天真烂漫的个性，学习用鲜活而充满灵气的语言描摹事物，体会作者对自由自在生活的向往和对人性美的追求。课堂上，朗读方式不拘一格，形式多样。有小组读、个人读；有小组之间用不同的语气对比读；有分角色读；等等。"读你千遍也不厌倦"，朗读不但能"复活"作者的心灵和神情，而且能加深读者的印象，加深读者的记忆，甚至"刻录"到读者心灵的底版，伴随读者生命的整个历程，永世不忘。叶圣陶先生就曾说过："吟诵就是心、眼、口、耳并用的一种学习方法。"它会在脑子里、唇吻间留下鲜明的印迹，比单一"看"印象要更立体、更深刻。董卿主持的《朗读者》节目也告诉我们，朗读文章有诸多好处。比如，朗读是语感形成的必走之路；朗读有利于文章"诗性美"的再现；等等。的确，朗读是一把打开语文知识宝库的金钥匙，能让我们领略到语文世界的多姿多彩。

能效 ACP 课堂语文教学案
学会读古诗(一)

周 俐

※【教学目标】

(1) 学会从字词句入手初步读懂古诗词。

(2) 能联系诗词创作背景理解其所表达的思想情感。

※【教学重点】

(1) 掌握古诗词赏析的几种方法。

(2) 体会古诗词中情景交融的写法。

※【教学课时】 1课时。

※【教学过程】

一、课前预习,并导入

读一读下面两句诗,你觉得哪一句写得更好,说一说你的理由。

雨中山果落,灯下草虫鸣。——王维《秋夜独坐》

重帘不卷留香久,古砚微凹聚墨多。——陆游《戏作长句二首》

【明确】大家说得都有些道理,今天我们要来讲讲怎样的诗算是一首好诗,我们怎么来读懂这样的诗。

王维的这两句诗笔者是从《红楼梦》里读来的,就是有名的《香菱学诗》(《红楼梦》第48回)。里面讲丫鬟香菱很喜欢这一联,去问林黛玉。黛玉说:"这种诗千万不能学,学作这样的诗,你就不会作诗了。"下面她告诉那香菱学诗的方法。她说:"你应当读王摩诘、杜甫、李白跟陶渊明的诗。每一家读几十首,或是一两百首。得了了解以后,就会懂得作诗了。"黛玉的这一段话讲得很有意思。

陆游的这两句诗,对得很工整。其实这只是字面上的堆砌,粗看之下,诗中没有人。可若说它完全没有人,倒也不尽然,到底该有个人在里面。这个人,在书房里烧了一炉香,帘子不挂起来,香就不出去了。他在那里写字,或作诗。有很好的砚台,磨了墨,还没用。

如此可见,陆游的诗背后原是有一人的,但这人叫什么人来当都可以,因而此人并不见有特殊的意境与特殊的情趣。无意境,无情趣,也只是一俗人。就像有人买一件古玩、烧一炉香,自己以为很高雅,其实还是俗。因为在这样的环境中,换进别的一个人来,不见有什么不同,这就算作俗。高雅的人则不然,应有他一番独特的情趣和意境。

王维的诗拿来和上引陆游的诗相比,两联中都有一个境,境中都有一个人。在深山里有一所屋,有人在此屋中坐,晚上下了雨,听到窗外树上的果实给雨一打,噗噗地到地面。草里的很多虫,都在雨下鸣叫。那人呢?就在屋里雨中灯下,听到外面山果落、草虫鸣,当然还夹杂着雨声。这样一个场景,有情有景,拿它来和陆游的诗相比,便知一方是活的、动的,另一方却是死而滞的了。

王维诗中的重要字面在"落"字和"鸣"字。在这两字中透露出天地自然界的生命气息来。大概是秋天吧,所以山中果子都熟了。给雨一打,禁不起在那里噗噗地掉下。草虫在秋天正是得时,都在那里鸣叫。这声音和景物都跑进屋里人的视觉、听觉、感觉之中。那坐在屋里的这个人,他这时顿然感悟了生命,而同时又感到此情此景的凄凉。生命表现在山果草虫身上,凄凉则是在静夜的雨声中。

我们看到这两首由不同诗人创作的诗总要问,作者心中究竟感觉了些什么呢?我们也会由于读了这两首诗而感觉出了在诗句中所蕴含的意味。这是一种设身处地的体悟。而这一过程亦即所谓的欣赏。

二、课堂探究

1. 阅读下面三首脍炙人口的诗,任选一首,说说它们好在哪里,并试试归纳出你的赏析角度。

枫桥夜泊

张 继

月落乌啼霜满天,江枫渔火对愁眠。
姑苏城外寒山寺,夜半钟声到客船。

闻王昌龄左迁龙标遥有此寄

李 白

杨花落尽子规啼,闻道龙标过五溪。
我寄愁心与明月,随君直到夜郎西。

惠崇春江晚景二首(其一)

苏 轼

竹外桃花三两枝,春江水暖鸭先知。
蒌蒿满地芦芽短,正是河豚欲上时。

以下是笔者的理解和赏析。

笔者认为赏析古诗可以从这些方面着手。

【明确】我们来读一首古诗,可以从字、词、句及表达手法等方面来进行赏析。

① 看背景和作者生平。

结合注释中所说的背景来迅速把握诗歌的主要内容。作者会把自己真实的人生感悟放进诗词里,但通常又"不着一字,尽显风流",所以必须了解作者是在怎样的心境之下表达的情感。

例如,知道了张继是在进京赶考落第后写下《枫桥夜泊》的,你就能理解为什么其诗开篇就是"对愁眠"了,其中的落寞、忧伤溢于言表。

② 看诗眼和意象。

古诗中的关键语言,例如标题、结尾诗句和其他一些表明诗眼的词句,往往直接透露出诗歌主题的信息。

例如,《枫桥夜泊》这首诗,最重要的是"对愁眠"三字中的"愁"字。第一句"月落乌啼霜满天",是说天色已经亮了,而作者尚未睡着,于是他听到姑苏城外寒山寺传来的钟声,从夜半直听到天亮。为何作者如此般不能睡?正为他有愁。试问作者愁的究竟是些什么?诗中可不曾讲出来。

意象,是诗歌的生命,用一些具象来表达抽象的情感。

例如,《枫桥夜泊》中的"月落""乌啼""霜满天"就营造出一种朦胧忧伤之感;《闻王昌龄左迁龙标遥有此寄》中"杨花""子规"同样是表达飘零、凄苦哀伤之感;而《惠崇春江晚景二首(其一)》中的"桃花""蒌蒿""芦芽"等则展现了一幅春天到来生机盎然的图景。

③ 看写作技法和修辞。

诗歌中的写作技法和修辞很多,常见的有比喻、拟人、借代等修辞手法,还有对比、反衬、渲染、联想和想象等表现手法。

例如,《闻王昌龄左迁龙标遥有此寄》一诗中,李白通过想象,寓情于景,不仅托月寄情,使之人格化,而且让明月作为自己的替身,伴随着友人一直到那夜郎以西边远荒凉的所在;《惠崇春江晚景二首(其一)》中作者感受到春天的到来,由眼前的鸭子戏水联想到"水暖",由"蒌蒿满地芦芽短"就想象"河豚欲上"的时候到了,这样的画面就栩栩如生了。

④ 看思想情感。

诗歌的思想情感往往是含蓄的,我们看字词、意象,研究技法,最终目标是理解作者所表达的情感,走近作者描述的情景中,去体会他的感受和思想。

2. 运用归纳出的几种方法,阅读下面一首诗,找一个赏析的点,说说你的理解。

旅夜书怀①

杜 甫

细草微风岸,危樯②独夜舟。
名岂文章著,官应老病休。
星垂平野阔,月涌大江流。
飘飘何所似?天地一沙鸥。

注:①这首诗被认为是杜甫于唐代宗永泰元年(765)所作。是年正月,杜甫辞去节度参谋职务,返居成都草堂。永泰元年四月,友人严武去世,杜甫在成都失去依靠,遂携家由成都乘舟东下。②危樯:高高的船桅杆。

以下是笔者的赏析。

【明确】其实杜工部的诗对其崇高的精神境界还是不著一字的。他那忠君爱国的人格,在他诗里,其实没有讲,只是讲家常。他的诗,就高明在这一点上。我们读他的诗,无形中就会受到他极高人格的感召。正为他不讲忠孝,不讲道德,只把他日常的人生放进诗中去,却没有一句不是忠孝,不是道德,不是儒家人生理想最高的境界。倘若杜诗背后没有杜工部这个人,这些诗也就没有价值了。倘使杜工部急乎乎要表现他自己,只顾讲儒道、讲忠孝,来表现他自己是怎样一个有大道理的人,那么这个人还是个俗人,而这些诗也就算不得是上乘的好诗了。所以杜诗的高境界,还是在他不著一字的妙处上。

第一、二句诗写近景:微风吹拂着江岸上的细草,高高竖着桅杆的小船在月夜孤独地停泊着。寓情于景,通过写景展示他的境况和情怀:像江岸上的细草一样渺小,像江中孤舟一般寂寞。

第三、四句诗是说,有点儿名气,哪里是因为我的文章好呢?做官,倒应该因为年老多病而退休。这是反话,立意至为含蓄。诗人素有远大的政治抱负,但因长期被压抑而不能施展,因此声名竟因文章而著,这实在不是他的心愿。杜甫此时确实是既老且病,但他的辞官返乡主要不是因为老和病,而是由于被排挤。这里表现出诗人心中的不平,同时揭示出政治上失意是他漂泊、孤寂的根本原因。

第五、六句诗写远景:明星低垂,平野广阔;月随波涌,大江东流。这两句写景雄浑阔大,历来为人所称道。诗人写辽阔的平野、浩荡的大江、灿烂的星月,正是为了反衬出他孤苦伶仃的形象和颠连无告的凄怆心情,乐景写哀情。"垂"写出了在空旷平野看星空的独特感受,而"涌"就犹如江涌一般的磅礴,这两句诗用"垂"和"涌"借景间接抒情,表达杜甫孤独的凄凉心境,勾勒出一种漂泊、凄冷、绝望的意境。

全诗的最后两句是说,飘然一身像个什么呢?不过像广阔的天地间的一只沙鸥罢了。诗人即景自况以抒悲怀。水天空阔,沙鸥飘零;人似沙鸥,转徙江湖。这一联借景抒情,以沙鸥自况,深刻地表现了诗人内心漂泊无依的感伤,真是一字一泪,感人至深。

杜甫的这首《旅夜书怀》诗,就是古典诗歌中情景相生、互藏其宅的一个范例。整首诗意境雄浑,气象万千。用景物之间的对比,烘托出一个独立于天地之间的飘零形象,使全诗弥漫着深沉凝重的孤独感。这正是诗人身世际遇的写照。

三、巩固拓展

2017 苏州中考链接:

一剪梅　舟过吴江①

蒋　捷

一片春愁待酒浇。江上舟摇,楼上帘招②。秋娘渡与泰娘桥,风又飘飘,雨又萧萧。　　何日归家洗客袍?银字笙调,心字香烧③。流光容易把人抛,红了樱桃,绿了芭蕉。

【注】①此词是南宋亡后作者漂泊在姑苏太湖之滨时期所作。②帘招:指酒旗。③银字笙调,心字香烧:意思是调弄有银字的笙,点熏炉里心字形的香。

1. 上阕中词人是如何渲染他的愁绪的?请简要分析。(3分)

答:＿＿＿＿＿＿＿＿＿＿＿＿＿＿＿＿＿＿＿＿＿＿＿＿＿＿＿＿＿

2. "洗客袍"表达了作者怎样的心理期待?(2分)

答:＿＿＿＿＿＿＿＿＿＿＿＿＿＿＿＿＿＿＿＿＿＿＿＿＿＿＿＿＿

3. 说说你对词中"红了樱桃,绿了芭蕉"的理解。(3分)

答:＿＿＿＿＿＿＿＿＿＿＿＿＿＿＿＿＿＿＿＿＿＿＿＿＿＿＿＿＿

答案:

1. ①直接写愁多:"一片春愁待酒浇","一片"言愁闷之多;"待酒浇",期待以酒排解愁绪,表现愁绪之浓。②以景物渲染愁绪:"风又飘飘,雨又萧萧","飘飘""萧萧"描绘了风吹雨急的景象,以风雨渲染其愁。(3分)

2. 作者期待归家后"银字笙调,心字香烧",过上安定和美的生活。(2分)

3. 这是时序的暗示,是"流光容易把人抛"的形象化诠释,抒发了岁月无情、年华易逝的感叹,流露出一个亡国遗民的愁闷。(3分)

四、结语

我们学做文章,读一家作品,也该从他笔墨去了解他胸襟。我们不必要想自己成个文学家,只要能在文学里接触到一个较高的人生,接触到一个合乎我自己的更高的人生。

——钱 穆

在我看来,学习中国古典诗歌的用处,也就正在其可以唤起人们一种善于感发、富于联想、更富于高瞻远瞩之精神的不死的心灵。

——叶嘉莹

※【教学反思】

古诗赏析,一直是初中语文教学的难点,学生对诗人的生平经历和思想境界很不熟悉,所以难于把握每首诗歌的主旨。笔者希望学生们要了解中国文学的真精神,这些古代诗人把人生加进文学里,而这些人生则往往是有很高的境界,这种高境界,需要经过多少年的修养,也许我们达不到这样高的学养,但我们并不要求每个学生将来都做大文学家,只要懂得欣赏便够了。

于是,笔者先从"什么是好诗"这个问题入手,引起学生读诗的兴趣,然后再用几首学生已经学过的古诗,让学生练练手,主要目的是总结归纳学诗的方法、赏析的角度,这是学法指导。这一过程可以由学生自己讨论完成,先组内讨论,然后小组展示,最后总结出赏析方法。讨论交流之后再抛出一首具有一定赏析难度的古诗,这样,学生可以在之前学法指导下自己研读这首新的诗歌,学会自己去读懂一首诗。这个教学过程依托能效ACP课堂模式,学生自己预习、组内讨论展示,再学会自己归纳方法,然后进一步用自己归纳的方法去阅读一首未接触过的古诗,并进行班级大展示,教师在这个过程中起到一个引导归纳的作用。

一切美好的思想和感受,都不是我们教师可以在短时间内灌输给孩子们的,教师需要引导孩子们爱上这些中国古代最美好的文字,接触那些高尚的灵魂,在阅读、思考中启智,在讨论、展示中获得新的提升。

能效 ACP 课堂语文导学案
学会读古诗(二)

周 俐

※【学习目标】

(1) 学会从字词句入手初步读懂古诗词,掌握古诗词赏析的几种方法。

(2) 能联系诗词创作背景理解其所表达的思想情感,体会古诗词情景交融的写法。

※【课前自学】

(课前自学,独立完成,组长检查,课堂提问明确)

1. 关于古诗

古诗是古代诗歌的泛称,在时间上是指 1840 年鸦片战争以前中国的诗歌作品,广义的古诗一般是指古体诗、近体诗以及词、曲等。

以我们学过的古诗为例:《诗经·关雎》是古体诗,不受近体格律的束缚;杜甫的《春望》是近体诗,也叫格律诗,讲求严格的格律,句数、字数和平仄、用韵等都有比较严格的规定;范仲淹的《渔家傲》是词;马致远的《天净沙·秋思》是曲,词和曲每句长短不一,也讲究韵律。

从《诗经》《离骚》到唐诗宋词,灿若星辰的古诗词是我们中华民族文化中最瑰丽的珍宝。

2. 读一读下面两句诗,你觉得哪一句写得更好,说出你的理由。

① 雨中山果落,灯下草虫鸣。——王维《秋夜独坐》

② 重帘不卷留香久,古砚微凹聚墨多。——陆游《戏作长句二首》

※【课堂探究】

(活动一:课前完成,小组讨论明确,小展示)

1. 阅读下面三首脍炙人口的古诗,任选一首,说说它好在哪里,并试试归纳出你的赏析角度。

枫桥夜泊
张　继
月落乌啼霜满天,江枫渔火对愁眠。
姑苏城外寒山寺,夜半钟声到客船。

闻王昌龄左迁龙标遥有此寄
李　白
杨花落尽子规啼,闻道龙标过五溪。
我寄愁心与明月,随君直到夜郎西。

惠崇春江晚景二首(其一)
苏　轼
竹外桃花三两枝,春江水暖鸭先知。
蒌蒿满地芦芽短,正是河豚欲上时。

我的理解和赏析:

我认为赏析古诗可以从以下方面入手:

(活动二:课堂完成,小组讨论明确,大展示)
2. 运用归纳出的几种方法,阅读下面一首诗,找准一个点,说说你的理解。

旅夜书怀[①]
杜　甫
细草微风岸,危樯[②]独夜舟。
名岂文章著,官应老病休。
星垂平野阔,月涌大江流。
飘飘何所似?天地一沙鸥。

注:①这首诗被认为是杜甫于唐代宗永泰元年(765)所作。是年正月,杜甫辞去节度参谋职务,返居成都草堂。永泰元年四月,友人严武去世,杜甫在成都失去依靠,遂携家由成都乘舟东下。②危樯:高高的船桅杆。

我的赏析:

※【巩固拓展】
2017苏州中考链接：

一剪梅　舟过吴江①
蒋　捷

一片春愁待酒浇。江上舟摇，楼上帘招②。秋娘渡与泰娘桥，风又飘飘，雨又萧萧。　何日归家洗客袍？银字笙调，心字香烧③。流光容易把人抛，红了樱桃，绿了芭蕉。

【注】①此词作于南宋亡后作者飘零于姑苏太湖之滨时期。②帘招:指酒旗。③银字笙调,心字香烧:意思是调弄有银字的笙,点熏炉里心字形的香。

1. 上阕中词人是如何渲染他的愁绪的？请简要分析。（3分）
答：_____
_____
_____。

2. "洗客袍"表达了作者怎样的心理期待？（2分）
答：_____
_____
_____。

3. 说说你对词中"红了樱桃，绿了芭蕉"一句的理解。（3分）
答：_____
_____
_____
_____。

能效ACP课堂数学导学案
锐角三角函数正切

※【教学目标】利用相似的直角三角形,探索并认识锐角的正切。

※【教学重点】掌握锐角的正切概念,会求三角函数值。

※【教学难点】理解三角函数值的概念。

一、问题导学

(学生课前通过阅读课本,独立思考完成,组长检查)

问题1:我们从家到学校,免不了要爬坡,有些坡好爬,而有些坡爬起来则很累,这是为什么?

观察斜坡的倾斜程度,你有什么发现?如何刻画斜坡的倾斜程度?

问题2:如下图所示,在这两个直角三角形中,∠C = ∠C′ = 90°,且横向的直角边相等,但斜边不相等,哪个坡更陡?

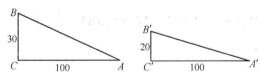

问题3:在直角三角形中,当锐角固定时,两条直角边的比值是否也固定?

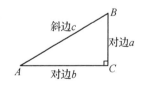

知识点归纳：

（通过课前自学，总结归纳本节课的核心内容，并用简洁的数学语言表示出来）

1. 在 Rt△ABC 中，∠C = 90°，∠A 的 _____ 与 _____ 的比是∠A 的正切，记作 _____，即 _____。

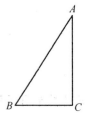

2. 在 Rt△ABC 中，∠C = 90°，tanA = _____，tanB = _____。

二、经典训练

（例题1、2、3，由学生课前完成，小组讨论明确，小展示）

例1：（1）在 Rt△ABC 中，∠C = 90°，AB = 5，BC = 4，求∠A、∠B 的正切值。

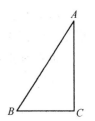

（2）在 Rt△ABC 中，∠C = 90°，BC = 5，$\tan A = \dfrac{1}{2}$，求 AC、AB 的值。

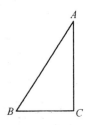

例2：在直角坐标系中，△ABC的三个顶点的坐标分别为 $A(-4,1)$，$B(-1,3)$，$C(-4,3)$，试求 $\tan B$ 的值。

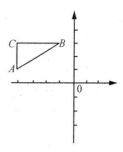

例3：在△ABC中，$AB=AC$，$BC=10cm$，△ABC 周长为 $32cm$，求 $\tan C$。

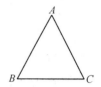

小结：

三、课内拓展

（拓展1、2，由学生当堂完成，小组讨论明确，小展示）

1. 如图，△ABC 的三个顶点分别在正方形网格的三个格点上，则 $\tan A=$ _____。

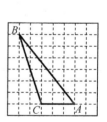

2. 如图，A、B、C 三点在正方形网格线的交点处，若将△ACB 绕着点 A 逆时针旋转得到△AC'B'，则 $\tan B'$ 的值为（　　）

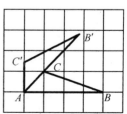

A. $\dfrac{1}{2}$ B. $\dfrac{1}{3}$

C. $\dfrac{1}{4}$ D. $\dfrac{\sqrt{2}}{4}$

四、课堂巩固

（让学生利用5分钟时间当堂测试，教师批改，以检查学生对本课知识点的掌握程度）

1. 在 Rt△ABC 中，$\angle C = 90°$，$BC = 2$，$AC = 4$，则 $\tan B =$ _____。

2. 在 Rt△ABC 中，$\angle C = 90°$，$AB = 10$，$\tan B = \dfrac{3}{4}$，则 $BC =$ _____，$AC =$ _____。

3. 如图，在 Rt△ABC 中，$\angle C = 90°$，$\angle A$、$\angle B$、$\angle C$ 的对边分别是 a、b、c，$a : b = 2 : 3$，求 $\tan A$ 的值。

4. △ABC 中，$AC = BC = 8$，$AB = 12$，求 $\tan A$ 的值。

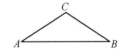

五、课后总结

本节课从学生的实际生活经验出发，通过斜坡的倾斜程度引入锐角三角函数中"正切"的概念，明确如何求得直角三角形的一个锐角的正切值，这是本节课的重点。同时进一步引导学生利用相似三角形的有关知识进行分析、思考，得出"直角三角形的一个锐角的大小与其对边与邻边的比值之间的对应关系"，这也是本节课的一个难点。从学生们的课堂展示和课堂反馈中可以了解到，学生在求正切值的问题上掌握得很好，这为下一节课学习正弦、余弦的问题打下了基础，但是学生在需要自主构建直角三角形或等角转换之后再求正切值的问题上，还有一些困难，在今后的课堂上，要多渗透图形转换的思想，加大对学生图形构建的训练。

能效ACP课堂英语教学案
Comic strip & Welcome to the unit

陈 婧

※【教学目标】

（1）预习课本8B第34—35页的单词，能根据音标正确拼读这些单词。

（2）了解并掌握电脑主要部件的英文名称。

（3）能用英语谈论电脑的基本用途。

（4）能认识到电脑给生活带来的利弊，意识到正确使用电脑的重要性。

※【教学重点】

（1）了解并掌握电脑主要部件的英文名称。

（2）能用英语谈论电脑的基本用途。

课前自学

1. 跟着录音读第34—35页的新单词，圈出你不会读或你认为很难读的单词。

2. 对照课文第34页的漫画和第35页的对话，跟录音读3遍，试着翻译以下词组和句子：

① 主机_____   ② 遥控器_____

③ 换频道_____   ④ 处理文字_____

⑤ 搜索信息_____   ⑥ 和朋友聊天_____

⑦ 看起来像电视_____   ⑧ 收发电子邮件_____

⑨ 看视频_____   ⑩ 你通常用你的电脑做什么？_____

_____.

3. 自主探究，请带着下面这些问题阅读第34页的漫画。

1）Do you know what "the TV" really is in Hobo and Eddie's conversation?

_____.

2）What do they think the mouse is?

课堂探究

Step 1　Lead-in

We have learned some more places of interest in Unit 2, where have you been?

You can also have online tours. First, we need a computer.

Step 2　Different parts of a computer

1. Show pictures and teach different parts of a computer:

   screen, keyboard, main unit, mouse.

2. Write the correct answers in the boxes in Part A.

Step 3　Comic strip

1. Show pictures of TV programmes, teach words:

   programme, channel, remote control.

2. Hobo and Eddie also like watching TV. Let's watch the video and answer: What do they think the mouse is?

3. Pair work: read and act out the dialogue.（小展示）

Step 4　Different uses of computers

1. Computers are useful in our daily lives and they've changed the world. Can you tell me the different uses of computers?

   word-processing; send and receive emails; search for information;

   watch videos; chat with friends; play games.

2. Think about: What other things can we do with computers?

3. Listen and try to complete Simon and Daniel's conversation.

   A: What do you usually use your computer for?

   B: I usually use it to ＿＿＿＿＿＿＿＿＿＿＿＿＿＿＿＿＿＿＿＿.

   A: Why?

   B: Because it's ＿＿＿＿＿＿＿＿＿＿＿＿＿＿＿＿＿＿＿＿＿.

   A: How often do you use your computer for this?

   B: ＿＿＿＿＿＿＿＿＿＿＿＿＿＿＿＿＿＿＿＿＿＿＿＿＿.

4. Make a new conversation in pairs.（小展示）

Step 5 Group work（大展示）

Talk about the advantages and disadvantages of using computers.

Computers have brought us many advantages,

We can use it to _____.

It is _____.

We can use it to _____.

We can _____

_____

_____.

However, everything has two sides, computers have also caused some disadvantages, _____

_____

_____.

We should take advantage of computer. Don't waste our life.

Step 6 Homework

1. Recite the new words in this lesson.

2. Finish some more exercises.

3. Preview the new words in Reading.

课后巩固、拓展

一、根据中文提示写出单词。

1. What is the _____（键盘）used for?

2. Now many young people like to shop _____（在线的）.

3. What do you think of the computer _____（程序）?

4. I _____（收到）two presents yesterday.

5. Today we are going to learn _____（单元）Two.

二、单项选择。

(   )1. —_____ does your son use his computer for?

—Drawing and designing.

A. Why　　　B. What　　　C. How　　　D. When

( )2. —We can invite Nick and Nora to Shanghai Disneyland with us.

—_____? I'll give them a call right now. (2015年苏州市中考题)

A. why not　　B. What for　　C. why　　D. What

( )3. The TV _____ on Channel Six are about films.

A. experiences　B. performances　C. programmes　D. problems

( )4. We can change the channel on TV with a _____.

A. keyboard　　　　　　　　B. mouse

C. cursor　　　　　　　　　D. remote control

( )5. The computer _____ a television, doesn't it?

A. is liking　　B. like　　C. looks like　　D. looks

三、句子翻译。

1. 我喜欢这部电影，请不要换频道。

_____

2. 你会用电脑发电子邮件吗？

_____

3. 这几年苏州发生了很大的变化。(2017年苏州市中考题)

_____

4. 你用电脑做什么？我用它来和我的朋友们交流。

_____

※【教学反思】

本课是8下 Unit3 Online tours 的第一课，课本内容相对简单轻松，是本单元的预热和导入课，所以笔者以上一单元的话题 Travelling 切入课堂，让学生谈一谈自己的旅游经历，同时也达到了复习英语现在完成时的目的。

本节课从课前预习的词汇合作学习，到课堂探究中 pairwork（结对练习）和 groupwork（小组活动）等一系列教学环节，都是以小组合作探究的方式展开教学。笔者通过图片呈现新单词 screen, keyboard, main unit, mouse, programme, channel, remote control。在 Comic strip 的表演和 PartB 的编写新对话学习过程中都设置了对学环节，由学生以两人一组的形式讨论完成，然后进行小展示。最后的讨论环节是对本课所学的延伸，目的是让学生意识到正确使用电脑的重要性。这个环节采用了群学的形式,由学生在小组内讨论、展示,然后进行全班大展示。

小组竞赛得分的方式激发了学生学习本课的积极性,各小组成员人人参与,形成小组合力,使学生在学习中有所得,有所感,有所乐。

能效 ACP 课堂政治教学案
走向世界的中国

钱 芳

※【课程标准】

了解当今世界发展趋势,知道我国在世界格局中的地位、作用和面临的机遇与挑战,增强忧患意识,树立全球观念,维护世界和平。

※【教材分析】

本单元作为思想品德课的终结单元中的一框内容,基于学生已经初步形成认识国情、爱我中华的情感,并根据学生即将结束九年级的学习,告别初中阶段的生活,迎来更加成熟的明天的实际情况,以"走向世界的中国"为主题,引导将要走向新的生活的有志青年,初步了解我国所面对的国际社会发展趋势,认识我国在其中的地位与作用,从而更加热爱社会主义祖国,自觉维护和平稳定的社会生活,更加关心祖国的发展和命运,增强为实现中华民族伟大复兴贡献力量的使命感。

※【学情分析】

本框的内容共分为两个部分,其中"举足轻重的国际地位"部分对于即将毕业的九年级学生来说,根据其认知实际和心理特点,理解并不困难,而"加入WTO"这一部分要求结合世贸组织与中国市场互相需要的关系,从而引导学生认识和理解世界繁荣与中国发展相互依赖的关系,这对于学生的认知实际来说,有一定的难度,所以我们在课堂教学设计中要积极设计情境,并积极引导学生进行合作、探究学习来化解这一难点。

※【教学目标】

1. 知识目标

帮助学生认识当今世界经济全球化的发展趋势。

帮助学生理解我国加入世界贸易组织(WTO)的重要意义。

帮助学生正确理解我国与世界上其他国家互利共赢的开放战略。

引领学生感悟我国当今的国际地位。

引领学生明白"中国的发展离不开世界,世界的繁荣离不开中国"的道理。

2. 能力目标

进一步培养学生探究、分析和解决问题的能力。

3. 情感、态度、价值观

引导学生优化民族自豪感和责任心,巩固认识国情、爱我中华的情感,初步树立平等、开放、参与的国际意识。

※【教学重点】举足轻重的国家地位。

※【教学难点】加入WTO。

※【教学方法】情景教学法、启发式教学法、自主学习法、讨论学习法、小组合作学习法。

※【教学手段】未来教室。

※【学习探究过程】

课间循环播放G20峰会的走心宣传片《喜欢你在一起》。

开场白:同学们,今天我们将学习初中《思想品德》的最后一个单元"走向世界",这也预示着我们即将告别初中生活,迎接挑战的明天。

如何让我们的明天走向辉煌,伴随祖国的前进健康成长呢?为此,需要我们把握今天,特别是认清今天的中国、今天的世界大形势。让我们一起关注前几年我国杭州主办的一场国际盛事——G20峰会。刚才大家在课前已经观看了央视拍摄的这场盛会的走心宣传片。这场G20峰会确实走进了每个人的心,也走进了小明一家的心。接下来我们就跟随小明一起通过走进G20峰会,来了解走向世界的中国。(教师同时出示G20峰会领导人合影的图片资料)

探究活动一——情景导入

小明同学正在登录G20峰会的官网,官网上公布的G20峰会的会标图片引起了他的兴趣,这个会标的寓意是什么呢?

【热点追踪】出示图片资料——G20峰会照片及会标图片。

【七嘴八舌】看了G20峰会的会标,你想到了什么?

【设计意图】通过分析G20峰会会标的寓意,学生知道:G20杭州峰会LOGO由20根线条构筑桥梁,寓意G20峰会已成为全球经济增长之桥、国际社会合作之桥、面向未来的共赢之桥。由此明白中华人民共和国成立以来,特别是改革开放以来,中国进一步融入世界、世界日益进入中国的道理,由此引出今天的学习主题"走向世界的中国"。

在G20峰会期间,小明和他的家人都关注着这一盛事,出差在外的小明爸爸更是时常通过用苹果手机上网来了解峰会的进展情况。你能告诉小明苹果手机是由哪个国家生产的吗?

探究活动二——认识世界(经济全球化趋势不断发展)

【热点追踪】出示图片资料——苹果7手机的上市。

出示知识小卡片—— 苹果手机是由哪个国家生产的?

【七嘴八舌】日常生活中我们除了苹果品牌的产品之外,还能买到哪些国家的哪些产品?我国产品走向世界的又有哪些?请举例说明。

【设计意图】通过这一环节的探究活动,帮助学生理解经济全球化的概念,并且明白经济全球化使得不同国家、不同地区之间的相互联系日益紧密,大家生活在一个"地球村"。

9月5日下午,小明在家观看G20峰会开幕式并全程收看了习近平主席发表的主旨演讲。习主席在讲话中指出,在新的起点上,我们将坚定不移扩大对外开放,实现更广互利共赢。奉行互利共赢的开放战略,不断创造更全面、更深入、更多元的对外开放格局,是中国的战略选择。中国对外开放不会停滞,更不会走回头路。

在21世纪初,中国在实行对外开放基本国策的过程中,具有里程碑性质的一件大事是什么?

探究活动三——融入世界(加入WTO)

【历史回眸】图片资料:中国代表团团长石广生于2001年12月11日晚在多哈签署中国入世议定书及石广生签字后同WTO总干事穆尔举杯庆祝中国成为WTO大家庭中的第143个成员。

【自主学习】——知识链接书本P137:关于WTO的知识卡片。

【合作探究】——世界舆论为什么要用"双赢"或者"多赢"来形容中国加入WTO?(分组讨论并展示学习讨论成果)

① 中国为何要申请加入世贸组织?

② 世贸组织为何欢迎中国加入?

【上网调查搜索】——分组利用IPAD当堂上网搜索材料并汇报调查结果。

① 在加入WTO之后,为了更好地实现中国社会的全面、协调和可持续发

展,我国政府出台了哪些重大举措?

②中国入世15年来经济社会发展取得哪些巨大成就?

【设计意图】通过开展自主、合作探究"为什么世界舆论要用'双赢'或者'多赢'来形容中国加入WTO"的问题,让同学理解三个层次的内容:中国加入世贸组织的意义,经济全球化趋势在发展,以及我国奉行互利共赢的开放战略。从而明白道理:WTO与中国是互相需要的关系,当今国际社会经济全球化趋势已经表明,中国的发展离不开世界,世界的繁荣也离不开中国。

关于G20峰会,小明和他的爸爸展开了一番讨论与交流,爸爸问小明:G20峰会能在中国成功举办说明了什么呢?

探究活动四——心系世界(举足轻重的国家地位)

【时事探究】——推荐视频G20峰会主题宣传片《中国与你同行——G20篇》《中国担当》《解读中国——G20篇》。

让各小组学生利用IPAD当堂上网搜索并观看G20峰会三部宣传片中的任意一部,并在组内和全班同学交流观看心得。

【我来说说】——列举近年来中国国际地位提高,在国际事务中发挥重要作用的具体实例。列举近几年苏州组织或参与的国际活动有哪些。

【课堂讨论】——中国"威胁论"。

出示背景材料:美国国务卿希拉里在纪念尼克松访华40周年发表演讲时说:在短短几十年内,中国已成为全世界第二大经济体。中国,作为一个正在崛起的地缘政治大国,在几乎每一张会议桌前都有一席之地,在全世界几乎每一个重要的机构中都发挥着作用。因此有人说:"中国的综合国力大为提高,已经成为经济强国,中国的发展对世界构成了威胁。"

你认为上面这种说法对吗?请说说你的理由。

【设计意图】

通过三个学习活动的设置,让学生明白,走向世界的中国国际地位不断提高,并在经济、政治、文化、科技等国际舞台的各个领域发挥着重要作用,日益变现出负责任的大国形象,同时也进一步说明"中国的发展离不开世界,世界的繁荣也离不开中国"的道理。

中国在国际社会的地位举足轻重,相信接下来在我国组织的国际活动会越来越多的。小明和他的家人都期盼着下一届G20峰会能在苏州召开。

环节活动五——热爱祖国,拥抱世界(实践平台)

围绕"假如下一届G20峰会在苏州召开"设计学习任务单,利用未来教室的交互性,先将学习任务分发到各组的 IPAD 上,让学生分组完成学习任务,并分组展示学习讨论成果。

① 请你为 G20 峰会宣传片的拍摄撰写内容提纲。

② 请你为 G20 峰会设计会标。

③ 如果你是 G20 峰会的志愿者,你会怎么做?

【设计意图】设计这一践行环节,一方面是在学生中再次强化"我国综合国力增强,国际地位提高"和"中国的发展离不开世界,世界的繁荣也离不开中国"的道理。另一方面也引导学生要增强热爱祖国的情感,增强民族自豪感和责任心,要树立平等、开放、参与的国际意识,要关心社会、亲近社会、服务社会、奉献社会,承担国家责任和社会责任,增强社会责任感,从而起到情感升华、拓展延伸的作用。

课堂小结:要求学生谈谈学习本课的收获有哪些。

板书设计:

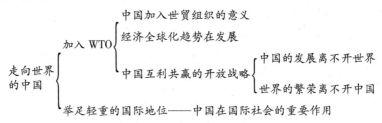

※【教学反思】

本框内容由"中国加入 WTO"和"举足轻重的国际地位"两个部分组成,在课堂教学紧紧围绕着时事热点——G20 峰会的召开,坚持一例到底,积极创设情境,设计情境,引导学生进行自主、合作、探究学习来化解教学重难点,积极采用各小组合作交流、展示的方式完成学习内容,教师适时点拨,力争让学生更好地理解教学内容。

图1　本文作者获奖之一

图2　本文作者获奖之二

能效 ACP 课堂历史教学案
列宁与十月革命

苏云琰

※【教学目标】

内容标准	中考说明要求			
	知识内容	识记	理解	运用
通过彼得格勒武装起义的胜利,理解列宁领导的世界上第一个社会主义国家诞生的重要意义。	十月革命爆发的时间、地点、领导人	√		
	世界历史上第一个社会主义国家诞生的重大意义		√	

※【教学重难点】

教学重点:十月革命爆发的背景和原因,十月革命的意义和影响。

教学难点:理解十月革命开辟的新时代。

※【教学课时】1 课时。

※【教学过程】

一、课前预习,并导入

德芙、好时、费列罗,是我们熟知的巧克力品牌,俄罗斯本土也有一个非常畅销的巧克力品牌叫"红色十月"。坐落于莫斯科河畔的红色十月巧克力工厂,其标志性的青瓦红墙已经成为莫斯科地标之一。始建于1851年的红色十月巧克力厂,既是今日俄罗斯的甜蜜之源,同时也见证了 100 多年间俄国革命、战火和社会变革的历史。1922 年工厂改名为"红色十月",以使其名称具有纪念意义,该厂名一直沿用至今。

红色十月是什么事件?请大家围绕课前导学,进入第 9 课《列宁与十月革命》的学习。

二、课堂探究

环节一:十月革命前的俄国——二月革命倒沙皇

自主学习一:

1. 第一次世界大战期间,俄国接连失利,社会矛盾激化。

2. 1917年3月,俄国发生"二月革命",推翻了沙皇专制统治,建立了资产阶级临时政府,仍然没有满足人民要求,陷入全面危机。

合作探究一:结合课本和下列材料,总结十月革命爆发的原因。

材料1:1913年俄国的钢产量只及美国的1/11,德国的1/8;石油产量只及美国的27.1%;人均工业产量,俄国分别为德国、英国的1/13和1/14,不到美国的1/21;俄国的人均收入只及美国的1/7,英国的1/5。

材料2:1914—1917年,俄国有1 500多万人应征入伍,大量的未成年人和妇女被赶进了工厂,每天工作10小时以上。至1917年,俄国约有150万人死于战争,400多万人因战争而伤残。

材料3:

时间	罢工资料	参加人数
1914.8—12月	68次	3.5万
1915	1 000次	54万
1916	1 500次	100万
1917.3.8	?事件	20多万工人、士兵

提示:①和主要资本主义国家相比,俄国依然很落后。②第一次世界大战给俄国带来巨大伤亡。③人民反战罢工、游行不断。第一次世界大战中俄国接连失利,国内各种社会矛盾激化,反对战争和要求社会变革的呼声越来越高。这成为十月革命爆发的重要原因。

二月革命后,资产阶级临时政府有没有解决这些问题?

图一 七月流血事件

资产阶级临时政府,对外:继续进行帝国主义战争,结果惨败;对内:没有满足人民对和平、土地和面包的要求,力图扑灭俄国国内的革命火焰(七月流血事件)。临时政府陷入全面危机,武装起义不可避免。

1917年4月,流亡在外的列宁回到彼得格勒,发表了著名的《四月提纲》:"俄国革命必须从资产阶级民主革命向无产阶级社会主义革命过渡,使政权转到无产阶级和贫苦农民手中。"这为最终的起义提供了理论指导。

环节二:十月革命——彼得格勒起义胜

自主学习二:

<u>1917年11月7日</u>,<u>列宁</u>领导<u>彼得格勒起义</u>,取得胜利,推翻了<u>资产阶级临时政府</u>。

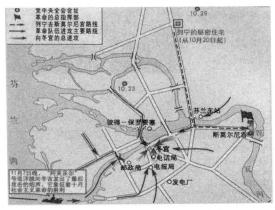

图二　彼得格勒武装起义示意图

对照《彼得格勒武装起义示意图》,讲述十月革命爆发、苏维埃政权建立的基本概况。① 爆发:1917年11月6日晚,列宁秘密来到彼得格勒的起义总指挥部——斯莫尔尼宫,亲自领导起义。② 胜利:第二天,彼得格勒武装起义取得胜利。这次革命因发生在俄历10月,故被称为"十月革命"。

合作探究二:思考并讨论俄国十月革命取得胜利的原因(提示:从国力发展、国内阶级力量、起义部署、国际环境等方面思考)。

总结:① 十月革命前的俄国是各种矛盾的集合体。② 俄国无产阶级力量强大。③ 以列宁为首的布尔什维克党的正确领导。④ 帝国主义忙于第一次世界大战,为十月革命的胜利提供了一个有利的客观环境。

合作探究三:比较二月革命和十月革命(从目的、性质、结果、影响等方面思考)。

	二月革命	十月革命
目的	推翻沙皇专制统治	推翻资产阶级临时政府
性质	资产阶级革命	无产阶级革命
结果	推翻沙皇专制统治	推翻资产阶级临时政府
影响	结束了沙皇专制制度	走上了社会主义道路

图三 二月革命与十月革命比较图

环节三：开辟新时代——十月革命现曙光

自主学习三：

1. 新举措：① 成立苏维埃政府，列宁任人民委员会主席，组建红军。② 将大工业、铁路和银行收归国有，建立社会主义公有制。③ 废除土地私有制，把土地分给农民耕种。④ 废除一切不平等条约，退出第一次世界大战。

2. 巩固新政权：三年国内战争时期，苏维埃政府实行战时共产主义政策，取得国内战争的胜利，巩固了新生政权。

3. 十月革命的历史意义：① 十月革命是世界上第一次胜利的社会主义革命，建立了世界上第一个无产阶级专政的国家。② 推动了国际无产阶级革命运动，鼓舞了殖民地半殖民地人民的解放斗争。

1917年11月7日晚，全俄工兵代表苏维埃第二次代表大会在斯莫尔尼宫正式开幕，正式建立起苏维埃政权。布尔什维克党通过了一系列巩固新生苏维埃政权的措施。

项目		巩固苏维埃政权的措施
巩固政权措施	政治	通过了《和平法令》，建议第一次世界大战的各交战国立即和谈，缔结不割地、不赔款的和约。俄国废除了旧的国家机器，创建了新的政权机关。
	军事	废除了旧的常备军，组建了红军；粉碎了外国的武装干涉和俄国国内的反革命叛乱。
	经济	将大工业、铁路和银行收归国有，建立社会主义公有制；废除土地私有制，没收地主、皇室和寺院的土地，分给农民耕种；实行战时共产主义政策。
	外交	废除沙皇政府和临时政府与外国签订的一切不平等条约；退出第一次世界大战。

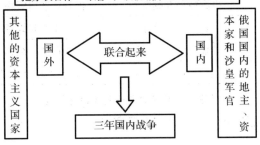

图四 战时共产主义政策

合作探究四:根据下列材料,结合教材内容,分析十月革命的历史意义(从对人类历史、对世界、对俄国、对中国等角度思考)。

材料1:"十月革命是马克思主义者对其理论的一次成功的实践性试验。"
——《全球通史》

材料2:"俄国人举行了十月革命,创立了世界上第一个社会主义国家……俄国无产阶级和劳动人民的革命精力……像火山一样突然爆发出来了……"
——毛泽东

材料3:"十月革命一声炮响,给中国送来了马克思主义。"
——毛泽东

总结:① 对人类历史:十月革命是人类历史上第一次取得胜利的社会主义革命,建立了第一个无产阶级专政国家。② 对世界:沉重地打击了帝国主义的统治,推动了国际无产阶级革命运动,鼓舞了殖民地半殖民地人民的解放斗争。③ 对俄国:为俄国的社会发展开辟了一条新的道路。④ 对中国:十月革命为中国和其他国家的无产阶级社会主义革命提供了斗争经验和政权范例。我国新文化运动的发展、五四运动的爆发、中共的成立等重大历史事件,都受惠于十月革命的鼓舞和推动。

合作探究五:回顾旧知,巩固新知,梳理马克思主义的发展历程。

事件	意义	定位
《共产党宣言》发表	标志着马克思主义的诞生	从空想到科学
巴黎公社	无产阶级建立政权的第一次尝试	从理论到实践
十月革命	第一次取得胜利的社会主义革命	从理想到现实
中华人民共和国成立	马克思主义的新发展	从一国到多国

三、课堂小结

列宁与十月革命：
　　　　一、十月革命前的俄国——二月革命倒沙皇
　　　　二、十月革命——彼得格勒起义胜
　　　　三、开辟新时代——十月革命现曙光

※【巩固扩展】

1. 抓住关键词,从材料中提取有效信息是学习历史的有效方法之一。与"列宁""斯莫尔尼宫""'阿芙乐尔'号巡洋舰""冬宫"有关的历史事件是(　　)。

　　A. 彼得格勒武装起义　　　　B. "五月流血周"
　　C. 俄国二月革命　　　　　　D. 苏联成立

2. 有学者将国际共产主义运动在20世纪20年代之前的发展特点简要地归纳为"社会主义由空想到科学,由理论到实践,由理想到现实"。下列符合该时期"由理想到现实"特点的史实是(　　)。

　　A.《共产党宣言》的发表　　B. 巴黎公社的建立
　　C. 中国共产党的诞生　　　　D. 十月革命的胜利

3. "战争引起革命,革命制止战争"是列宁对十月革命的基本设计。十月革命后,最能体现列宁这一思想的措施是(　　)。

　　A. 建立工农苏维埃政权　　　B. 没收地主土地分给农民
　　C. 颁布《和平法令》　　　　D. 发布《告工人、士兵和农民书》

4. 彼得格勒起义胜利后,苏维埃政府的下列措施带有明显无产阶级革命性质的是(　　)。

　　A. 将银行、铁路和大工业收归国有　B. 建立红军,反对协约国武装干涉
　　C. 签订和约退出第一次世界大战　　D. 把首都从彼得格勒迁到莫斯科

5. "与其说是历史选择了列宁、选择了布尔什维克,不如说在1917年这个关键时刻,是列宁、布尔什维克机敏地选择了历史,将群众自发的骚乱引导到解决和平、土地和面包问题上来。"据此可知,作者(　　)。

　　A. 否定了列宁革命策略的灵活性　B. 强调十月革命顺应了民心民意
　　C. 认为十月革命不符合俄国国情　D. 夸大了"一战"对俄国革命的影响

※【教学反思】

列宁说:"战争引发了革命,革命制止了战争。"在第一次世界大战中,俄国接连失利,国内各种社会矛盾激化,反战、变革呼声高涨,最终引发革命。从二月革命到十月革命,俄国完成了由资产阶级民主革命到社会主义革命的过渡。十月革命的胜利推动了马克思列宁主义在世界的传播,也为中国革命指明了方向。

本课内容看似容量不大,但十月革命的发生与第一次世界大战、农奴制改革等紧密相关,要注意联系、巩固旧知。十月革命的胜利是马克思主义的发展历程中重要一环,梳理这一线索,对启迪历史思维、提升知识建构能力有莫大帮助。十月革命的影响也遍布世界,要注意结合对中国近代史的影响。用表格归纳的方式,培养学生的对比分析能力,能使学生更直观地巩固知识、提升探究能力。

能效 ACP 课堂地理教学案
工 业(一)

蒋 栋

※【学习目标】

(1) 了解工业的基本概念及工业与国民经济其他部门之间的关系。

(2) 了解中华人民共和国成立后我国工业发展所取得的成就。

(3) 了解我国工业的空间分布格局、影响因素及中西部工业发展趋势。

※【预习】

请同学们用 5 分钟时间,快速阅读课本第 100—103 页内容,完成如下预习题。

工业生产包括<u>开采自然资源</u>及对<u>原材料</u>进行加工和再加工。

现代工业为社会经济各部门提供先进的<u>工具和设备</u>、<u>原材料</u>和动力等生产必需的物质条件,同时工业也与我们的生活息息相关。

目前,我国工业发展现状是:<u>工业门类齐全</u>,基础雄厚,<u>规模庞大</u>,已成为世界制造业大国。而目前我国工业虽大但不强,因此,我国正加强工业研发,鼓励<u>技术创新</u>,努力打造国产品牌,正向<u>制造业强国</u>迈进。

中华人民共和国成立前,我国工业主要分布在<u>沿海</u>和<u>沿江</u>地区。中华人民共和国成立后逐渐在东北地区形成了重工业基地。改革开放以后,新工业中心不断涌现,并形成了<u>长江三角洲</u>、<u>辽中南</u>、<u>京津唐</u>和<u>珠江三角洲</u>四大工业基地。目前,我国工业分布的基本格局是<u>东部地区</u>工业中心密集,<u>中部地区</u>工业中心较多,<u>西部地区</u>工业中心稀疏。近几年,为了加快广大中西部地区的工业发展,我国还实施了西部大开发、<u>振兴东北老工业基地</u>和中部崛起等战略。

注:横线上方内容为需要学生预习后填写的文字。

※【重点内容突破】

我国工业分布及发展

请同学们根据课本第 103 页的相关内容,先独立思考,然后由各小组组长组织讨论,完成如下思考题。

请在教师所给空白行政区划图上圈出并标明我国四大沿海工业基地(长江三角洲、辽中南、京津唐、珠江三角洲),并标出沿江(长江)及沿海主要工业中心:上海、南京、武汉、重庆;沈阳、北京、天津、广州、大连。

请同学们分析东部沿海工业带和中西部地区工业发展各有哪些优势条件?(请在相应方框内打√,并简单说明理由)

工业基地(中心)	自然因素			社会经济因素					
	原料/能源	土地	水源	市场	交通	劳动力	技术	基础	政策
东部沿海工业带	√		√	√	√	√	√	√	√
中西部地区	√	√				√			

为了使我国各地区均衡发展,加快中西部地区发展,我国实施了一系列振兴中西部地区发展的战略。下面请同学们为中西部地区工业发展出谋划策,提供一些合理化建议。

※【知识框架(板书)】

※【教学反思】

一、能效 ACP 课堂的基本理念的理解

能效 ACP 课堂的标志是让学生通过群学、对学、自学,学会思考,学会合作。

本课反思如下:

二、值得肯定的地方

(一)学案引导,自主学习

本节课以学案作为引导,通过学案将本节课的地理知识整合,设计基础概念和合作探究内容,预习(基础部分)完成前一节课上布置的预习任务 5 分钟,重点内容突破(合作展示部分)并布置讨论完成15分钟,小组展示部分15分钟。

(二)课堂上以学生为主体,通过引导,学生达到自学自研

课堂中以学生为主体,教师为主导。课堂中的基本原理总结、读图析图都是在老师的引导下由学生来完成,因此,课堂上的气氛稍显紧张,但是学生参与度很高。通过这种方式,学生学会思考,学会合作,锻炼思维能力,达到会学会教。

三、需要改进的地方

(一)有待于进一步优化课堂探究氛围

在学习四大工业基地这部分内容时,可以有两种方式来学习:一种是用工业区位因素分析原理并进行识图分析,另一种是对四个工业基地进行对比分析。显然,后一种更能引起学生的探究兴趣,因此,课堂的问题设置方式至关重要,是本节课需要改进的地方之一。

(二)课堂中应该勇于舍弃,突出重点

教师在课堂教学中所做的一切都是为了让学生尽快"独立",从而达到"教是为了不教"的目的。个人学习能力有限就通过"群学"以集众人智慧来解决,因此,在课堂上要给学生充足的思考时间和讨论时间,无形中课堂上的知识容量就会小一些,可见,教师备课过程中必须清楚课堂中哪些是值得拿出来让同学们共同探究学习的内容,哪些是同学们通过自学就能够完成的内容,课堂中有所舍弃才能有所得。

能效 ACP 课堂物理教学案
初中物理透镜教学设计

汤晶晶

一、学习任务分析

1. 教材的地位和作用

本节是苏科版《物理》八年级上册第四章第二节内容。要求学生认识两种透镜，根据两种透镜的不同特点，能够利用多种方法辨别区分，从而培养学生的发散思维；在实验探索过程中学生会发现两种透镜的成像规律不同，从而培养学生的总结归纳能力，为下一节"凸透镜成像规律"的学习在内容上、思维上、能力上做铺垫，做到循序渐进。

2. 教学重难点

教学重点：通过实验、观察、总结、归纳区分两种透镜的方法。

教学难点：凸透镜、凹透镜对光的作用的理解。

二、教学目标

(1) 观察两种透镜，知道两种透镜的外观特点，认识生活中的透镜。

(2) 通过活动，总结、归纳出区分两种透镜的方法。

(3) 了解透镜的相关知识，利用光的折射原理，理解凸透镜、凹透镜对光的作用。

三、教学方法

通过学生实验活动体验两种透镜的不同特点，通过图片展示透镜的相关知识，通过作图法理解凸透镜、凹透镜对光的作用。

四、教学器材

学生：凸透镜(无框)1个，凸透镜(有框)1个，凹透镜(无框)1个，凹透镜

(有框)1个,近视眼镜1副,远视眼镜1副,激光笔(3支组合)1组。

教师:准备视频、课件、投影等。

五、教学流程

教学环节	教师活动	学生活动
新课引入	【创设情境】 我们常说"水火不相容",因为水能灭火,那么有没有谁考虑过水又能生火呢? (设计意图:激发学生的思想冲突,引起学生兴趣、探究欲望。)	学生分组讨论,提出不同的想法,例如,在水里倒入酒精、汽油等。
	【教师介绍】 晋代张华《博物志》介绍"削冰取火"。 (设计意图:引出主题,深入探究。)	调动学生的好奇心,引发学生思考。
课中击浪	【活动1:认识透镜】 观察手中透镜外形,能否将手中透镜分成两类,同时分别归纳出外形各类透镜的特点,填入表格中。 (1) (2) (3) (4) (5) (6) | 序号 | 中央 | 边缘 | 透镜类型 | |---|---|---|---| | | | | | | | | | | 【教师点评】再次突出凸透镜、凹透镜的概念。 凸透镜中央_____,边缘_____。 凹透镜中央_____,边缘_____。 (设计意图:打破原有教师分别直接讲解两种透镜的概念,并通过习题巩固的模式,通过对手中透镜的观察并与书面图形相结合的方式,生生之间的讨论与归纳而建立概念。)	学生先自学,再分组讨论交流并完善表格内容,最后让小组展示交流结果。

教学环节	教师活动	学生活动
	【过渡】介绍生活中透镜的应用(图片展示) 近视眼镜　　　远视眼镜 望远镜　　　　显微镜 图中这些物品分别是何种透镜呢？ 【教师点评】对于光学器件我们不能用手"摸"。那我们如何区别呢？同学们可以想想这些都有什么共同的特点。 (设计意图：首先，让学生对生活中的透镜有个认识；其次，通过观察，学生发现，这些镶嵌在各个工具中的透镜我们无法通过观察外观来辨别是凸透镜还是凹透镜，因此要寻求其他方法辨别；再次，这些工具有个共同的特点，那就是帮助人们用眼睛去看其他物体，从而给学生提示，引入下面活动——眼看透镜。)	了解到与我们生活息息相关的眼镜是由透镜构成，知道望远镜、显微镜最重要的部件就是由透镜组成的。 学生会提到"摸"。
	【活动2：辨别透镜——眼看透镜】 利用凸透镜(无框)、凹透镜(无框)去看物体，记录看到的物体的特点。 | 观察物体成像的特点 | 近看物体 | 远看物体 | | --- | --- | --- | | 凸透镜 | | | | 凹透镜 | | | 得出结论： ① 近看物体： 通过凸透镜看物体的像是_____("放大"或"缩小")； 通过凹透镜看物体的像是_____("放大"或"缩小")。 ② 远看物体： 通过凸透镜看物体的像是("正立"或"倒立")；通过凹透镜看物体的像是("正立"或"倒立")。 【教师点评】手中近视眼镜、远视眼镜分别是何种透镜？大家可以利用刚才的方法去辨别。 (设计意图：通过活动，切身体会总结归纳出凸透镜和凹透镜的成像特点，同时了解近视眼镜与远视眼镜是由哪种透镜组成。)	学生活动，小组交流。归纳总结。 小组成果展示。 近视眼镜是由凹透镜构成的； 远视眼镜是由凸透镜构成的。

续表

教学环节	教师活动	学生活动
	【活动3：辨别透镜——光照透镜】 桌上还有哪些器材？想想是否有其他方法辨别不同的透镜？ | 对光的作用	平行光照射	发散光照射	会聚光照射
---	---	---	---
凸透镜			
凹透镜			| 得出结论： 凸透镜对光有（"会聚"或"发散"）作用。 凹透镜对光有（"会聚"或"发散"）作用。 【教师点评】图片展示再现学生实验结果。 【思考】发散光照射凸透镜后一定是会聚光吗？会聚光照射凹透镜后一定是发散光吗？ 【教师点评】凸透镜对光具有会聚作用，其"会聚作用"≠"会聚光"，"会聚作用"是指折射光束较原入射光束要会聚一些；凹透镜对光具有发散作用，其"发散作用"≠"发散光"，"发散作用"是指折射光束较原入射光束要发散一些。 （设计意图：通过引导，训练学生的发散性思维及总结归纳的能力；通过设计思考，让学生对实验结果重新求证与思考，强化对"会聚作用""发散作用"的理解，化解将"会聚作用"与"会聚光""发散作用"与"发散光"混为一谈的情况。）	学生根据激光笔会想到用光去照透镜。 学生讨论：如何使用激光笔去照透镜？光照后应该注意观察什么？ 学生实验； 记录现象； 总结结论。 学生有针对性地再做光照实验，得出结论：发散光照射凸透镜后不一定是会聚光；会聚光照射凹透镜后不一定是发散光。

续表

教学环节	教师活动	学生活动
	【活动4:再认透镜】 上图为平行光照射凸透镜后呈现的光路图。以凸透镜为例,阅读书中"焦点与焦距"的相关内容,完成下面内容。 光心(O): 主光轴: 焦点(F): 焦距(f): 【教师点评】齐读透镜的相关概念。	学生认真阅读; 完成相关内容。 学生齐声朗读。
课堂总结	用思维导图的形式呈现并归纳所学内容。 透镜	学生回顾本节课的内容。 多个小组展示思维导图。
学后思考	为何"削冰"能"取火"? (设计意图:首尾呼应,学以致用。)	"冰"就相当于一个凸透镜,太阳光经过折射后能够会聚于焦点,将能量集中。
自我检测	1. 下列说法中正确的是( )。 A. 凸透镜是很厚的透镜,凹透镜是很薄的透镜 B. 王伯伯戴的远视眼镜对光有会聚作用 C. 汽车的后视镜是由凹面镜做成的 D. 在照镜子时,人离镜近时所成的像特别大 2. 在下面的暗箱中选填合适的透镜。 3. 区分透镜的方法有很多,例如,用不同的透镜靠近书上的字观察,如果字被放大了,则该透镜是("凸"或"凹")透镜;如果字被缩小了,则该透镜是("凸"或"凹")透镜。	

六、教学反思

本节课利用"水火"冲突引入,激发学生的开放性思维;再通过"削冰取火"的历史记录讲解,引发学生的好奇心。学生在教师导学案的引导下充分利用手中的器材,开展实验,通过实验发现问题,同时也利用实验解决疑虑。课堂上学生自主学习,组内交流,组外展示,氛围热烈。课堂结束前,教师利用思维导图,开放性地展示今日所学;让学生学以致用,解决开篇产生的好奇心,做到首尾呼应;利用三道小练题复习今日所学习的重点内容。

本节课在开展中出现的问题主要集中在活动3:首先,学生对平行光束、发射光束、会聚光束认识不清;其次,在实验归纳中会出现填写折射光束的类型。第一个问题的解决方案是在学生做实验之前,安排理解了的学生演示三种光束类型,教师做相应的讲解。第二个问题的解决方案是实验结束后让学生先自行阅读书中内容,再进行小组讨论与展示;学生展示后提出自身思考后所产生的问题,学生再次针对性做实验,从实验中解决疑虑。另因受课时限制,本节课未对三条特殊光线的作图做详细说明,只是在实验中让学生观察了光路的变化。

能效ACP课堂生物教学案
饮食与营养

钱 玲

※【教学目标】

※【知识目标】

(1) 说出食物中含有哪些营养物质。

(2) 知道人体需要"三大供能物质"的作用及其主要食物来源。

(3) 举例说明无机盐和维生素来源与功能及各自的缺乏症状。

※【能力目标】

通过观察、分析、讨论等活动增强观察、分析能力及表达、交流、参与、自主学习的能力。

※【情感、态度与价值观目标】

认同人类的营养物质主要来自生物圈中其他生物的观点。做到合理膳食,不挑食,健康成长。

※【教学重点】

(1) 糖类、蛋白质、脂肪三大营养成分的作用。

(2) 维生素的主要种类、来源及缺乏症状。

※【教学难点】

糖类、蛋白质、脂肪三大营养成分的作用。

※【教学过程】

(一) 导入新课

展示:丰富多彩的食物图片。

(意图:这样导入既能使学生所学知识有一定的感性认识,还能让学生树立"人的食物来源于生物圈"的观点。)

教师:刚才出示的这些图片中的食物都是我们经常食用的,这些食物来源于生物圈中的动物、植物、微生物。这些食物中含有哪些营养成分?这些营养成分对我们人体有何作用?今天我们就来研究这些问题吧。

板书:"食物的营养成分"。

展示:学习目标

(二) 合作探究

问题:为了维持生命与健康,那么食物中含有的营养成分哪些是对人体有益的呢?

知识点一:食物中的营养成分

1. 同学们先拿出课前所搜集的食品的包装袋或食品盒,请你们将食品袋或食品盒上所标示的营养成分填写在课本中"分析和讨论"的表格内"食品名称""营养成分"框中。

2. 在填写过程中,大家要注意,我们平时所食用的食品中,为延长食品保质期或使食品保鲜,有些成分是人为添加进去的。

3. 同学们拿出所收集的食物,请对照"食物营养成分表"查找它们所含有的营养成分名称和含量。(学生拿出所收集的食物,比如鸡蛋、花生、苹果、橘子、面包、菜饼等)

自学课本第3页的内容,总结食物中含有哪些营养成分。

① 这些食物中含有哪些营养成分?请填入教材第3页的表格中。

② 分析各种食品中所含有的营养成分的异同,可以总的概括为哪几大类?学生分组活动、讨论、分析,并完成表格。学生开始自己填写,填写完以后,以小组为单位,相互交流(小组交流讨论)。安排本小组同学补充发言,其他小组同学再补充。学生明确食物中含有哪六大营养成分。通过鼓励学生讲述,引导学生讲述食物中含有哪些营养成分,加深学生对这部分内容的认识,充分发挥学生的主体地位,让课堂成为学生表演的舞台,同时可以活跃课堂的气氛,达到更好的教学效果。(引导学生研究)

③ 对照"食物营养成分表",分别查找它们所含有的营养成分名称和含量。

师生共同总结:

① 食物中含有糖类、脂肪、蛋白质、维生素、水和无机盐六大营养物质。

② 不同食物中各种营养物质的种类和数量是不同的,比如,面包中含淀粉多,肥肉中含脂肪多,等等。课件辅助展示"第七营养素",强调:人体需要营养成分最多的是糖类、蛋白质、脂肪。同学们看课件了解"第七营养素"教材插图及能从生活中常见的食物中获得哪些不同营养。(自主学习、合作探究)

过渡:细胞的生活离不开物质和能量。那么,食物中的营养物质与人体细胞中的物质有什么关系?

知识点二:糖类、蛋白质、脂肪

请同学们认真观察课本第4页图3.1—1,把需要识记的知识标记在课本上。然后回答这三个问题:

展示食物图片、提出问题:

糖类主要从哪些食物中获得?糖类物质是由什么组成的?尝试说出糖类对人体的作用。

指导学生开展小组讨论,分组展示,师生共同总结。来源——谷类、根茎类。组成——淀粉(主要)、麦芽糖、葡萄糖(基本单位)。功能——最重要的供能物质。教师讲解:糖类并不一定有甜味,比如淀粉、纤维素就都没有甜味;果糖、麦芽糖、蔗糖、葡萄糖都有甜味,但各自的甜度不同,其中果糖最甜,蔗糖次之。

展示食物图片、提出问题:

蛋白质主要从哪些食物中获得?蛋白质物质是由什么组成的?尝试说出蛋白质对人体的作用。

指导学生开展小组讨论,分组展示知识拓展。奶粉事件回放:2004年安徽阜阳劣质奶粉"大头娃娃"事件。师生共同总结。来源——瘦肉、鱼、奶、蛋、豆类。组成——氨基酸(基本单位)。功能——组成细胞的基本物质、生长发育组织更新的物质基础。学生知道:食物中的营养物质是人体细胞所含的物质的来源。学生认真积极地看书,观察教材第4页的图片,自学第4页的内容,动手画出课本上的重点知识,独立完成自学。根据课本内容做好标记并识记它们,知道糖类的来源、成分及作用。

学生提出设疑:糖类食物都有甜味吗?

学生看图片,思考问题,并积极回答。知道蛋白质的来源、成分及作用。让学生知道蛋白质对人体的危害及对人体的作用。学生观察图片,根据老师提出的问题自行解决投影展示图片,明白糖类从哪些食物中获得,以解除心中的疑惑。进一步引导学生认真自主学习和掌握小组讨论所获的知识,并根据课件说出糖类的组成及对人体的作用,从而培养学生的理解能力。这部分内容比较简单,老师在课堂上力求做到凡是学生自己能学会的,不多讲。老师稍做点拨即可。

展示食物图片、提出问题:

脂肪主要从哪些食物中获得?脂肪物质是由什么组成的?尝试说出脂肪对人体的作用。

指导学生小组讨论,分组展示师生共同小结。来源——肥肉、油类作物。组成——甘油和脂肪酸。功能——主要贮能物质。

尝试说出糖类、蛋白质、脂肪的异同点。共同点:都能是组织细胞的构成物质,又都能为生命活动提供能量。糖类以提供能量为主,人体最主要的供能物质是糖类;脂肪也可提供能量,但一般情况下是作为备用的能源物质;蛋白质以构成组织细胞为主。学生知道脂肪的来源、成分及作用。学生积极思考并回答。

过渡语:维生素,顾名思义是维持生命活动的元素。你知道哪些维生素?维生素的特点及其对人体的作用是什么?新鲜的水果和蔬菜富含人体需要的多种维生素。既不参与构成人体细胞,也不提供能量,而且人体的需要量也很小,但它对人体的作用很大。你知道哪些维生素?

水是人体内非常重要的物质,人体内的各种生命活动都离不开水。各种生理活动都离不开水,水是构成人体细胞的主要物质,约占人体总体重的60%~70%。

课件展示:展示水的作用及相关特点。

接下来介绍无机盐。我们平时所说的补充钙、锌、铁、硒、碘等,这些都属于无机物。学生列举:维生素A、维生素B、维生素C、维生素D、维生素E1。学生分组活动、讨论、分析,并完成表格。

小组派代表向全班汇报,安排本小组同学补充发言,其他小组同学再补充完成表格。学生了解水是"生命之源",认识水在人体中的作用。使学生感受维生素的神奇。通过对比,学生可以更好地梳理、巩固已有的知识,形成知识链,并在知识链中,较快地提取知识。引导学生理解水是人体内非常重要的物质,它是细胞的组成成分。其中盐对人体的作用非常重要。无机盐在人体内含量_____,作用却很大。钙是构成骨和牙齿的重要成分。儿童缺钙,易患_____,成年人缺钙,易患_____;铁是_____的组成成分,人体若缺乏铁,则易导致_____。师生归纳:坏血病是由于缺乏维生素C;贫血症是由于长期缺铁所引起的。

简记歌谣:夜盲A、脚气B、坏血C、佝偻D。骨需钙、血需铁,体内水分很

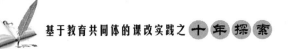

重要,而且参与人体的各项生理活动。解惑释疑、精讲点拨。小结:人体必需的六大营养成分中,水、无机盐属于无机物,糖类、蛋白质、脂肪、维生素属于有机物,糖类、蛋白质、脂肪既参与构成细胞,又能提供人体所需的能量。

学生梳理知识,并掌握在以后的生活中饮食应注意哪些方面。

※【教学反思】

本节课是让学生收集、观看资料,依托能效 ACP 课堂模式,通过分组讨论、交流、分享,获取信息,丰富学生对食物中营养的成分和营养类别的认识,激发学生关注健康、关注生命、继续探究的兴趣。

课上通过实验等方法辨别食物中的脂肪和糖类,让学生更加了解对营养的合理分配和摄入。本课采用多种多媒体方法,将抽象的书本知识生动地呈现给学生,让学生通过观看录像、收集资料、实验、交流、课堂分享展示等自主学习的方式,辅以必要的讲解,完成本课的学习。整个过程中,课堂气氛活跃,学生们在小组讨论、汇报时都兴致勃勃,参与热情高。由此反思,科学教学与生活密切联系,在传授生物知识和训练科学能力的过程中,自然而然地注入生活内容,引导学生运用所学知识为丰富自己的生活服务。这样的设计更符合学生的需要心理,调动学生的积极性,培养他们自主创新的能力和解决问题的能力。

能效 ACP 课堂体育教学案
八年级双杠教学

王现德

一、指导思想

本课以新课程为标准,坚持"健康第一"的指导思想,以教师为主导、学生为主体。在课堂教学中贯彻"寓教于乐、乐中求学、学中健体"。多种教学手法使学生积极参与、愉悦身心,培养他们勇于克服困难和小组合作的优良品质。

二、教材分析

依据《体育与健康课程标准》八年级教学目标,结合八年级学生学习要求,本课选择了"双杠的跳上支撑摆动成分腿坐——前进依次成外侧坐"作为主要内容,让学生在负担自身体重的情况下,发展支撑及摆动的动作练习,提高对身体的控制能力,发展学生的上肢和躯干力量;并让学生在团结互助、合作学习中形成良好的心理素质和意志品质,在教学中培养学生掌握自我保护和相互保护及帮助的技能,提升团队合作的精神。

三、学情分析

八年级学生对体育课有浓厚的兴趣,经过近两年的学习,他们已具备了一定的自学、自练能力,在教师引导的学习中具有初步探究、分析、解决问题的能力,以及合作、自控能力。但由于大部分同学臂力较弱,因此,杠上支撑对他们而言还有一定的难度,会造成身体摆动,不易协调完成,学生易产生畏难情绪。这就需要在教学中采用趣味性、合作性的教学组织方法来吸引、激发学生的学习激情,并把保护与帮助落到实处。

四、教学目标

（1）认知目标

学生能掌握支撑顶肩、以肩为轴摆动,杠上骑坐前进的要领。

（2）技能目标

约90%的学生掌握跳上支撑前摆成分腿坐,支撑摆动分腿骑坐前进的动作。

（3）情感目标

培养学生团队协作精神和大胆探索意识,增强学生的组织性、纪律性,提高其安全意识。

（4）拓展目标

增强学生身体素质,提高学生观察和合理利用资源的能力。

五、教学重点、难点

教学重点：直臂支撑,摆动时以肩为轴。

分腿坐前进时的夹杠、立腰。

教学难点：分腿坐前进,前进时注意顶髋,以及腿进杠动作。

六、教法

（1）讲解示范法

每个动作要领和游戏的规则,都离不开教师的讲解;而教师示范不仅能让学生观看到正确的动作,还可以让学生在大脑中初步形成最直观的动作印象。

（2）启发式教学法

这是本课的主要教学方法,启发学生积极思考,充分体现学生的主体地位,并且启发学生,使学生从自主练习到教师启发学生开动脑筋探究完成动作的技术要领,再到小组合作实现相互帮助与保护,实现教学方法上的两次飞跃。

（3）游戏教学法

将身体素质的提高通过教学比赛的方式实现,既提高了学生的身体素质,同时通过分组比赛的形式,提高学生的团队协作能力,让学生体验了成功和失败,培养他们的社会适应能力。

七、学法

自主、探究、小组合作学习法:让学生自主练习,给学生自己体会动作的机会,接着让学生分小组练习,在老师的启发下,探究完成动作时的技术要领,并学会与他人合作实现相互保护与帮助,在合作中得到提高和升华。

八、教学过程

(一)激发兴趣、热身阶段

运用原地三面转,并队、裂队、交叉步跑等练习使学生欢快地进入课堂,接着学生在兴趣盎然中和教师一起随音乐做拉伸活动,一是为了集中学生的注意力;二是使学生身体的主要肌群、关节韧带得到充分活动,使学生机体内脏器官及大脑皮层的活性调动起来,为学生迅速进入运动状态做好充分准备。

(二)技能学习阶段

在本节课的这一主体部分,笔者将采取递进式的教学模式,运用动作要点、重点、难点的讲解,结合示范,采用发现法进行教学。引导学生在形成技术、技能的过程中,观察、思考、分析。为调动学生练习的积极性,设计使部分学生当一次老师,激发其他学生的练习兴趣。在练习过程中,让学生在有组织、有调控、有指导的氛围中,通过小组反复练习、互学互评、自我分析等学法,从外部的操作逐步趋向动作内化,激发学生的积极性、进取性和创造性,提高技术动作的正确性、稳定性、熟练性,从而真正做到充分发挥学生学习过程中的主体作用。

(三)拓展提高阶段

通过游戏"穿越电网",提高学生上肢及腰腹力量,增强学生的身体协调性及大胆探索意识。采用团队比赛的方式使学生在游戏中得到锻炼,培养学生团队协作精神,提高学生统筹意识;增强学生的组织性、纪律性,提高其安全意识。

(四)恢复身心阶段

放一段优美的音乐,使学生从思想上进入放松的情境里,教师示范、学生学练太极拳进行放松,要求身体随动作进入放松意境,不对动作规范做要求。小结讲评以表扬鼓励为主,使学生在轻松愉快的氛围中逐渐调整,得以放松。

表一　体育与健康实践课教案

班级	初二（　）班	人数		教师	
时间			地点		
教学内容	双杠:1. 复习支撑摆动,学习双杠跳上支撑前摆成分腿坐,分腿骑坐前进。 　　　2. 拓展练习:"穿越电网"。					
教学目标	1. 认知目标:学生能掌握支撑顶肩、以肩为轴摆动,两腿伸夹和杠上骑坐前进要领。 2. 技能目标:约90%的学生掌握跳上支撑前摆成分腿坐,支撑摆动分腿骑坐前进动作。 3. 情感目标:培养学生的小组合作精神及大胆探索意识,增强学生的组织性、纪律性,提高其安全意识。 4. 拓展目标:增强学生的素质能力,提高学生的统筹意识;锻炼学生合理利用资源的能力。					
重点	1. 直臂支撑,摆动时以肩为轴。2. 分腿坐前进时的夹杠、立腰。					
难点	分腿坐前进:前进时注意顶髋,腿进杠动作。					

课的结构	教学内容	教师活动	学生活动	组织要求	时间次数
引情入境 2′	1. 班级体育委员整队,报告人数,师生相互问好。 2. 宣布本课教学内容和目标及注意事项。 3. 检查服装,安排见习生。	1. 接受班级体育委员报告并向学生问好。 2. 宣布本课内容、目标及要求。 3. 安排见习生。	1. 按指定地点集合整队。 2. 了解本课教学目标和要求。 3. 见习生随堂听、看课。	组织: ×　×　×　×　×　× ×　×　×　×　×　× ○　○　○　○　○　○ ○　○　○　○　○　○ 　⊙　　× 要求:快、静、齐。	1′
身心准备 6′	一、队列队形练习: 1. 原地三面转法。 2. 并队、裂队、交叉步跑。 二、徒手操: 肩部、腰背拉伸运动,弓步压腿,侧压腿,关节活动。	一、教法: 1. 讲解队形变化方法及要求。 2. 口令指挥。 二、教法: 1. 讲解徒手操动作要领及要求。 2. 听音乐、领做。	一、学法: 1. 认真听讲并理解变化方法。 2. 听口令进行练习。 二、学法: 1. 认真听讲并模仿动作。 2. 集体练习。	一、组织:(如下图) ←　○　　→　○ ×××　　×　⊙ 　　　　　× 　　　　　× 1. 四列横队成体操队形。 2. 要求:动作伸展、到位。	30秒 3′ 4×8拍 1′30

续表

课的结构	教学内容	教师活动	学生活动	组织要求	时间次数
复习预热 5′	一、跳上双杠形成支撑。 二、复习支撑摆动。 动作要领：直臂顶肩，紧腰，摆动时以肩为轴，摆动要有节奏。	教法： 1. 讲清要点，指导学生练习。 2. 教师指出学生易犯错误并提出纠正方法。	学法： 1. 在组长带领下积极进行练习，互相鼓励。 2. 保护与帮助：在杠侧扶好练习队员上臂，注意安全。	组织：(如下图) 〇 〇 〇 〇 〇 〇 〇 〇 ⊙ × × × × × × × × 要求：动作规范，动作幅度逐渐增大。	2′ 3/5次 2′ 3/5次
技能学习 20′	一、跳上支撑前摆成分腿坐。 动作要领：蹬地撑杠—两腿前摆—伸髋制动腿—分腿侧摆—分腿坐。 二、分腿骑坐前进： 动作要领：推手—立腰—夹杠前倒—撑杠—后摆进杠并腿前摆—分腿坐。	教学步骤： 1. 教师示范讲解。 2. 引导学生进行尝试性练习。 3. 指导学生练习，提醒保护帮助。 4. 纠错，要点提醒。 5. 再次指导练习。	1. 认真听讲，大胆尝试。 2. 注意动作路线正确，姿态控制好。 3. 仔细观察，认真思考，对动作进行反思。 4. 小组成果展示。	组织：(队形如下) 〇 〇 〇 〇 〇 〇 〇 〇 ⊙ × × × × × × × × 要求： 1. 认真观察，相互指导，互相鼓励，共同进步。 2. 保护与帮助要认真、及时。	3′ 3/5次 12′ 6/8次
拓展提高 7′	游戏："穿越电网"在队员面前悬挂一张"电网"，队员相互协助通过"电网"，每个下洞只可过1人次，上方洞口不受限制。通过速度快、成功人数多者为胜利队。	教学步骤： 1. 讲解游戏规则及要求。 2. 组织学生分组。 3. 指导学生进行探讨式练习，确立方案。 4. 完成裁判工作。	1. 各组起名，并推选组长。 2. 在组长的带领下进行尝试。 3. 确立通过方案，明确分工。 4. 积极比赛。 5. 小组小结。	组织： × × × × × | × × × × × | ⊙ 〇 〇 〇 〇 〇 〇 〇 〇 〇 〇 要求：听口令开始，任何队员触碰到电网判为失败，注意安全。	4′ 1/2次

续表

课的结构	教学内容	教师活动	学生活动	组织要求	时间次数
放松小结5′	一、恢复身心： 1. 学练太极拳。 2. 敲打放松。 二、评价与小结。 三、师生再见、归还器材。	一、 1. 讲解、示范。 2. 口令（音乐）指挥。 二、小结本课情况，表扬与鼓励。 三、安排归还器材，与学生再见。	一、 1. 学练太极拳。 2. 两人一组敲打放松。 二、学生自评、他评。 三、归还器材，与教师再见。	组织： ×××××× ×××××× ○○○○○○ ○○○○○○ ⊙ 要求：积极放松，认真听讲，公正评价。	3′
场地器材	场地：篮球场、器械场。 器材：垫子、跳绳、单杠、双杠、标志物、CD机。	预计效果	90%的学生基本掌握所学技能动作，70%左右的学生能够熟练准确完成规定动作；80%左右的学生成功完成拓展锻炼。	练习密度	35%左右	课后小结	通过本课学习，学生能基本掌握技术动作要领，大部分学生能独立完成规定动作，但学生普遍上肢和腰腹力量较差，以后应加强上肢和腰腹力量的锻炼。

持续

科研助推，在接力中提升内涵

从江苏省教科院"十二五"重点规划课题走向"十三五"规划课题

从2008年担任苏州市第二十六中学(以下简称"二十六中")校长至今,在这十多年的校长管理历程中,邹全红校长矢志不渝地在寻找一种真正能使孩子们爱上学习的课堂,探索一条真正能够培养孩子的核心素养的路径。

2011年10月初,邹全红校长带领二十六中教务处负责老师和三位骨干老师来到以"适性课堂"闻名全国的南京竹山中学,听取了竹山中学首批教改班班主任张明亮老师的《适性课堂的小组建设和班级文化建设》报告和鲍家银副校长的《适性课堂的管理和评价》报告,并进行了语文、数学、英语学科的观摩学习。南京之行后,邹校长带领教务处将南京之行的收获总结成文,并立即在二十六中初一(5)班实施班内分组和进行小组合作学习的前期培训,三位骨干老师也进入了积极思考编制配合"自主学习、合作学习"的导学案——"自主学习三部曲"的状态中。

2012年秋,二十六中作为第二批实验学校加入"苏州市指导学生自学教学改革实验",按照教科院的统一部署和要求,由学校教务处牵头,认真组织发动,精心设计,精心组织,紧紧围绕实验主题,结合学校实际,周密安排,扎实推进。在教学改革与教育科研相结合的前提下,掀起了研究实践"教是为了不教"教育思想、深化教育教学改革的新高潮。

一、科学规划,稳中推进

1. 构建实验研究小组,奠定实验开展基础

教改实验主题确定下来后,由校领导和教务处认真筛选,选定了二十六中初一(5)班作为第一个实验班级,在语文、数学、英语三门学科中开展以"自主学习、小组合作学习"为主题的学校指导学生自学教学改革实验。初一(5)班的班主任兼语文老师带班经验和教学经验丰富,曾获苏州大市优秀班主任称

号并且担任初一语文备课组组长;数学老师上一轮所带毕业班中考成绩突出,并且担任新一轮初一年级的年级组长;英语老师虽然只有五年的教龄,但是教学能力突出,多次受到教科院英语教研员陈学民老师的称赞,现为初一英语备课组组长。三位任课老师都为二十六中35周岁以下的青年教师,敢于接受、敢于尝试新鲜事物。

在二十六中初一(5)班经过了半个月的教改实验后,大家及时总结存在的问题,一致认为初一(5)班为二十六中艺术特色班,学生综合素质较强,由此获得的实验结果并不一定能在全体学生中推广,而语、数、英三门学科都只有一位老师参与实验,缺乏同学科的思想碰撞,邹校长遂决定将初一(4)班作为第二个实验班级,初一(4)班的语、数、英三位骨干教师也对实验研究表现出了较高的热情和较高的积极性。由此成立了以邹全红校长为首、分管教学的芮一明校长带领,教务处主任具体负责和六位实验教师共同参与的实验研究小组。有效保证了实验研究小组的工作活力及能力,为实验的有效开展奠定了基础。

2. 以参观学习为契机,提升实验驾驭能力

为了让实验组成员能够学习体会有关"自主学习、小组合作学习"的研究领域现状,充分认识教改实验的主导思想——"教是为了不教"。在校领导的积极推动下,学校为实验组的老师及初一年级全体老师提供了多次外出学习的机会,不断提升实验组老师的实验驾驭能力,也为实验在今后以点带面的不断推广埋下伏笔。

2012年10月30日,二十六中实验组一行来到苏州地区实行小组合作学习较早的苏州高新区文昌中学,认真听取了由文昌中学三位骨干教师分别开设的语文、数学、英语课,并和三位老师做了面对面的深入交流。

2012年11月24日,二十六中实验组成员来到苏州高新区东渚中学参加"姑苏之秋"杜郎口中学开放式课堂教学观摩会,听取杜郎口中学高俊英校长所做的专题报告《"三三六"自主学习模式解读》,并观摩了杜郎口中学老师执教的语、数、英等课堂,听课之后还与开课教师分别进行了现场互动。

2013年1月29日,二十六中语、数、英、物学科全体教师齐聚苏州木渎实验中学,参与"苏、宁、港"同课异构课堂教学改革研讨会,会上,连云港白塔初中张永校长介绍了"一二三"课堂教学模式,南京竹山中学鲍家银副校长介绍了"适性课堂"教学,并观摩学习实验组中初一(5)班的三位老师和南京竹山中学、连云港白塔中学的八位老师分别开设了语文、数学、英语、物理的"同题异构"展示课。

2013年2月21日,二十六中初一年级语文、数学、英语、历史、政治、地理、生物各科老师来到连云港白塔中学,学习借鉴各学科小组合作学习的课堂模式。

外出学习开拓了教师们的视野,教师们也明确了"自主学习、小组合作学习"对学生成长的重要性,激发了投入实验研究的热情和积极性,更促使他们自觉树立了全新的教学观和学生观。

二、深入研究,研中促长

1. 在行动中研究

行动研究是一线教师开展教科研的主要方式和途径,也是教科研行之有效的研究方法。为了使学校的实验研究落到实处,以教师的行动研究——课堂教学为突破口,在明晰实验目标的前提下,二十六中的教师结合自身的特点,结合教学中存在的实际问题,逐渐完善各学科"自主学习、小组合作学习"的课堂模式,以实验组成员为中心,以教研组为单位,通过开课、听课、评课、交流反馈等方式,让教师发现他人身上的闪光点,值得借鉴处,发掘有待完善处,保证实验规范、扎实、持续地发展。

实验组的六位初一骨干老师,特别是初一(5)班的语、数、英三位老师除了在校内多次开展研讨课之外,还向校外的老师展示二十六中教改的成果。2012年11月的校园开放活动中向直属校和外市友好学校的同行第一次公开展示"自主学习、小组合作学习"的课堂教学形式,得到专家和同行的一致好评。此后,苏州第三十中学、木渎实验中学特地派老师前来二十六中观摩学习。2013年1月29日,在木渎中学主办的"苏、宁、港"同课异构课堂教学改革研讨会上,二十六中的三位老师与南京竹山中学和连云港白塔中学的老师同题异构,借班上课,三位老师的课堂组织、驾驭能力毫不逊色于来自这两所已经开展教改多年学校的经验丰富的老师。

2. 在研讨中升华

为了使实验研究的成果在理论、实践两方面得以发展,二十六中确立了实验研究研讨机制:

① 把实验研究与备课组研讨、年级组例会相结合。二十六中认真执行苏州教科院的"四个一"活动机制,把实验主题纳入教学教科研工作的日常管理

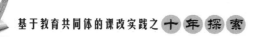

中,每月定点开展研讨活动,教师走上研讨的舞台,充当研究的主体,让现身说法,畅述教学的困惑、教学的设想,促使教师积极地投入实验的研究,引发教师深入思考,保证实验规范、扎实、持续地开展。

② 把实验研究与总结、积累相结合。在研究过程中,开展了"自主学习、小组合作学习"的主题论文评比,除了实验组的教师外,不少其他教师也积极参与了论文评比,大家一起探索"自主学习、小组合作学习"的课堂模式如何最大限度地指导学生锻炼自学能力,让教师积累具有创新成分的操作方式与方法,总结教学中的积极因素及发现实验中存在的问题。通过以研促教,积极推动了课改实验研究的深入。

通过一个阶段的实验和研究,提高了学生的学习效率。

在实验班中我们发现,"自主学习、小组合作学习"的课堂模式减轻了实践中"教师讲,学生听;重知识,轻能力;重结果,轻过程;重分数,轻素质"的现象。能够有效地养成学生"主动学习、合作学习、展示自我"的学习方式,培养学生"学会学习",培养学生的主动学习意识,提高学生分析、解决问题的能力,增强学生创新意识、创新实践能力的发展,提高学习效率。实验班学生的自学能力、组织能力、表达能力、协作能力等均强于非实验班。

通过一阶段的实验和研究,教师的专业能力得到提升。教师们在实验研究的过程中,渐渐变得会教、善教,教学能力、科研能力也得到了提升。学校教师一如既往地以极大的热情投入新课程的探索与实践,扎扎实实进行实验研究。据统计,学校教师参加各类优秀教育教学论文评比的篇数变多了;全校教师积极参与开课、评课,教师平均听课数达 15 节;集体备课活动定时、定点、定质开展。校园中形成了积极向上的教科研氛围。

如何不断将"自主学习、小组合作学习"课堂学习方式积累、巩固、沉淀、推广,从而完善、发展成为具有学校特色的课堂,邹校长集思广益,确立了学校的课堂模式"初中能效 ACP 课堂教学模式"即学生在教师的引导下,通过小组合作学习的方式,采取"自主学习三部曲"的辅助手段,通过学生的主动(acative)学习、互动(cooperative)学习,展示(presentation)自我,从而发展学生学习的能力和提高课堂效率。

为了更好地推广此课堂模式,学校于 2013 年 1 月申报了江苏省教育科学院"十二五"重点规划课题,并顺利获批。

当时此课题的核心概念及其界定能效:是指学生在 45 分钟的课堂内,在教师的引导下,通过小组合作学习的方式,采取"自主学习三部曲"的辅助手段,获得的学习的能力及达得的学习效率。

ACP:A 指 active,即主动,这是与被动学习相对立的概念,被动学习是一种基于外部环境驱动下的强迫学习方式,学生内心缺乏学习的需要和主观意向性,在学习的过程中表现出的状态。主动学习,是通过教师的引导策略和激励措施,学生内心深处焕发出对学习的兴趣,积极地参与到教学过程中来,主动地对新知识产生求知欲望,并去预习、探讨,获得知识的过程。

C 指 cooperative,即互动,在教学过程中,根据学生的性别、学业成绩、智力水平、个性特征、表达能力、家庭背景等方面的差异构建合作学习小组,每组成员 6~8 名,力求每个小组学业、能力等综合水平均衡,以小组为单位,有明确的责任分工的互动合作学习。在学习过程中,共同开展学习活动,达成共同的学习目标,促进自己及他人的学习的一种学习方式。

P 指 presentation,即展示,是建立在学生主动学习和互动学习的基础上,在组内交流达成共识之后的组间交流,或班级交流,是对学习方法、过程、成果的展示。在展示过程中,互相评价,互相学习,实现互补学习,提高表达能力,增强自信心。

自主学习三部曲:针对语文、数学、英语等主要学科教辅用书题量过多、题型重复等不适合学生的现象,根据学生的实际水平、教学目标等,教师集体研究编写练习,包括三部分:"课前热身""课堂练习""课后巩固"。

能效 ACP 课堂模式:是一种课堂教学模式,指在初中义务教育阶段语文、数学、英语三门学科的课堂教学过程中,以集体授课为基础,以小组合作学习为主体形式,采取"自主学习三部曲"的辅助手段,发挥学生主观能动性,培养学生的主动学习能力、合作能力、展示能力,具备团队观念、创新精神、竞争意识,提高学习效率的课堂教学模式。

通过研究,全体教师能够自觉树立全新的教学观、知识观、学生观,学会选择、构建、使用科学合理的教学模式,掌握有效教学的基本策略,改善学生的学习方式,养成有效教学的反思习惯,让学生形成较高的积极主动、互动合作学习的能力,尽快摆脱"无效教学和低效教学"的为难境地。

(1)理论意义

本课题的研究,有利于改革课堂教学教师"满堂灌"、学生被动学习的局面,唤起学生学习的热情,使学生真正成为课堂主体,营造教师导、学生学的教

学相长的良性发展氛围,有利于培养学生的创新意识和实践能力,有利于学生健康人格、修养等方面的全面提高,对学生的终身学习和发展都具有重大意义,为学校全面推行素质教育,促进学生全面发展提供理论指导。

(2) 实践意义

本课题的研究实践实施,将会深入探索实现学生主动学习、合作学习发展目标的实践模式和策略(途径和方法),构建能效 ACP 课堂教学模式,具有可操作性和应用价值。能为学校实验课题研究积累经验,提高教师的素质和科研能力。

(3) 推广意义

本课题旨在改革课堂模式,以培养学生合作学习、自主学习为抓手,在学校教育和学生生活中进行培养良好的学习习惯和学习能力的实践研究,以进一步形成独具二十六中生源特点的课堂教学模式。在实践研究中,我们有望以科学的教育理论为指导,构建一套科学实用、操作性强的语文、数学、英语教学实践模式,经专家论证后,使之在学校其他学科乃至同类学校中具有广泛的推广价值。

课题为学校确立了研究目标、研究内容和研究重点:

1. 研究目标

(1) 学校发展目标

本课题研究旨在构建学生自主学习的课堂模式、丰富学校的教学改革理论与实践,使学校获得优质的教育资源,学有优教,增强竞争力,提高基础教育质量,走上科学发展之路。

(2) 科研目标

通过本课题的研究,深入探索实现学生主动学习、互动合作学习发展目标的实践模式和策略(途径和方法),能分别建立起语文、数学、英语等不同学科相应的小组互动合作学习 ACP 模式,研究出适合语文、数学、英语合作小组的多种学习形式,比如,不同学科怎样开展互动合作学习?每门学科分别有哪些内容适合互动合作学习?互动合作学习的具体方式有哪些?……具有可操作性和应用价值。能为学校实验课题研究积累经验,提高教师的素质和科研能力。指导学校教学改革,提高课堂效率,促使学校长期发展。

(3) 师资目标

把教师教学行为的创新与学生学习方式的变革结合起来,优化教师行为,培养一支能有效组织和指导学生主动学习的拥有较高理论水平和专业能力的教师队伍。

（4）育人目标

通过研究，学生能够在初中段的课堂学习过程中，养成"主动学习、合作学习、展示自我"的学习方式，锻炼学生"学会学习"的能力，培养学生的主动学习意识，提高学生分析、解决问题的能力，增强创新意识、创新实践能力的发展，提高学习效率。希望通过研究，科学、有效地促进互动合作学习小组的建立与管理、评价。评价是为了反馈，为了矫正，为了激励，对互动合作小组的评价，不仅是对组内成员进行评价，更多的是对小组整体情况，包括个人评价与小组评价、自我评价与组内成员评价、同学评价与教师评价等，通过研究，希望建立一个较为有效的评价机制，促使学生得到个性化的发展，让学生成为身心健康、自信乐观、善于合作的人。

2. 研究内容

① 中学生学习现状的调查探究；

② "自主学习"的内涵及方法、途径探究；

③ "自主学习三部曲"操作、编写研究；

④ 小组合作学习的操作研究；

⑤ 语文、数学、英语能效 ACP 课堂模式组织形式的探索与实践；

⑥ ACP 能效课堂模式对学生学习行为及学习能力的评价的实践与研究。

3. 研究重点

研究、探索适合学校生源特点的能效 ACP 课堂模式和促使学生自主学习、小组互动合作学习的模式规律，提高课堂效率，进一步提高学生的学习兴趣和主动学习、自主学习的能力，锻炼学生"学会学习"的能力，为今后终生学习打下良好的基础，这是本课题研究的重点。

学校成立了以邹全红校长为课题主持人，以芮逸明、程平、吴祯、孙佳、汤彩云、虞慧、王隼、张超、俞飞为课题组核心成员的研究团队，在初一年级全面推广初中能效 ACP 课堂教学模式。在实验中积极执行苏州教科院要求的"四个一"教研制度，分四个月分别完成一次例会、一次调研、一次研讨和一次评估的实验制度，使学校教育教学质量和学生、教师素质在实验中有新的提高。完善学生开展初中能效 ACP 课堂教学模式的激励机制。通过注重对学生发展性的评价，分别评价学生的差异性发展、个性化发展及他们的发展趋势，每周班

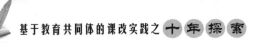

级表扬,每月年级表扬,积累至期末,评出"预习之星、合作之星、展示之星、点评之星、反馈之星"等多种奖励项目,给学生创造更多的获奖机会,以此激励学生主动、互动、展示的积极性。加强教师开展对初中能效 ACP 课堂教学模式的反思机制。基于学习、实践、反思的实验常规,在实验过程中要求教师开展自我反思,通过写教学后记、写教学案例、论文等形式反思自己的教学,回顾教学的得失与成败,总结行之有效的策略和方法。同时拟聘请专家对教师在反思中存在的困惑予以解答,并对备课组中的"同题异构"课进行教学诊断。

在教科院领导的正确领导下,在具有苏州特色的"教是为了不教"的思想引领下,在校领导的积极支持下,在实验组成员的不懈努力下,教改实验研究有了很好的基础,教育教学成绩得到大幅度的提高,在 2014 年 2 月苏州市教育科学院的全市统测中,二十六中的实验年级的成绩令人惊叹,在直属 20 所学校中,跃居第八,英语成绩超过了其中的一所名校。当时邹校长就在想,继续坚持课改,再通过一年半的努力,相信在 2015 年的中考中,学校一定会取得更优异的成绩。

然而,2014 年 7 月上级的一纸调令把邹全红校长调离了苏州市第二十六中学,邹校长被调到了苏州市彩香实验中学校担任校长。当时的彩香实验中学是由彩香中学与三元中学两个学校刚刚合并而成的百废待兴的一所学校,学校教师人心涣散,教学质量滑坡严重,无论是在学校文化、学校制度、还是学校内部管理等方面都需要进一步改进和完善。此时,邹校长没有放弃自己的教育初衷,把江苏省"十二五"规划课题带到了彩香实验中学,重新组成了十名核心组成员:钱芳、姚浩宇、袁英、陆娴、王珣、洪英、张来群、王现德、何佳、许蜚蜚,2014 年 11 月底,学校邀请了木渎实验中学的孙雅琴(数学)、顾艳(语文)两位骨干教师来彩香实验中学,她们在校体育馆为彩香实验中学全体师生展示了两节精彩的基于学习共同体的小组合作的课堂,木渎实验中学的周先荣校长当场做了点评。会后,课题组向全体师生发放了调查问卷,统计结果显示,85% 以上的教师对这样的课堂持认可态度,95% 的学生喜欢这样的课堂。在取得共识以后,自 2014 年年底开始,彩香实验中学在三个班级进行了试点,在实践过程中,全校教师慢慢意识到,课改是一项系统工程,必须在全年级乃至全校实施。从 2015 年 9 月起,在 2015 级全年级实施改革实践。彩香实验中学的改革创造了奇迹,彩香实验中学学生自信阳光、多才多艺、全面发展,中考成绩连年攀升,2018 届中考创造了 10 年最高纪录,彩香实验中学学子在科技、棋类、阅读、体育、英语等多项比赛中先后荣获:世界金奖1项、亚太金奖1项和银奖2项、全国一等奖6项、省特等奖1项、省一等奖13项、省二等奖17项、大市特等奖2项、一等奖76项、二等奖和三等奖200余人次。学校的课改已经吸引了来自省内外100多所学校近10 000人次的观摩和访问,国内外多所学校与彩香实验中学签订教改合作跟岗协议。全国核心期刊《中小学管理》及主流媒体《中国教育报》《教育视界》等都对彩香实验中学的改革与发展做了长篇的报道,2019年第22期《人民教育》杂志刊登了学校的教育案例,2019年3月29日《姑苏晚报》刊登了学校的特色育人故事,4月8日《苏州日报》整版报道了学校的教育改革。彩香实验中学"初中能效ACP课堂模式的研究与实践",入选"江苏初中课堂教学改革优秀成果";彩香实验中学还被评为"全国课改基地学校"。

学校取得了一个又一个的好成绩,先后被评为苏州市"文明校园",连续两年被苏州市教育局评为绩效管理"优秀"单位、江苏省生态教育示范学校、江苏省教学管理创新特色学校、苏州市课程示范基地学校、苏州市社团建设先进学校、苏州市家庭教育优秀项目学校、苏州市青少年体育先进集体,并获得苏州市优秀党建书记项目一等奖等。

通过六年的《能效ACP课堂模式研究》课题的实践探索,在2017年10月27日,学校邀请了苏州教育科学院祁建新院长,苏州市教育名家、语文特级教师黄厚江老师,语文特级教师杨斌,苏州木渎实验中学校长、数学特级教师周先荣等来校,参加江苏省"十二五"课题的结题鉴定会。会上,专家对学校对此课题的研究非常敬佩,祁院长高度评价了学校的课题研究:理论上有高度,实践上有深度,操作上有宽度。这让学校教师坚定了继续实施能效ACP课堂模式的信心。

2018年伊始,学校继续思考办学方向,在原有课题的基础上,为了让改革更彻底,研究更有目标,更好地向全国教育届推广我校的改革经验,邹校长带领学校教师确立了新的课题研究方向——《未来学校视域下教育共同体建设的行动研究》,此课题有两个核心概念:一是未来学校,是面向未来的学校,是对当前学校发展方向和办学模式的预测。它将具备以下一些主要特征:① 绿色、智能和泛在互联的基础设施;② 集成、智慧、因变的新学习场景;③ 灵巧学习及创新的赋能场;④ 开放融合的学习生态;⑤ 创新的知识和信息网络拓扑结构;⑥ 与人工智能融合的教师——课程智慧系统。本课题中的未来学校是指研究者所在学校未来发展的一种愿景、一种样态。二是教育共同体,是基于一致的教育信仰,为了共同的教育目标,在培养人的社会实践活动中形成的有责任感的个体联合(精神共同体)。教育共同体与一般教育者群体的区别正如共同体与社会的区别,教育共同体是本质意志的结合,而一般教育者群体是选择意志的结合。前者的教育行为动力主要源于信仰的召唤,后者的教育行为动力主要源于制度的规约。本课题中的教育共同体是指本校教师、联盟学校教师按照不同特质组成的正式及非正式组织。

未来学校视域下教育共同体建设的行动研究是积极尝试对未来学校的教育共同体的前瞻性建构与建设的一种基于实践的研究。主要致力于课程、校园文化、德育、教学、媒介、数字化智能等方面的传承与创新,旨在彰显教育共同体的最大优势,将以个体行为为主的教育活动转变成以群体行为为主的教育活动,使在教育实践中产生的教育范式,被教育共同体中的每一位成员所认同、所采用,从而实现资源共享、均衡发展,最终让更多的学生享受到优质的教育资源。本课题研究企求用未来学校的新理念、新思想来创造未来,是用教育行动来回答"办一所什么样的学校"和"怎样办一所那样的学校"的问题。

"十三五"课题研究的总体目标与"十二五"相比发生了变化,通过对未来学校的发展方向与趋势的持续关注、跟踪,探索教育共同体建设的实践路径,构建学校教育共同体的育人模式,努力实现区域乃至更大范围内的教育质量的大幅提升。具体而言,分设了三个子目标:① 结合学校、地区特点,开发、整合、优化教育共同体的育人模式,形成未来学校视域下的教育共同体序列化体系;② 结合未来学校的要求,在研究区域内教育现状的基础上,构建基于"聚焦学生核心素养培育"的学生综合素质发展评价体系;③ 结合未来学校的特点,确立教育共同体建设的基本原则,形成具有推广意义的面向未来的新型教育范式。

本课题目具有更宽泛的研究内容与研究重点:第一,建设指向深度学习的"学生学习共同体",研究要点包括:① 学习共同体建设的理性思辨;② 学习共同体的组织形式与指导方式;③ 基于学习共同体的能效 ACP 课堂模式构建;④ 基于深度学习的学习工具开发;⑤ 小组合作学习目标与内容标准的确立;⑥ 共同体之间学习竞争创新机制(成员合作意识);⑦ 共同体生活宣传交流阵地建设(集体荣誉感的激发机制);⑧ 基于"聚焦学生核心素养的培育"学生综合素质发展评价体系构建;⑨ 能效 ACP 课堂建设研究。第二,建设指向专业成长的"教师发展共同体",研究要点包括:① 共同体正式组织与非正式组织的建设原则与要求;② 教师发展共同体组织的不同层次和类型划分;③ 教师发展共同体活动的不同内容和形式;④ 影响教师发展共同体建设的因素与对策;⑤ 基于"厚道文化"("厚道"是彩中的校训)的"厚朴课程"和"厚博课程"体系建构;⑥ 基于互联网+的智慧云课堂的构建与实施;⑦ 指向未来学校人工智能融合的教师——课程智慧系统开发;⑧ 基于"教师发展共同体建设"的名师名校联盟协同创新机制。第三,建设指向模式转型的"学校德育共同体",研究要点包括:① 基于导师制的"小组德育共同体"的建设;② 基于班主任的"班级德育共同体"的建设;③ 基于学校、家庭、社区融合的"立体德育共同体"建设;④ "厚道"德育课程体系的构建;⑤ 基于校本特色的德育课程资源库的建设;⑥ 全员、全过程、全方位育人的体制机制。

2018年2月,彩香实验中学向江苏省教育科学院又一次申报了省"十三五"重点规划课题,顺利通过审批,成为江苏省教育科学"十三五"重点规划课题和苏州教育改革与发展战略性、政策性课题。为了顺利开展课题研究,更好地让课题引领教师成长,让教科研助推学校发展,2018年10月24日,苏州市彩香实验中学校在厚行楼阶梯教室举行了省、市"十三五"课题开题论证会。参加本次课题开题论证会的专家组成员有江苏省教育科学院基础教育所所长倪娟、苏州市教育科学研究院院长丁杰、江苏省语文特级教师杨斌、江苏省数学特级教师周先荣。

苏州市彩香实验中学校全体校级领导、中层干部、年级部长、教研组长(含学科负责人)、备课组长及课题组成员,参加了课题开题论证会。在这次活动中,首先进行的是两节"共同体建设"专题研讨课。

程晓慧老师执教的是白居易的《钱塘湖春行》,课后,程晓慧老师的师傅——江苏省语文特级教师黄厚江对这一节课做了精彩点评;祁鸿杰老师执教的是《电路连接的基本方式》),江苏省物理特级教师马兴卫对这一节课做了重点点评。

接着,课题主持人邹全红校长做开题报告,邹校长从课题的核心概念、课题研究的背景和意义、课题研究的目标与内容、课题研究的思路与方法、主要观点与可能的创新之处、课题预期的成果与表现形式、完成研究任务的可行性分析等方面做了深入阐述。最后,专家们对课题的开题报告进行了论证并提出了宝贵的指导意见。他们一致肯定了课题选题的意义和价值,认为课题富有适切性、前瞻性和创新性,同时,还为课题今后的发展指明了方向。通过课题开题论证会,进一步助推我们理论联系实际,深化课题研究,加快改革力度,让我们的教学改革理念与成果能够辐射更多的区域。

呈 现

同频共振,在绽放中美美与共

(一)教育论文:吹起研究之风

根植在学校生活中的初中教育共同体的实践研究

邹全红

笔者读过日本教育家佐藤学的很多论著:《教师的挑战:宁静的课堂革命(建立以倾听和对话为基础的学习共同体)》《静悄悄的革命:课堂改变,学校就会改变》《学校的挑战:创建学习共同体》等。佐藤学一生提倡学习共同体,他在《静悄悄的革命:课堂改变,学校就会改变》一书中所介绍的教室里的"静悄悄的革命"就是通过和事物对话、和他人对话、和自身对话的活动过程,创造一种活动的、合作的、反思的学习。这种学习是创造以相互倾听为基础的教室里的交流;是那些力图实现创造性的、合作性学习的教师间的相互学习。

我们国家新课程改革的核心理念是"以生为本""以学生发展为本",如果说"旧"课程基本理念是以"知识学习"为中心,进而要以教师的"教"为重心而展开课堂教学过程的话,那么,"新"课程的基本理念就是以"学生成长"为中心,进而要以学生自主地、体验式地、快乐地学习为重心而展开课堂教学的过程。

教师在新课程的教学过程中,应当更加注重学生活动的设计;教师的角色要从居高临下的"教导"变为平起平坐的"帮助";课堂的气氛要从注重纪律的严肃氛围变为注重学习的活跃氛围;师生相处要从上下服从,变成师生交往、生生交流的平等互动关系。总体来说,就是要更加关注学生作为一个"人"的发展和学生心理健康问题。在学生学习方式上,要改变过去过于强调接受学习,死记硬背、机械练习的现状。倡导学生主动参与、乐于探究、勤于动手,培养学生搜集信息和处理信息的能力、分析和解决问题的能力及交流与合作的能力。教师在其中只起到了帮助、引导的作用。在概念与知识的形成过程中教师及教材所展示的背景,不是教师告知结论,而是在教师的帮助、引导下,由学生自主地去观察、发现、搜集信息,并用已有知识对所获信息进行归整。教师给学生提供许多创造性思维的学习机会。新课程改革将突出学生作为课堂主体的地位,而教师将成为课堂学习的一员,师生共同探究,发现问题,探索新知。"把课堂还给学生",让学生自主学习,自主思索,强调研究性学习,将成为新课程改革发展的又一方向。

在适当的外部环境下,团队的智力和能力会非常显著,通常比团队里最聪明的人更胜一筹。最高效的小组合作学习任务能够让学生使用他们在教师示范和引导式教学中学到的东西,教师要让学生做好独立学习的准备,这才是教学的终极目标。

苏州市彩香实验中学实施了近三年的能效 ACP 课堂模式的实践研究,就是践行了佐藤学的"学习共同体"的思想,但我们在学习共同体的研究的基础上,又增加了德育共同体的实践,实施小组合作制的实践研究,三年来取得了较大的进展,我们的孩子更阳光自信了,我们的教师更敬业爱生了,我们的学校也得到了老百姓的认可。

饱览能效 ACP 课堂几抹亮色

张来群

能效 ACP 课堂是苏州市彩香实验中学校倾力倡导并着力打造的高效课堂。其课堂教学模式是以"生本教育"为理念,以《导学案》教学为核心,以小组建设为载体,以小组合作学习为主体形式,发挥学生主观能动性,培养学生主动学习能力、合作能力、展示能力,使学生具备竞争意识、团队观念和创新精神,提高学生学习效率的课堂教学模式。能效 ACP 课堂,其中的"A"是指 active,即主动;"C"是指 cooperative,即互动;"P"是指 presentation,即展示。它依托彩香实验中学邹全红校长主持的江苏省教育科学"十二五"规划重点立项课题——"初中能效 ACP 课堂教学模式研究"而展开实践与研究。截至本文写作时,实验已历时一年多,效果明显,呈现出了几许亮色。

一、翻转课堂,先学后教

能效 ACP 课堂,是把学习活动前置,利用《导学案》,并辅以"微课"、网络课程资源或其他教辅材料,让学生先自主学习,再展示和交流其学习成果。让教师从以往单纯滔滔不绝地讲课,变革为现在以引导学生自主学习为主。它颠倒了原有的教学顺序,将传统的"先教后学"翻转为现在的"先学后教"。与传统教学"教师讲,学生听"的模式不同,能效 ACP 课堂更多的是学生先学、先讲,师生再一起倾听和点评。通常,教师在前一节课发给学生《导学案》,让学生通过自习课(或晚上在家里预习),进行自主学习。在第二天的课堂上,再对自学知识进行强化、提高。

能效 ACP 课堂这种教学模式,看起来似乎让人感觉不可思议,但是从最初在苏州市彩香实验中学初一年级的四个班级试验,此后短短半年时间内便已经在整个初一年级和初二部分班级铺开,让学生的精神面貌都发生了巨大变化。同学们变得更加阳光自信、团结合作、积极向上,自学能力大大提高。

二、践行同伴互助小组合作学习

美国心理学家马斯洛最初的需求层次理论告诉人们,人类需求像阶梯一样从低到高按层次分为五种,分别是生理需求、安全需求、社交需求、尊重需求和自我实现需求。另外,根据多年的观察研究,我们也发现,初中学生在心理上最在乎同伴对自己的评价。有时候,有的学生对教师和家长的评价并不太在乎,但对群体中同伴的评价特别在意。初中生处于心理断乳期,刚要脱离父母的怀抱,他们特别怕孤独、寂寞,他们最需要结成同伴参加群体活动,也最在乎同伴对自己的看法。正是基于马斯洛的需求层次理论和初中生的同伴心理,彩香实验中学在课堂上践行了同伴互助小组合作学习。

三、建立新型的师生关系

走进苏州市彩香实验中学的课堂,人们在不经意间就会发现,教师不再像往常那样翻开课本开讲,而是提前给每位学生发了一份《导学案》,让大家提前根据《导学案》列出的要点自学。

课堂上教师也不再"满堂灌",而是先让大家根据自学情况,就事先确定的要点分组讨论,在小组内进行小展示,互相验证自学所得,并通过自己的分析来影响其他同学。遇到了小组内不能解决的难题,教师随机进行答疑解惑。然后,每一组选派代表进行班级大展示,师生再一起倾听与点评。一节课下来,教师讲解的时间很短,全都加起来也就十几分钟,学习过程基本变成了以学生为主。重视让学生经历学习的过程,在自主、合作、探究的学习中发现、总结和掌握知识的规律与学习方法。强调"过程与方法",其实质就是强调必须增强学生的主体性。

在能效 ACP 课堂中,教师、学生的角色发生了根本性转变,学生是课堂的主角,是学习者、参与者、展示者;教师是伙伴,是引导者、评价者、激励者。传授知识和检查学生作业仅仅占教师工作很小的一部分。教师的最大任务就是对学生的自主学习进行指导。教师不再是知识的传递者,而是学生的引路人。教师不仅要熟悉科目的相关知识,还要能够满足不同学生的需求,给学生的学习方式、处事方式,甚至时间管理等以指导和建议。

四、构建学生发展性评价体系

在能效 ACP 课堂中,苏州市彩香实验中学校在课堂上组织开展了同伴互助、小组合作的学习模式,并把课堂上学生的同伴合作学习的种种表现作为主要评价内容。每节课由教师、科代表和学生组长根据每个学生在课堂上的表现打分,评价内容主要涉及自主学习、合作、展示、点评、纪律等方面的情况。对学生和合作学习小组进行量化积分,分别实施日评价、周评价、月评价和学期评价。在每周的升旗仪式上,学校对脱颖而出的个人和小组及时进行表彰与奖励。初中三年,学生及其所在的小组一律实行晋级制。苏州市彩香实验中学依据"厚道"校训,为全校学生及其合作学习小组量身定制了四个等级:"厚学""厚问""厚德""厚道",每一位学生及其小组根据自己的积分,拾级而上,进行晋级。对于每学期每班产生的"魅力小组"成员,除给予精神奖励之外,学校还组织他们有选择地开展了免费观看电影、赠书、游览名胜、户外实践、跟校长共进午餐和合影留念等一系列的有益活动。

五、注重班组文化建设

走近彩香实验中学的课改班级,每间教室外的墙面上都赫然悬挂着班牌和班级文化展牌。班牌上面有班级的"全家福"、班名、班级简介、班级口号、班主任寄语、班级荣誉等内容。进入教室,每个小组围坐的桌面中央摆放着学生亲手制作的组牌,组牌的内容包括组名、组训、组规、组花、组徽、组歌、小组口号等。千万别小看这些内容,因为在这里,班牌、组牌上的内容都仿佛已经悄然融入孩子们的血液,走进他们的心灵深处,已经内化为孩子们日常的自觉行动。在苏州市彩香实验中学,我们欣喜地看到,学生的自信心、自我管理与约束能力,竞争与合作意识及自我实现意识,积极向上、奋勇争先精神,班组凝聚力,等等,都得到了显著发展与提高。

课改,我们已经在路上!苏州市彩香实验中学校将一如既往,勇于探索,孜孜以求。我们始终坚信,给课堂注入变革的力量,实现新的跨越,将无愧于如歌年华、浩繁盛世。在未来的征途上,相信彩中人一定会继续探究素质教育的真谛,让能效ACP课堂成为学生生命成长过程中终生眷恋的高地!

(此文发表于2015年第5期《教育视界》)

教出语文"三趣"

张来群

教语文,所要考虑的无非是用什么来教、教什么、怎么教、为什么这样教而不那样教等问题。笔者以为教语文,主要是教出语文"三趣"——情趣、智趣、理趣。

其一,教出"情趣"。

"情趣",是指语文教学中人文情感层次的趣味。

语文教学过程本身就是语言实践的过程,具有感性、形象性、生动性、丰富性等特点。语文教学有别于其他学科的最大特点是其生动性、形象性及语文学科文本自身的丰富复杂的人文情感性,这些都使得语文教学具有丰富复杂的情趣。

语文教学特别要求动情,唯有动情才有趣。既要求教师动情,更要求学生动情。儿童的天性就是好玩、好动、好奇、好胜,他们的认知活动大多是建立在兴趣和好奇的基础上的。一个优秀的语文教师要将无声的文字变成有声有色的语言,就必须用充满情感、幽默风趣的语言去打动学生的心灵,并通过激趣、巧解、妙喻乃至教学情境、平等民主氛围的创设等,使学生学得妙趣横生、兴味盎然乃至心潮澎湃、激情高涨,进入如痴如醉的境界。

语言是思维的物质外壳,要想享受思维之趣,首先必须感受语言之妙。因此,要教出"情趣","语言"应是最佳切入口。"文学的第一要素是语言。""文学是语言的艺术。""语言是文学的生命,是文学生存的世界。"教师要善于捕捉语言意蕴,引导学生获得语言感悟,其中美读品味至关重要。

最近,笔者执教了一堂市级公开课(贾祖璋的科学小品文《花儿为什么这样红》)。笔者以"语言"为着眼点,以课题"花儿为什么这样红"为主线设计教学。整堂课笔者带领学生"五读"课题,抓住课题中的"花儿、为什么、这样、红"四个词语,渐次展开教学。

课堂伊始,让学生初读课题,落实"花儿"一词。这是一个儿化音,怎么读?

不用儿化音,表达效果有什么不同?(用儿化音表达了作者亲切、喜爱之情,为全文定下了感情基调)第二遍读课题,围绕"为什么"一词做文章,主要是弄清楚课文的说明内容和说明顺序。①课题中,应重读哪一个词?(重读"为什么")②为什么要重读"为什么"?(因为这是一篇事理说明文,主要是说明花红原因的)③作者说明的花红原因有哪些?(呈现花红的六点原因)④对花红六点原因的说明,前后说明顺序能否调换?[不能调换,因为作者是按照由主到次、从内(自身条件)到外(外部因素)的逻辑顺序,同时兼顾从古到今的时间顺序进行说明的]第三遍读课题,主要品读"这样"一词。"这样"红,究竟怎样红?也就是说,花朵的红色有什么特点?给人怎样的感觉?引导学生看文章的开头部分,指导他们声情并茂地朗读。让他们明白:原来,说明文也可以这样美美地读呀!在这个环节里,笔者还带领学生一起探讨了科学小品文的文艺性和科学性,并结合课文中相应的语句进行品析。第四遍读课题,重点落实课题中的"红"字。笔者通过一张图表,列举出科学最新发现的各种花的数量(其中,白花数量最多,红花数量仅排第三位),让学生明白课文中不仅写了红花,还写了其他颜色的花。据此,能否将课题改成"花儿为什么这样白",或"花儿为什么这样五彩缤纷"?这一环节,主要是带领学生探究原题的精妙。第五遍读课题,要求学生整体感知题目,并用文中的一句话来回答。(花儿为什么这样红?"既是大自然的杰作,更是人工培育的结果。")然后,顺势抓住其中的一个"更"字,进行总结(不仅充分肯定了大自然的功劳,而且盛赞了人类的智慧与非凡的创造力),课堂至此戛然而止。

"登山则情满于山,观海则意溢于海。"如果这堂课不从语言入手,不从情感入手,而是就花红形成、变化的原因及花红与昆虫、人工选择之间的关系等知识,进行大讲特讲,那么语文教学之"情趣"将遗失殆尽、荡然无存。

语文课堂是充盈情趣的课堂。教出"情趣",就是从学生学习需求出发,激发学生阅读、认知、理解、探索的兴趣,进而碰撞出情感和思维的火花。

其二,教出"智趣"。

"智趣",是指语文教学中智慧、智能层次的趣味。也就是充满智慧的趣味或有趣味的智慧。

智趣性是语文教学的重要属性之一。然而,回望我们的语文教学,普遍现象则是条分缕析地讲解,把一篇篇美文肢解得体无完肤;漫无边际的题海,把学生学习语文的兴趣与激情消耗殆尽;急功近利的硬性灌输,则使语文教学丰富的人文性及思维发展、审美鉴赏等功能化为乌有。

语文教学是一种充满审美精神的智慧活动。只有将语文还原为语言和文学，才能更好地认识语文这门学科的核心内容。

众所周知，文学作品是用画面、形象感染人的。文学文本作为一个开放的动态的"召唤结构"，其中有许多"空白"和"未定点"，为学生提供了广阔的想象空间。就像鲁迅先生那样，只揭示"病症"，不开"药方"。药方一开，作品味道全无。一切说得太白、太实，就无法产生美学上的"留白"效果，无法给读者留下再创造的空间。教师要善于根据文本的文字和叙事逻辑，引导学生进行想象补白，或描绘一幅生动的画面，或编织一个戏剧性的场面，或勾勒一个逼真的形象，让文本的情感具象、立体起来，从而拨动学生的心弦，激起情感共鸣。

文学既是"人学""心学"，又是"美学"。教师可以通过进入文学作品本身所营造的意境，来把握文学作品所展示的意象与内在的意蕴，再通过艺术的联想与想象，完成文学作品意象的理解与形象的再造，进而引导学生加强审美体验，提高审美情趣。

教师也可以通过设计阅读问题或话题，让学生沉潜其中，"探赜索隐，钩深致远"，从而引导学生进入冥思默想之境界，这样，学生的阅读与鉴赏才能真正抵达他们的灵魂深处。

比如，特级教师王君教《社戏》，就很睿智地抓住了课文最后一句中"好戏"与"好豆"的"好"字大做文章。"一字吐蕊，长文妙教"。

师：全文中最余韵悠长的是哪段文字？

生1：最后一段。

师：那戏真的"好"看吗？那豆真的"好"吃吗？

生2：戏——根本不好看！豆——也一般般。

师：从文中哪些地方可以看出来呢？

生3：想看铁头老生翻跟头，但那老生没翻。

生4：想看"蛇精"和"跳老虎"，等了许久都不见出来。

生5：最怕看"老旦"，她还是不停地唱着。

生6："老旦终于出台了"的"终于"；"后来竟在中间的一把交椅上坐下了"的"竟"；"不料他却又慢慢的放下在原地方"的"不料"等副词的使用，可见一斑。

师:这些都是正面表现戏不好看,还有从侧面表现戏不好看的吗?

生7:"破口喃喃的骂""不住的吁气""打起呵欠"等,这些神态描写从侧面表现了戏不好看。

师:去看戏,不尽兴;在船上吃的豆,也是生长在田里的普通豆。既然戏不好,豆也一般般,那么"我"是不是说谎了?肯定不是!那么到底是什么"好"呢?

生8:这个"好",我的理解是有双喜、阿发这样的好朋友陪"我",使"我"难忘。

生9:这个"好",我认为是农村美好的景色,使"我"流连忘返。

生10:这个"好",是因为我们偷了六一公公的豆,他没骂我们,还送豆给"母亲和我"吃,表现了一种人与人之间的友好关系。

师:是啊!那个美好的夜晚,月色好、心情好、气氛好、朋友好、游戏好,千好万好,可是最归根结底的"好"是什么?

生11:人好!

师:谁带给迅哥儿的快乐最美最难忘?

生12:双喜。

生13:桂生。

生14:阿发。

生15:六一公公。

生16:母亲、外祖母。

师:产生这些所有的"好"又是什么呢?

生17:这些所有的美好,其实都来自童年的用眼观察,童年的用心感受,童年的语言表达。

师:童眼、童心、童言。哪怕是最深沉、最睿智、最有战斗性的鲁迅,就因为有了这三样东西,于是写出了这样活泼纯净、优美幽默的文字。童眼最真、童心最美、童言最纯!

课后,王君老师是这样自我"聊课"的——与孩子们一起琢磨文本,一起尽情想象,抽象的"好"就立体起来、生动起来了。孩子们争先恐后,既读又演,声情并茂,教室里笑声阵阵,智慧迸溅,春意盎然。如果说,《社戏》这一课还算上得简洁、上得灵活的话,其成功之处就在于:用心寻找一个文本切入点作为根据地,然后纵横驰骋,冲杀突击,用智慧营造出一个有张力的思维和情感磁场。

语文课堂是启迪智慧的课堂。教出"智趣",就是要激发师生的智慧、智能和各种雅趣,以趣启智,以智激趣,让语文教学真正成为一项既充满智慧又充满趣味的活动。

其三,教出"理趣"。

"理趣",是指语文教学中理性逻辑层次的趣味。具体一点说,就是循理而有趣,教学要遵循规律,要富于生活的趣味。

当然,在语文教学中,教学语言、教学内容、教学氛围、课堂结构和节奏诸方面均有独特的、丰富的理趣,关键在于语文教师能否发掘出来。

特级教师蒋祖霞执教川端康成的《父母的心》,对小说结尾的处理,就富有理趣。

师:"那一家六口终于又团聚了。""团聚了"值得欣慰,但接下来呢?请思考一家六口团聚之后的结局。

生:那位父亲由于那位财主夫人帮忙,受雇于函馆的某公司,一家六口过上了好日子。

师:财主夫人身上也同样闪耀着"人性的光辉"!

生:交流其他结局(略)。

师:①如果二十年后,穷人父母谈起当年曾经有机会让家里的某一个孩子到财主家里继承家业的事,孩子们会如何评说?②如果孩子很生气,你如何评价当年父母的行为。③如果船上另外有一对夫妇,也有多个孩子,而且生活也是难以为继,他听说财主夫人的要求之后,愿意给一个孩子让财主夫人领养。你认为,他有无父母之爱心?

生:讨论交流(略)。

师:发给学生补充阅读材料——莫泊桑的短篇小说《在乡下》。

生:默看《在乡下》。

师:没有爱是可怜的,是痛苦的,但爱过头了有时也很可怕。穷人夫妻对子女的爱固然值得赞美,他们纠结、焦灼,最终还是经不住感情的煎熬而一再反悔,"三送""三要",要回了自己的孩子,的确让我们感动。只是他们不懂得,放手有时也是爱——在那样的生活境遇下,为孩子的现实和长远着想,送养一个孩子给财主夫人,才是最明智的选择,也是最理智的父母之爱,虽然是最痛苦的艰难的抉择。

师:第三天下午,在轮船快要上岸时,穷人夫妻带着＿＿＿＿＿又来到财主夫人的舱房……

　　蒋老师用了三种假设,让学生变换角度来思考、想象,让学生在不知不觉中进入新的阅读情境,这样,课堂上学生的阅读空间瞬间被打开、被拓宽,且循理与有趣被巧妙地结合起来了。

　　语文课堂是充满理趣的课堂。教出"理趣",就是要让学生发现、领悟大自然及其规律具有简约的和谐之美,让学生强烈感受到充溢于教材中的理性审美之趣,促进学生抽象思维与形象思维的协同发展。

　　一句话,教出语文"三趣",就是要求教师用富有情趣和美感的方式去激发学生的好奇心、求知欲,培养学生的志趣、情怀,开发他们的智力,启迪他们的智慧。在语文教学中,情趣、智趣、理趣,这"三趣"并不是相互割裂,毫不相干的,而是交相辉映,相得益彰的。

　　（此文发表于2016年第12期《中学语文教学参考》）

能效 ACP 课堂中的小组合作学习运行机制探究

张来群

现代教育论认为,教育的核心是"促进人的发展"。日本教育学家佐藤学曾在来华进行学术交流时指出:"21 世纪学校教学体制的含义发生了变化——从以教师讲授为中心的教学体制转为以学生的学习为中心的教学体制,教师的专业性也因此改变:过去教师强调教学技巧,但现在的教师更要懂得为学生设计适合他们学习的东西,并评价学生的学习与反省情况。学习的设计和反思将成为今后教师教学的工作重心。"因此,要促进学生更好地发展,就要把课堂教学从以"教为中心"向以"学为中心"转变,从以"传递中心"向"对话中心"转变,从各自呆坐的学习走向活动性的学习,从"习得、记忆、巩固"的学习转向"探索、反思、表达"的学习。苏州市彩香实验中学校的能效 ACP 课堂教学("A"是指 active,即主动;"C"是指 cooperative,即互动;"P"是指 presentation,即展示)根植于小组团队建设之中,建立小组合作学习机制,促进学生共同发展,取得了显著的教学效果。

一、小组的组建与分工

1. 合理分组

全班分成 4～8 组为宜;每组 4～8 人,以 4 人为最佳。异质分组(组内异质、组间同质),均衡分组(好、中、差均匀搭配)。

2. 科学分工

小组长的产生,或由教师安排,或由学生自荐与他人推荐,民主产生。小组长负责本组日常学生的管理和学习。

组长选聘组员,确定成员角色,进行编号、结对(教师可根据编号随机叫不同组的同类学生回答问题)。选好纪律、学习、卫生等组长。借鉴"雁阵效应",我们在每个小组内增设学科组长,每门学科都设学科组长,形成人人是学科组长,个个是学科领头雁的局面,增强学生的责任意识。

3. 文化建设

加强小组文化建设,每小组要确定组名、组徽、组训、组规、组歌、组花、口号和目标(分学期目标、年度目标、三年目标)。这些文化符号,不仅是各小组用来牢记的,更要将它们内化为自觉行动。

4. 重视评价

没有评价,就没有持久的动力。要重视评价结果的运用,让小组评价分数真正发挥作用。

二、《学案》的设计与编写

在能效 ACP 课堂教学中,学生首先要根据《学案》及相关的微课、网络课程资源或其他教辅资料,进行"独学"(自主学习)。"独学"是"对学""群学"的前提和基础。它是学生在正式课堂教学之前所进行的目标、任务明确的自主性前置学习。教师要将教学目标、教学任务以问题、话题、活动、项目等方式呈现出来,尽可能做到文本问题化、问题情境化、情境活动化、活动过程化,让学生经历、体验学习的过程,形成自己对文本的理解和结论。为了帮助学生先行、有效"独学",教师须给学生提供高质量的独学的支架——《学案》。

《学案》一般包括预习提示、预习问题、我的收获、我的疑惑等内容。设计《学案》时,要能准确把握学习内容的核心知识、基本思想方法和学生学习起点、认知规律及学习重难点,科学地确定学习目标、选择学习内容,设计预学问题,帮助学生明晰学什么、怎么学。其中,精心设计预习问题是重中之重。教师需在文本中"似是而非"的模糊处、"计白当黑"的留白处、"以一当十"的凝练处、"语微旨隐"的含蓄处、"戛然而止"的结尾处等,设计学习支架,让学生展示独到的见解及其他值得推介的预学成果。同时,让学生暴露不足与问题,使课堂教学更具针对性、生成性和挑战性。

三、师生的展示与点评

"展示与点评"是能效 ACP 课堂的核心阶段。"展示"是让学生用自己喜欢的方式呈现前端学习的成果,"点评"则在于营造积极思考、争相发言的课堂氛围,引发学生对某个问题的讨论与思辨,培养他们的独立思考能力及批判性思维意识。"展示与点评"易于形成民主、平等的师生关系,师生双方各自向对方敞开精神世界,并彼此接纳。在"展示与点评"的框架下,师生通过文本细

读、精读、相互交流、碰撞,能促进学生语言技巧的发展和概念的形成,并激荡出智慧的火花。

展示的内容,应有所选择,有所侧重。《学案》上的内容并非要一一展示,应重点展示学生的易错点、易混点、易漏点、重点、难点、疑点。展示的形式应多样化,鼓励创新。学生可以自制PPT、教具,可以选用MP4、道具等进行展示。展示的人数,尽量考虑多人展示,甚至整个小组全员展示。

前不久,在《呼兰河传(节选)》的课堂教学展示时,遇到这样一个问题:"课文的第28自然段('花儿开了,就像花睡醒了似的……'),用什么语气来朗读比较好?"当时,学生的意见分歧比较大,主要有两大阵营,一是赞成用舒缓的语气来读,一是坚持用急促的语气来读。同学们各抒己见,辩论激烈。笔者看双方一时都很难说服对方,就适时介入,追加点评:老师喜欢用舒缓的语气来朗读,因为后花园五彩缤纷、生机盎然,确实很美!记得著名音乐人高晓松说过这样一句话:"我们的生活除了眼前的苟且,还有诗和远方。"后花园对于萧红来说,就是她的"诗",因此,我们要读出它的诗意之美。(笔者稍微停顿了一下,然后,面转向坚持用急促的语气来读的小组。)但是,笔者更喜欢用急促的语气来读(听课师生不约而同地发出笑声),甚至会用近乎呼喊的方式来读,因为笔者认为,只有当萧红走进后花园的时候,她率真的天性才得以释放出来,这里是她的乐园,就像百草园是鲁迅的乐园一样,后花园就是萧红的乐园。在这里,她可以唱、可以跳、可以呼喊、可以欢笑、可以撒娇,甚至可以乱闹。就连这里的动植物都可以自由自在地、任由天性地生长。用急促的语气来读,更能将小女孩所有的不快统统抛到九霄云外去。

因为要点评,学生学会了倾听;因为有分歧,学生学会了辩论。

现场随机点评,不仅锻炼了学生,而且对教师的才智也是一个极大的考验,能最大限度地促进教学相长。

2017年,苏州市彩香实验中学校的能效ACP课堂对外公开教学展示,四位教师同题异构,都教学《变色龙》这篇课文。几堂课上,师生都能对虚伪逢迎、见风使舵的警官奥楚蔑洛夫这一主人公进行较详细的分析,并各有千秋。但听完课后,笔者总觉得几位教师的点评没有到位,没有一位教师对奥楚蔑洛夫再进行追问——"他究竟是一个怎样的人?"应该说奥楚蔑洛夫是一个分得清是非、也想秉公办案的警官,他的判案随着"狗的主人"的变化而变化,在当时可以说是一种常态,是合乎民意的。因此,他对狗稍有"误判",便心惊胆怯、浑身燥热,急于改判。军大衣几次脱、穿,就是为了掩饰他的内心世界。他之所以蜕变为变色龙式的人物,这恰恰说明了在19世纪80年代的俄国社会,沙皇专制统治对人性的扭曲。其实,对奥楚蔑洛夫这一人物形象的分析,还可以进一步追问:"有药方吗?"在当时社会,奥楚蔑洛夫即使想做一个正直的人,也很难。"那群人就对着赫留金哈哈大笑",他们究竟在笑什么?有的人可能笑赫留金偏偏遇上了奥楚蔑洛夫这样的警官,他媚上欺下、见风使舵、反复无常,一副奴才的嘴脸;有的人可能笑赫留金偏偏遇上了这样一条狗,如果这狗的主人不和将军沾上边,结果就不一样了;有的人可能笑当时穷人不如富人家的一条狗……"哈哈大笑"又说明什么呢?这是一种嘲笑,说明"那群人"也没有正义,心灵也被侵蚀,也是一群趋炎附势之徒;说明整个社会沦为一种病态,人性泯灭,灵魂扭曲。

由此可见,在学生展示与点评的基础上,教师的点评完全可以再往前走一步,也应该再往前走一步,而不仅仅是教学生简单地记住结论。

四、教学的反馈与提升

"反馈与提升",这是能效 ACP 课堂的最后一个环节,主要是引导、帮助学生打开更广阔的学习视野,把目光投向自己的"最近发展区",能对本堂课所学知识进行有效迁移与运用。"举一隅不以三隅反,则不复也。"对于阅读教学而言,我们通常采用专题阅读或比较阅读来落实"反馈与提升"这一教学环节,即有目的地让学生多阅读相同主题或相同文题的作品、阅读同一作者的不同作品、阅读对同一作品的不同评论等。

比如,学习了晏殊的《浣溪沙》这篇课文,我们挑选了晏殊的另一首词——《破阵子》,与之进行比较阅读,并让学生完成下面三道练习题:

燕子来时新社,梨花落后清明。<u>池上碧苔三四点,叶底黄鹂一两声,日长飞絮轻</u>。

巧笑东邻女伴,采桑径里逢迎。疑怪昨宵春梦好,元是今朝斗草赢,笑从双脸生。

① 两首词中描绘的景物有什么不同的特点?分别有怎样的表达作用?
② 说说画线句在写景方面采用了哪种表现手法,并作简要分析。
③ 下面语句所体现的词风与其他三句不同的是(　　)
A. 无可奈何花落去,似曾相识燕归来。

B. 锦帽貂裘,千骑卷平冈。

C. 千嶂里,长烟落日孤城闭。

D. 沙场秋点兵。

至于练习安排的时间,课内、课外均可,起始年级以课内为主。对于练习的评价,既要重视个人得分,更要突出小组积分。

毋庸赘言,苏州市彩香实验中学校近三年来的教学实践已经昭示:能效ACP课堂中的小组合作学习,有助于提高学生的自信心、表达能力和创新能力,有助于培养学生的合作精神和团队精神,能让每个学生都有成功的体验,能让每个学生都得到应有的发展。

(此文发表于2017年第5期《教育视界》)

腾挪跌宕　曲径通幽
——让"故事"在记叙文中"拔节"

张来群

一、发现故事：积累"等闲识得东风面"之素材

"生活平淡无奇，没有什么故事可讲。"这差不多是当下多数中学生的困惑。一是因为他们感觉自己的学习生活因为机械地应试而变得枯燥乏味、单调呆板；二是因为他们每天"两点一线"而无暇顾及其他，失去了对生活、对自己、对周边人与事的兴趣，漠不关心，不观察也不思考，久而久之成为一个对外界熟视无睹、充耳不闻的人。作家曹文轩就说过，孩子们作文写不好的一大原因，是对这个世界缺少"凝视"。法国雕塑艺术家罗丹也曾说过："生活中不是缺少美，而是缺少发现美的眼睛。"发现美，是这样；发现故事，同样如此。

众所周知，事物是普遍存在、相互联系的；事物又是相互矛盾、对立统一的。只要矛盾存在，就会有故事发生。因此，生活中，每时每刻都有故事，都有我们能发现的故事。无论生活多么平淡和枯燥，我们只要有一颗敏感而热爱生活的心，就会发现属于自己的故事。其实，我们就是故事，我们每个人都有自己的故事，每个人都是有故事的人。

二、提炼故事：萃取"吹尽狂沙始到金"之题旨

我国著名作家阎连科在《故事：一种讲述的责任与契约》一文中曾经说过，读者，在尊崇作家的条件下，要求作家的写作——故事，必须满足其以下的要求：第一，写我。写我和我的生活，使我在阅读中身临其境。第二，吸引我。使我在阅读中得到愉悦。第三，思我所思。让我想到或将要想到即我所思而我又长久无力表达的思考在故事中清晰呈现。"写我""吸引我""思我所思"，这虽是阎连科对作家而言的，但对于中学生的写作，同样具有借鉴与指导意义。

那么，如何指导中学生提炼自己生活中的故事呢？

在《记叙文写作的"三种追求"》(发表于2015年第10期《中学语文教学参考》)一文中,笔者有较详细的阐释,就不再赘述了。这里,笔者想换一个角度,从"三趣"(情趣、意趣、雅趣)入手,再简要地说一说如何挖掘和提炼故事。

1. 情趣

即故事要有一点儿情味。所写的故事要有生活情调,要有一定的看点和笑点,能引发读者的兴趣,要么鲜为人知,要么与众不同。一句话,能让读者沉迷其中、乐在其中。

2. 意趣

即故事要有一点儿意味。法国寓言家拉·封丹认为,寓言有"身体"和"灵魂"两部分,"身体"就是寓言故事,"灵魂"则是它的寓意。推广开来,凡故事写作应处理好"身体"与"灵魂"之间的关系。所写的故事要有一点儿意义,要有思想内涵,能给人以启发和教益。或是对童年的眷恋,或是对朋友的怀念,或是对生活哲理的思考,等等。

3. 雅趣

即故事要有一点儿审美味道,雅俗共赏。故事是文学百花园中的一朵奇葩。好的故事还应追求艺术品位,要能营造出陶然而醉的艺术境界,或含蓄,或隽永,或思辨,让读者产生深沉幽远、回味无穷的艺术享受。

"三趣"也好,"三种追求"也罢,尽管角度不同,但都在如何提炼故事方面做出了积极的思考和实践,并企求给人以启发与借鉴。希冀我们笔下的故事趣味盎然、意韵丰盈、题旨幽深。

三、展开故事:步入"柳暗花明又一村"之境地

曹文轩说过:"好文章离不开'折腾'。"通过"折腾",人物个性更丰满,故事情节更丰富有趣。"文似看山不喜平。"大凡优秀作文,往往构思精致巧妙,情节引人入胜。记叙文要想写得精彩,就必须注意情节曲折,因为情节越曲折,读者越爱看。在我们所学的课文中,许多故事情节具有"曲折之美"。比如,《走一步,再走一步》中,"我"上到大石头上面下不来;《羚羊木雕》中,"我"给出的木雕,妈妈让要回来;《皇帝的新装》中,皇帝即使发现没有新装后也不敢承认,还光着身子将游行大典举行完毕……

那么,怎样才能更好地展开故事呢?

1. 悬念法

悬念,即读者对文章中人物命运的遭遇、未知情节的发展变化所持的一种

急切期待的心情。悬念法,是指在情节发展的过程中设置谜面,并在适当的时机揭开谜底的一种写作方法。展开故事时,如果能设置出扣人心弦的悬念,就会使读者产生刨根问底的阅读冲动。

设置悬念的技巧,一般为"起悬—垫悬—释悬"。比如,《枣核》一文,作者萧乾开篇就"犹抱琵琶半遮面",设置悬念:"动身访美之前,一位旧时同窗写来封航空信,再三托付我为他带几颗生枣核,东西倒不占分量,可是用途却很蹊跷。"围绕枣核,会发生怎样的故事呢?自然勾起了读者的阅读兴趣。直到第7段(全文仅11段)结尾,谜底才被揭开:老同学想试种枣树,以寄托思乡之情。故事还是那个故事,只是巧设了悬念,因而更具魅力,使读者欲罢不能。

2. 误会法

误会法,指以人物对某一事实做出与真相相反或错误的判断为基础,演绎矛盾冲突、展示人物性格的一种写作方法。比如,泰格特的《窗》中,靠窗的病人"看"窗外是栩栩如生的景象,而不靠窗的病人费尽心机看到的只是光秃秃的一堵墙。这就是一场"误会"。它既出人意料而又耐人寻味,有力地鞭挞了不靠窗的病人的丑恶灵魂,同时,给读者留下了心灵的震撼和思考的余地。再如,《驿路梨花》一文,作者彭荆风在情节的安排上,围绕"小茅屋的主人是谁?"(是瑶族老人?是梨花姑娘?是走在前边的约莫十四五岁的哈尼小姑娘?是解放军叔叔?)这一猜想,巧妙地设置了一连串的误会,使故事情节富有戏剧性。文章尽管篇幅不长,却形成了路转峰回、跌宕起伏之势,读来很有味道。

3. 巧合法

巧合法,指让两个或两个以上的事物碰巧相遇或相合,使矛盾骤起或突然得到解决的一种写作方法。无巧不成书,无缘不相逢。我们要善于利用生活中的偶然事件来展开故事情节。在《一面》中,正因为"我"(即作者阿累)去接班而班车未到,才去了内山书店躲雨、歇歇;正因为"我"到了内山书店,才无意中发现了"鲁迅译"的书;正因为"我"想买书而钱不够,才有了鲁迅先生卖书、赠书;也正因为"我"到的是内山书店,才会有"我"与鲁迅先生的邂逅"一面"。"一面"的故事,就是在这样一个个动人心魄的"巧合"中,向前推进着、发展着。再如,《我的叔叔于勒》中,菲利普全家到哲尔赛岛去游玩,在轮船上偶遇衣衫褴褛的年老水手于勒。其实,这是作者莫泊桑匠心独运、精心设计的巧合。因而,使得故事再起波澜、妙趣横生。

4. 突转法

突转,也称陡转、突变。突转法,指故事情节突然向相反方向发展的一种写作方法。受常规模式、思维定式等影响,学生写记叙文的构思常常会落入平铺直叙的窠臼。如果作者能跳出程式化的框框,别出心裁地设计出出人意料的突变式情节,就可以使文章具备腾挪跌宕、一波三折的情节魅力。

下面,我们不妨先来看一下《雪夜》的课堂教学实录(片段):

师:同学们课前预习了"材料一",谁先来概括一下这则材料的主要内容?

生:写一对老夫妻在房间里烤火时,一个陌生人入室抢劫。老夫妻哀求陌生人不要伤害他们的儿子,但陌生人不听,在上楼捆绑他们的儿子时,摔下了楼梯。房主人以为是儿子把他打倒的,并让老伴报警。警察来后发现了那个摔伤了的陌生人。

师:概括得不错。你们觉得这个故事有意思吗?

生:这个故事太平常了,没有什么意思。

师:你能具体说说吗?

生:这则材料讲的是一个陌生人入室抢劫不成反而摔伤了的故事,情节并不复杂,没有什么特别之处。

师:也就是说,这个故事没有……

生:精彩的情节。

师:对,没有精彩的情节。

师:其实,同学们拿到的"材料一",只是原故事的前半部分。接下来,故事情节又是怎样发展的呢?我们一起来看一看(师分发"材料二",生阅读)。

师:看完"材料二"(原故事的后半部分,从"哪有这样的人"至文末)后,你们还觉得这个故事没意思,很平常吗?

生:太让人震惊了!

生:太精彩了!

师:能具体说说吗?

生:读了"材料二"后,我发现故事情节发生了很大的变化。原来楼上并没有儿子,陌生人也不是被打倒的,而是意外踩空摔伤的。情节反转了,让人意想不到。

师:这种情节的意外反转,我们给它起个名字——突转。那么,这个突转为什么让你觉得很精彩呢?

生:因为"材料一"中的故事平铺直叙、平淡无奇,读来一点儿意思都没有。现在,情节突转之后,故事富有波澜,而有波澜的故事才精彩,才吸引人。

师:是的,这些都是因为情节"突转"的巧妙运用。日本作家星新一的《雪夜》,虽篇幅简短,但尺水兴波,"意外"连连(意外一是突然有陌生人蹿进来抢劫;意外二是陌生人上楼行凶,想绑架主人的儿子,却从楼梯上滚落下来;意外三是警察上楼竟然找不到"儿子",警长说出两位老人早已丧子的真相)。这一连串的"意外"让人一惊一乍、一喜一忧,使故事情节跌宕起伏,引人入胜。故事的结局更是出人意料,落差感极强。文中在一系列"儿子还活着"的假象之后,最后才由警长说明儿子早已死去的真相,给人一种突然转变的奇特感受,极富艺术感染力。因此,"突转"的确是展开故事情节的一种行之有效的好方法。

情节突转,出人意表。这在初中教材中也不难窥见。比如,《变色龙》一文,作者契诃夫不厌其烦地描写奥楚蔑洛夫的五次变化的过程,这绝不是无意义的重复,而是对人物性格的层层展现。通过人物的不断变色,自我表演,自我暴露,把其放在前后矛盾、丑态百出中,进行淋漓尽致的讽刺、严峻无情的鞭笞。作者不动声色、不加议论,但好恶之情力透纸背。既推动了故事情节的发展,又加强了作品的戏剧效果。又如,川端康成的《父母的心》,围绕是否送一个孩子给贵夫人,一对贫夫妻"三送三要"自己的大儿子、二儿子和女儿,情节波澜起伏,内涵丰富。

5. 抑扬法

抑扬法,指对写作对象或欲扬先抑,或欲抑先扬,把读者的判断引向相反的方向,到一定的时候再揭示真相的一种写作方法。它可以使故事情节陡然一转,出乎读者意料,产生峰回路转、跌宕起伏的效果。

比如,江苏省中学生作文竞赛获奖作文《一条"阿诗玛"》,小作者(笔者的学生)写平时不抽烟的舅舅把受贿得来的一条"阿诗玛"香烟送给爸爸"享用","我"不但没感激舅舅,反而重新评判了在国税局工作几乎年年是先进工作者的舅舅。有近二十年党龄的舅舅今昔已是云泥之别,判若两人。文章采用"欲抑先扬"的写作手法,无情地揭示了存在于党内极少部分"人民公仆"身上的腐败现象。

6. 变序法

变序法,指对原故事情节进行适当调换、补充的一种写作方法。如果大家都按故事的开端、发展、高潮、结局的顺序组材,你不妨采用倒叙或插叙;大家都先主后宾,以突出主的地位,你不妨先宾后主,也能突出主的地位……

比如,2016年江苏省"中学生与社会"作文大赛初中组一等奖(第一名)作品——《飞来飞去的蝴蝶》,两处运用插叙,恰似倒卷珠帘,使文章内容丰富充实,结构曲折有致。

他只知道儿时的记忆:一支悠远的牧笛,一道倾泻的月光。跌跌撞撞追逐蝴蝶,柔软的青绿草丛和着蝈蝈最后的吟唱点染夏夜的梦。只剩下格格的欢笑,清脆与忘情奔跑的欢畅……

"那是女孩儿的颜色。女孩是高干子女,住在白色小洋房里。少年的他赤脚走在泥里,抬头便看见女孩的流彩长裙在玻璃窗里旋转闪耀。她成了他说不出的心事……"

两段插叙之后,小作者重新回到原叙事主线上来:

"他不也是一只蝴蝶吗?永远在飞来飞去,永远得不到停歇。几十年的奋斗仿佛在追逐一场虚空,华贵的生活少了心灵之后便再无意义……"

这样,更好地突出了"他"俨然就是一只蝴蝶:

"它的双翼上镌刻故乡青山绿水的思念,它的触角上绘着背井离乡的不安之情,它的双眼里凝聚决心回归的平坦、踏实与圆满。"

从而,深化了文章主旨,升华了情感。

总之,展开故事情节,应尽可能地呈现出"叙事弧线",而非线性的、平直的;应尽可能地节外生枝,朝着一个新方向发展,或柳暗花明,或命途多舛。因为故事自身的逻辑也告诉我们:它一定是曲线的、弧线的。

(此文发表于2017年第6期《中学语文教学参考》)

在小组合作中提高初中语文作文教学的有效性

张 寒

作文教学在语文教学中占据非常重要的地位,由于作文在语文成绩中所占分值较大,如果作文教学的效果不佳,就会直接影响学生语文的整体成绩。因此,提高作文教学的有效性是语文教学过程中的重要环节。

学校课改后,笔者对所教的两个班级的作文教学也做了一些调整,尝试用小组合作的方式进行作文教学,试图激发学生对于写作的兴趣,从而有效提高作文教学的效果。

一、目标

初一年级是起始阶段,学生的作文水平参差不齐,而且为了较好地完成小学到中学的衔接,所以笔者作文教学重点就定为"欣赏评价",要求学生从学会欣赏一篇好的习作开始,慢慢上升到能够正确评价;有了挑剔的眼光,就能在自己的作文训练中发现问题,从而将自己的作文提高到一个新的台阶,所以初二年级的时候,笔者将作文教学的重点定为"修改提升";到了初三,要求更进一步,希望学生能在小组合作中进行创作,学会过渡、铺垫等写作技巧。

二、具体做法

初一年级:欣赏评价。初一刚开始的时候不能急于开始借助小组合作的形式进行作文教学,而是先从传统的作文教学开始,帮助学生做好从小学到中学的过渡,让学生弄清中学阶段的作文要求,由老师带领学生来欣赏好的作文。在此过程中,老师也慢慢了解了学生的写作水平,然后进行合理的分组,这样以后才能开始慢慢放手,由组长带领组员朗读作文,然后评选出组内最优。这时候只需要大家推选,不需要说明理由,到了下学期,就要求大家在推选的同时,指明其优势所在,并尽量要求大家能择其重点来说。

初二年级:修改提升。初二开始还是注重和初一的衔接,所以上学期将侧重点从发现别人作文的优点转为指出不足之处。一开始的时候大家的关注点都是很微不足道的地方,比如用词不当,或者写了病句之类的。这时候,不要急于提要求,而是要给予肯定,然后引导学生关注整体,比如主旨的凸显和提升、结构的布局调整、选材的合理优化等方面去指出问题所在。在此基础上,到了下学期就要求大家从提问题到改问题,一个小组所有成员一起修改一篇作文,使这篇作文最优化。

初三年级:合作创作。由于初三年级时间比较紧,特别是临近中考,因此初三年级,笔者只在上学期开展合作创作的活动,到下学期则侧重于中考作文的指导。合作创作的自由度很大,由小组成员合作完成一篇习作,不定题目、不定主题、不定字数。最初的时候,笔者只规定第一个写的同学或最后一个写的同学,因为笔者需要有一位相对写作水平较好的学生来把握全局,可是后来笔者发现这种担心是多余的,所以就索性放开,由小组成员自己协商定好写作的人员顺序。一开始,确实有一些学生在衔接的时候有问题,但渐渐地,这些问题就在不断提醒中慢慢解决了,不仅如此,大家在写作的过程中,除了注意和前一位同学的衔接外,还注意到给后面写的同学留下余地,做好铺垫,以至于后来你根本读不出拼凑的痕迹,整篇作文俨然就是出自一个人之手。

三、效果和问题

笔者所教的两个班级分别属于不同的层次,一个是综合水平较好的班级,学习的态度比较端正,他们更喜欢笔者进行的这种小组合作的作文教学,在讨论中他们觉得非常自由轻松,能够大方地表达自己的看法和见解,所以在初一的欣赏评价中,笔者就发现他们给人很多惊喜,他们挑选出的小组最优与笔者选出的基本吻合,并且能从大处着眼,突出重点来欣赏同学习作中的优点。但是在初二年级的修改提升中,笔者发现他们的进步不大。也许发现问题并修改本身就是一件比较困难的事情,还有修改后提升优化的程度可能与学生本身的视野境界有关,所以并不是那么容易,或者说并不是能在短时间内看到成果的。但是到了初三上学期,笔者所开展的小组作文又一次受到了学生的欢迎,他们热衷于每天接龙似的写作,写完之后又会要求笔者马上批改点评,并开始新的写作……每一个同学都在这样的作文中构建自己的理想,开始自己的征途,收获自己的成果。他们的热情也感染了笔者,笔者将较好的小组作文收集起来,打印出来供大家欣赏。师生都在这样的作文训练中获得了满满的成就感和幸福感。

  而笔者所教的另一个班级,情况就不那么乐观了。这是一个相对后进的班级,写作于他们是任务,所以笔者发现他们虽然对这种形式的作文教学很感兴趣,但是在这个过程中并不能很好地参与,积极性不高,因此效果不明显。

  当然,笔者所做的尝试在作文教学中只是一朵小小的浪花,我们还可以从其他方面入手来提高作文教学的有效性。总而言之,写作对于学生培养良好的思维习惯、阅读习惯及写作风格都有非常重要的意义。在初中阶段的语文教学过程中,作文教学是不可或缺的重要组成部分,而作文教学的过程是一项系统工程,需要循序渐进的引导。因此,作为语文教师,我们应该转换理念,对于教学的新途径进行积极的探索和尝试,让学生从中获得写作的乐趣,让他们的潜力得到最大限度的激发,使他们的写作能力不断提升,最终达到提高初中语文作文教学的有限性的目的。

  (此文发表于2018年第1期《语文教学与研究》)

从互学走向共学

张 寒

截至笔者动笔写此文之际,苏州市彩香实验中学校的"ACP"小组合作能效课堂的实践研究已经进入了第二轮,虽然很多时候还是对此将信将疑,但各种成绩的取得是毋庸置疑的。浙江省特级教师王曜君说过,真正的生本课堂就是应该让学生从"独学"走向"互学",从"互学"走向"共学"。可是笔者听了不少研究课和示范课,对于这种模式仍然没有很感性的认识,笔者并不认为一堂热闹的课就是好课,真正的好课也可能是静悄悄的,但是师生都觉得有所得,并了然于胸,会心微笑。

那天笔者去上《与朱元思书》这篇课文,学生照例在小组合作中完成课文语句的疏通。讲到"任意东西"这一句的时候,学生根据横线下的注释,把"东西"解释为"向东向西",把句子翻译为:"任凭船随着江流向东或向西漂浮。"之后做文言要点归纳的时候,学生们很自然地就把"东西"这个词归在了名词作状语的活用现象里,全班没有异议,笔者也没有发声。之后又讲到了"负势竞上"的"上",同学解释为"向上",把句子解释为"凭借地势争着向上",归在了名词作动词的活用里,全班也没有异议。笔者隐约觉得有几个学生皱了一下眉头,但也仅此而已。

课后练习三,笔者有意识地将文中出现的几个方位词放在一起比较,要学生讲讲它们在句中的用法。这时候有学生开始混乱了,也有学生对之前的回答有了疑问。"任意东西"这一句中的"东西"和"负势竞上"中的"上",到底是同一种词性活用呢,还是两种不同的活用现象呢?

当一个这样的声音出来后,就有越来越多的声音加入进来,这个问题一下子就成了全班学生讨论的焦点,大家各有各的说法,于是又把笔者拉进去评论。笔者觉得大家已经讨论充分,所以就直接告诉他们,应该是同一种活用现象,都是名词活用为动词。才说完,便有学生用书上的注释质疑笔者。笔者解释说,书上把"东西"注解为"向东向西"确实容易产生误会,我们可以自己把这个注解完善一下。于是大家动笔,把"东西"注解为"向东向西(漂浮)"。刚停笔,又有一个声音冒出来。这个声音提醒大家最好把"上"的注解也完善一下。

至此,笔者觉得问题都解决了,就让学生把这个练习总结一下。同学们很快就总结道:"方位名词活用,主要是两种用法,名词作状语或名词作动词用。"然而,问题又来了,有一位学生认为我们现在是根据已知的词意句意推断出了用法,可是当我们遇到陌生的课外语段,不明了某个方位名词意思的时候,我们还是很难做出正确的判断。这一说法得到了全班的肯定。笔者突然觉得很有意思,因为他们已经不满足于对现有这些问题的解决,而开始索求相关的解决方法。之前笔者也从未想过归纳方法,因为笔者自己很清楚这些用法。

于是,笔者把书上的例题都抄在黑板上,让学生自己来寻找方法,笔者相信,他们能够提出这样的问题,就一定能够自己找到答案。果然,没过多久,就有学生迫不及待站起来说出了方法:如果方位名词之后还有动词,那么方位词的活用就应该是名词作状语,比如"横柯上蔽";反之,如果方位名词后面没有动词了,那么方位名词就是活用作动词,比如"任意东西""负势竞上"中的方位名词。为了验证此方法是否有效,笔者又让学生一起回忆此前学过的古文古诗词,用更多的实例来巩固。同学们提到了《狼》中的"狼不敢前",《逢入京使》中的"故园东望路漫漫",等等,更有同学想到了"夕阳西下"这一句,这里的两个方位名词分别活用作了状语和动词,获得了大家的一致认可。

这堂课让我印象深刻,很多原来一知半解的东西突然在头脑中活络起来,一下子豁然开朗。课堂如果还是教师的舞台,那么学生的发展将受制于教师的水平,课堂的转型就是要真正关注课堂的主体,关注学习的对象,以生为本。

首先,生本课堂的学习内容和学习程度其实都是由学生的现有水平来决定的,教师盲目拔高或者压低,都不利于学生的发展。有一次,笔者有幸和特级教师黄厚江老师坐在一起开会,笔者便借此机会向黄老师请教了一个教学中遇到的问题。笔者因为自己的理解与课本上的表述不同而很困惑,黄老师告诉笔者,不要纠结于答案是什么,而要清楚地知道自己的学生到底怎样,因为这决定了你该怎样去教。你的学生语文水平较低,理解能力有限,那么就告诉他书上是怎样解释的;如果你的学生语文水平不错,也有能力提高,那么就向他们提出自己的理解,启发他们去思考;如果你的学生很厉害,那么就让他们去比较去分析,说一说哪种理解更好。然而笔者又很担心会影响考试。黄老师说,书本的解释也都是一家之言,都有一定的道理,但我们要有自己的理解,而且在比较中更容易找到规律和方法,从而达到辨识理解的目的。

今天这堂课的最后学习内容和程度都已经超出了笔者的预设,学生在互相学习中发现了问题,互相质疑又共同求解,在比较中归纳出了方法。笔者相信再遇到这样的问题,他们的判断会非常清晰而准确。在这个过程中,他们学会了质疑,不唯书、不"唯师",真正成了课堂的主人、学习的主人。

其次,生本课堂的学习形式是从"独学"走向"互学",进而走向"共学"。小组合作打破了原来各自独立学习的模式,让学生能在参与的过程中启发思考,自我探索,锻炼能力,重新认识自我。这让笔者想起之前参加过的关于"项目制学习"的培训。目前,这种学习方式风靡全球,因为它带来了更多的可能性,学生的创造力在这个过程中最大限度地被挖掘、展示出来,每一个参与的学生都开始意识到,自己的潜能是不容小觑的,一切皆有可能!而这,又成了激发学生学习动力的最好方式。

今天的这堂课,学生在小组"互学"中遇到了曲折,于是就像之前打破"独学"一样,学生再一次打破了"互学",形成"共学"。就像在游泳一样,如果你感觉到有点儿呼不上气了,脚底踩不到这个水池了,在这个地方你就真正有一番作为了。

最后,生本课堂看重的不是结果,而是过程。真正的学习已经发生,在寻求知识的过程中,他们学会质疑、学会探究、学会总结、学会表述等,更重要的是,他们在"共学"过程中,学会合作、学会方法、学会创新,这是传统的课堂所不能给予的。

在这堂课之后,笔者在评讲一份试卷的时候,讲到"而"的几种用法,又再一次出现了全班"共学",最后学生自己归纳出了辨析方法的热烈场景。这些意外让笔者惊喜不已,笔者相信,只要动手去做,就能不断地、持续地去改进。笔者也相信,经历了这些,自己会在这条课改之路上走得越来越坚定。

(此文发表于2019年第1期《语文教学与研究》)

巧设语文活动以培养学生语文的能力和习惯

程晓慧

叶圣陶先生认为,语文教育的目的和价值是养成善于运用语文这一种工具来应付生活的现代中国公民,这就决定了它是一门注重语文在生活中的实际运用,注重养成受教育者运用语文的能力和习惯的学科。叶老的教育名言"教是为了不教",就是要努力培养学生各方面的语文能力和习惯。

从2015年中考开始,苏州语文学科取消对课内语段的考核,对这一决定笔者是极力支持的。不仅是因为这一举措释放了教师的教学压力,更是因为这一举措给了学生更多的学习空间,使他们不用在课内语段上拘泥于固定问题的反复练习。于是教师有了非常多的课堂时间给予学生开展形式多样的语文活动。

一、听——学会主动地听,带着问题听

学生听讲是传统课堂最重要的受教育环节,但是学生往往听得非常机械,听得非常被动。因此,在语文课中,可以设置这两项活动来提高学生的听课效率。

1. 合上书本听朗读

在范读课文前,提出一两个有针对性的问题,然后让学生带着问题听读,不看书,就练听的能力。然后根据所听到的内容进行概括提炼。这项活动非常适合篇幅不是很长、层次比较清楚的课文。比如《沙漠里的奇怪现象》这篇课文,教师让学生带着"课文中列举了沙漠里的哪几个奇怪现象?"这一问题来听课文朗读。作为说明文来说,这篇文章内容比较简单,说明顺序也很清晰,所以学生很容易在听读完课文后回答列举"魔鬼的海"和"鸣沙现象"两种奇怪现象。因为是听读,学生注意力格外集中,且听读的目的性很强,同时,这一问题解决后,学生很容易会发现课文中是先列举现象然后说明原因的。这又很自然地解决了文章的说明顺序是从现象到本质的逻辑顺序。带着问题听的

专项训练,可以培养学生专注的习惯。听教师讲课的时候如果也能带着问题专心听讲话,那么课堂效率就提高了。

2. 合上笔记听讲解

让学生不动笔来听课,听完在理解的基础上再通过自己的需求记笔记,或者回家后在复习的基础上重新回忆笔记。这项活动教师可以在教授文言文时进行。初二下学期的孩子已经有了一定的文言知识的积累,通过书下注释也基本能解决课文的翻译。因为不同学生掌握知识的程度不同,需要掌握或者需要记笔记的内容也是不尽相同的。所以笔者在教授文言文翻译这个环节时,是不允许学生在课堂上记录句子翻译的。黑板上教师板书的重点字词的翻译也不用学生全部记下来,而是让学生根据自己的情况按需记笔记。至于句子的翻译,学生是在上课听讲、理解的基础上,回家认真复习巩固后再记录在笔记本上。这样的课堂活动督促学生课堂上一定要认真听讲,并且要理解消化,然后课后再进一步巩固复习。这样的学习效果是非常显著的。如果学生能在每门学科上都养成这样的记笔记习惯和课后复习巩固的习惯,那么学习效果肯定能大幅提高。

二、说——引导学生愿意说,爱说,能说

说,在课堂的表现不仅仅是回答问题,可以在小组讨论,可以是对他人的点评,可以是交流环节的展示,也可以是不同观点的辩论。因此,在课堂上可以设置以下活动:

1. 对学生回答的点评

这是一种很有效的对学生表达能力的训练,也是培养学生善于倾听的好习惯。传统课堂上学生的回答都是由教师点评,所以同伴们回答的是什么、回答得怎么样和自己是没有多大关系的。为此,笔者在课堂上经常设置对同学问题回答的点评活动,最适合的就是练习评讲课,先让学生回答,然后让其他同学模仿教师批卷打分的要求来进行点评。哪些回答到位可以给分,哪些回答不足必须扣分。在这样的活动中,学生的注意点就不再是边听教师讲边听写答案,而是认真听同学的回答,寻找他的问题所在。这样一来,很多问题的答题技巧、答题习惯也在对他人的点评中不断得到训练。还有一点值得称道的就是,这样可以让学生养成倾听他人说话的好习惯,因为笔者个人觉得目前有很多人缺失这个习惯,包括成年人在内。听完再点评、听完才能正确点评是

非常重要的,而不是随意打断别人的谈话、随意点评别人的谈话。

2. 小组讨论后的集体展示

针对难点集体讨论,集思广益后形成结论,然后由各小组代表上台展示。教学过程中确实会遇到很多问题,这些问题是学生通过个人的能力无法解决的,但取而代之的绝不应该只是老师的讲解,学生们可以通过讨论的方式来共同解决,所以小组讨论是课堂教学中经常要开展的活动。但笔者在小组讨论的过程中更注重最后讨论结果的展示。小组同学可以集思广益,通力协作,最后一定要有一个相对统一的结论,然后由各小组代表向全班同学展示讨论的结果。

3. 微型课堂辩论

针对课堂中出现的不同观点或练习中的不同答案,及时组织学生进行辩论,有理有据地阐明观点。课堂上有不同观点的呈现,在教师看来是非常难得的教学成果时,一定要重视并及时让学生展开讨论。学习《纪念白求恩》时,针对"如何看待毫不利己专门利人的精神"这一问题,其实不同的学生是有不同的看法的。以往笔者都只是让学生掌握"这是白求恩精神的体现"就行了,但这次通过课堂练笔,发现学生们的观点并不完全统一,所以就让学生当堂进行了辩论。有同学说:毫不利己专门利人的行为是一种极其无私、充满大爱的做法,但是扪心自问我自己并不能做到。有时觉得舍弃一己之利,只替别人着想蛮傻的。有同学说:我们应该在保证自己利益的情况下再去帮助别人。有的同学说:毫不利己不难,而专门利人很难,但是如果我们能把这样困难的事都做到,还有什么可惧怕的困难呢? 还有的同学说:如果能利人利己,既能对自己有利同时又有利于他人,那才是最有智慧的选择……这样的辩论不光让学生用于阐明自己的观点,更是对学生表达能力的训练。辩论活动的开展,一方面活跃了课堂,另一方面告诉学生,课堂不是教师的,不是教师说什么就是什么,每个学生都应该有自己独立和独特的观点。

三、读——在读中培养语感,在读中培养美感

读是语文课堂中非常重要的一个教学环节,但是往往课堂上读书的时间并不多,所以教师可以不定期地设置专门的读书课,通过不同形式提高学生的朗读水平。

1. 配乐朗诵会

指定篇目,给予一定的准备时间,让学生自己找配乐,找搭档,然后以表演

的形式进行专门的朗诵会。这个学期笔者在班里举办了两次朗诵会,一次是现代文《紫藤萝瀑布》的片段朗读,一次是古诗词诵读。应该说两次朗诵会都出乎笔者意料的好。学生们准备充分,事前进行了合理分工,找了合适的配乐,选择的语段和朗诵方式也各不相同。有男生和女生合作朗读的《紫藤萝瀑布》的前半段,描写紫藤萝开放的胜景,配上轻快的钢琴曲,"我在开花,它们在笑,我在开花,它们嚷嚷"。两位学生配合得相当默契,把藤萝花争相开放的活力完全表现出来了。有女生朗读了"但是我没有摘,我没有摘花的习惯"那个语段,配上舒缓的乐曲,把作者伫立在紫藤萝下,悲痛的心情因为盛开的藤萝得意释怀的过程娓娓道来。一组男生朗读了范仲淹的《渔家傲》,边塞将士们对功业未立的感慨,对家乡亲人的思念,学生们把这种复杂矛盾的心情读得令人动容。学生们非常喜欢朗读会,在准备朗读的过程中对课文内容,对作者在文章中倾注的情感都有了更感性的认识。这种对朗读的喜爱也从朗诵会延伸到了平时课堂上的朗读中,以及闲暇时间对美妙诗文的朗读中。

2. 练笔交流会

以小组为单位,轮流交流当天的练笔,每个小组成员都要用朗读的方式,读好练笔,或者交换朗读。在课堂上留给学生朗读范文的时间是非常有限的,所以笔者就专门组织了练笔交流会,让更多的学生有机会学习其他学生的优秀作文,同时在逐个交流的过程中,让每个学生有朗读的训练。小组交流后还有集体展示、评奖,大大激发了学生练笔的积极性,也给予了更多的学生朗读的机会。在朗读中培养语感,培养阅读能力,更是激发了学生学习语文的兴趣。

四、写——写感想,写思考,写体会,写生活

写作能力应该是语文能力中难度最大的,很多学生也最怕写作。因此,如何通过设置不同的写作活动让学生不惧怕写作甚至能爱上写作,一直是每一个语文教师追求的目标。

1. 课堂练笔

把一些问题以笔头的方式来问答,让每个学生都必须有思考的过程,落笔书写的过程。传统课堂上的提问,涉及面最多三五个学生,课堂练笔一方面让每个学生都有思考问题的过程,一方面也培养了学生写作的能力。学完《紫藤萝瀑布》,笔者向学生提问:"如果你是紫藤萝,你想对作者宗璞说些什么?"学生在课堂练笔中写道:"阳光静好,我已在这里伫立百年。你在我面前久久站立,应该有难言之隐吧?但我要告诉你,你我所在的这条生命长河中,河水生生不息,源源不断,所以你有什么好担忧的呢?走好脚下的路,唱好心中的歌,让我们一起在阳光下奔跑,在风雨中前行!"有同学是这样写的:"宗璞,很高兴遇见你。你的那双慧眼看出了我生命的意义,我的生命力不只为了开放这一季,我要让你和你身边的人都明白,生命的可贵在于奋斗!"还有的同学写道:"不要太伤心难过,世间万物的生命都不是永恒的,但它们都曾经辉煌过。"通过这样的练笔,每个孩子都对课文内容有了更进一步的理解,对作者的情感有了更深一步的认识。课后笔者还会引导学生对自己看过的书、唱过的歌用文字的形式来谈谈感受。

2. 片段练习

因为学生在学校完成大作文的时间并不多,所以,笔者经常在课堂上以片段的形式来训练学生。由于片段练习字数往往在 200 字左右,因此,学生也不惧怕。写完后能及时进行点评和交流,训练很有针对性也很有效果。学习《敬业与乐业》时,让学生以片段的形式再给文章增添一个事实论据。学习《海燕》时,让学生以片段的形式描写一种动物的外形和动作。学习《叶专题》时,让学生以片段的形式表达对叶的感激之情……对于课堂上的这些写作活动的设置,一开始学生还有点惧怕,但逐渐尝试和实践后,因为字数不多,要求不高,而且通常有话可写,所以慢慢地,学生们的积极性也就提高了。另外,片段练习的针对性训练,也让学生带着很强的训练目的进行写作,因此,专项能力的提高很明显。

3. 生活化的练笔

笔者每周布置三次练笔,题目往往设置得比较生活化,会针对社会热点让学生发表观点,也会以练笔的形式,让学生有意识地对自己的学习生活进行及时记录。比如《我最喜欢的一首歌》《最近的小幸福》《课间十分钟》《妈妈最近的变化》等。生活化的练笔,最主要的是激发学生的写作兴趣,让学生做一个生活的有心人,及时记录下生活中值得记录的片段与点滴。

叶圣陶先生曾说过,我想"教育"这个词儿,往精深的方面说,一些专家可以写成巨大的著作,可是就粗浅方面说,"养成好习惯"一句话也就说明了它的含义。语文课堂在精心设计的各项活动中,能让学生人人都"动"起来,在活动中培养各项语文能力和习惯,这样一来,学生学得快乐,教师也教得快乐。

"未来教室"环境下数学教学的反思

薛钧东

随着信息技术的飞速发展,大数据时代的来临,人们的生活方式发生了巨大变化,同时教育模式也悄悄地发生着改变,进而"对教育的价值、目标、内容以及教学方式产生了很大的影响",学生的学习也从课中延伸到了课前与课后。苏州市教育局引进华中师范大学开发的"未来教室",将部分教室改造成"未来教室",所谓"未来教室"是电子双板课堂教学平台的别名,它汲取西方电子白板的优点,首创单机双定位技术,在传统电子白板的基础上研发形成电子双板,实现了资源利用和教学设计的融合①,并与学生端平板、手机进行互动及资源共享,促进学生学习,提高教学质量。

"行是知之始,知是行之成"②,只有通过使用才能认识"未来教室",只有认识了"未来教室"才能更好地使用它。2015年,苏州市彩香实验中学建成了四间"未来教室",初一四个实验班被安排在"未来教室"上课。虽然笔者不教实验班,但作为数学老师还是特别关注"未来教室"对数学教学的影响。正好有两个数学成绩相近的普通班和实验班是由同一位教师执教的,一学期下来这两个班的期初数学成绩和期末数学成绩情况由表一可知,期初时两个班数学考试均分分别是46.95、44.42,相差不大;但到期末时两个班的数学考试均分分别是62.49、51.92,差距明显。

---

① 罗嘉."未来教室"——化学教学的新推进器[J].化学教与学,2014(5):94.
② 金林祥,张雪蓉.陶行知教育名著——教师读本[M].上海教育出版社,2006:77.

表一　两个班级两次数学考试成绩的基本统计量

	班级	样本量	均值	标准差	均值的标准误
期初数学	普通班	39	46.948 7	17.971 76	2.877 78
	实验班	36	44.416 7	20.098 51	3.349 75
期末数学	普通班	39	62.487 2	17.135 48	2.743 87
	实验班	36	51.916 7	20.841 41	3.473 57

表二　独立样本 T 检验

成绩方差齐性		方差齐性检验		均值是否相等的 T 检验						95%置信区	
		F	f的显著性概率	t	自由度	t统计量的显著性（双尾）概率	均值差异	标准误差	间置信下限	置信上限
期初数学	方差齐性检验	1.327	0.253	0.576	73	0.566	2.532 05	4.396 26	-6.229 68	11.293 79
	方差非齐性检验			0.573	70.405	0.568	2.532 05	4.416 16	-6.274 81	11.338 91
期末数学	方差齐性检验	3.623	0.061	2.407	73	0.019	10.570 51	4.392 00	1.817 27	19.323 76
	方差非齐性检验			2.388	67.941	0.020	10.570 51	4.426 57	1.737 29	19.403 73

再对这两个班的两次数学成绩做独立样本 T 检验，由表二可知，F 检验表明期初数学考试方差齐性成立（f 的显著性概率 $P = 0.253 > 0.05$），不能拒绝方差相等的假设，所以观察 T 检验的值，应当用上面一行的结果。此时，t 统计量的显著性（双尾）概率 $P = 0.566 > 0.05$，即学期初两个班的数学成绩不存在显著性差异；同时 F 检验表明期末数学考试方差齐性仍然成立（f 的显著性概率 $P = 0.061 > 0.05$），仍然不能拒绝方差相等的假设，所以观察 T 检验的值，应当用上面一行的结果。此时，t 统计量的显著性（双尾）概率 $P = 0.019 < 0.05$，即学期末两个班的数学成绩存在显著性差异。这一现象说明，不用"未来教室"上课的普通班比用"未来教室"上课的实验班数学成绩有明显的提高。

这一结果与笔者及教这两个班的教师开学初预测的结果截然相反，实验班的数学成绩不但没能赶上或超过普通班，反而被普通班远远地甩开了。这

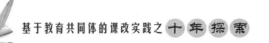

是什么原因造成的呢？在与教这两个班的教师沟通中,笔者了解到,这两个班级是同一位教师教的、教案是相同的、布置的作业也是相同的,就连上课使用的 PPT 也是相同的。唯一不同的是实验班使用了"未来教室",而普通班使用的仍是传统教室。很显然,问题出在"未来教室"的使用上,说明传统的数学教学模式、教学流程并不适合于"未来教室"辅助数学教学功能的充分发挥。这就要求运用"未来教室"辅助数学教学时必须对传统数学教学流程进行再造,创新数学教学模式。

先介绍一下"未来教室"信息化手段辅助教学相对于传统教学的优势所在。

一、有利于缩短教师与学生的时空距离

"未来教室"将课堂延伸到课前与课后,比如,学生在课前对预习内容不清楚不理解时,可以通过"未来教室"平台查看相应的微视频,帮助学生理解这一部分的内容,也可请求教师进行在线答疑解惑;学生在课后完成了作业可以通过平板、手机立即发送给教师批阅;学生上课没听懂的地方,可以通过回放教师上课的视频重新学习;哪怕是学生不在学校里也可以听课,参与课堂讨论,与教师交流;等等。这些都大大缩短了教师与学生的时空距离,形成课前、课中、课后教师与学生的无缝对接。

二、有利于教师对学生进行因材施教

"未来教室"平台能对学生学习的情况起到全方位的掌控,进而对学生进行因材施教提供了更多技术支持,更具"靶向"作用。教师可以通过该平台掌握每位学生回答问题的情况,每位学生练习巩固、当堂反馈的情况,以及每位学生作业的情况,从而对每位学生所学知识的好坏情况一目了然,还可以帮助学生建立错题库,进而对每位学生所学知识掌握的薄弱环节进行点对点的推送习题,进行巩固,起到精确把握、精确制导、精确推送、精确打击、精准"扶贫"的作用,使每位学生都能获得自身最大发展。

三、有利于教师对学生及时评价

通过"未来教室"平台,教师可以及时对学生进行评价,比如表扬点赞、推送优秀作业等,不光教师、同学能看到,家长也能看到,有利于提高学生的积极

性、自信心和自豪感,有利于学生提升对学习数学的内驱力,改善学生的学习习惯,提高学生的学习兴趣。

四、有利于通过大数据提高教师的教学能力

"未来教室"平台可以帮助教师收集统计课堂上师生互动的情况的数据和每位学生回答问题正误的数据及学生练习反馈每题正误的数据,通过对这些数据进行分析,教师了解学生现有水平和潜在水平,把握学生的最近发展区[①],从而帮助教师更好地设计问题,最大限度地提升学生的思维水平和解决问题的能力,调整教学策略;同时针对学生的错误及时调整教学内容、教学进度,促进教师自身教学水平的发展与提高,向课堂要效率、向课堂要成绩。

五、有利于各种多媒体辅助手段的无缝对接及"未来教室"平台特有功能的发挥

"未来教室"是一个开放的平台,它集成了白板、多媒体、网络等功能,还可以将自身没有的功能通过外部命令调入,比如数学学科中经常用到的几何画板软件等,从而兼具以往使用过的所有媒体的功能:展示事实,形成表象;创设情景,建立共同经验;提供示范,便于模仿;呈现过程,解释原理;设疑思辨,解决问题。[②] 教师可以通过以往拥有的多媒体手段让学生去体验、去反思、去探索、去发现,让学生通过亲自或间接经历的活动过程而获得经验形成能力。[③] 以便提高学生的学习兴趣和自主探索能力,提升学生的元认知学习策略。另外,"未来教室"特有的 N-1 功能利用双屏优势解决了以往单屏不能同时呈现前后内容、不同内容或不同媒体的问题,比如,解方程教学中让学生巩固练习时通过 N-1 功能可以将解方程的基本步骤在另一块屏上同时显示,这样学生解方程解到一半忘了怎么做,就可以看另一屏上的解题步骤;习题解答统计功能能够让教师当场了解学生的掌握情况,便于教师调整教学进度;学生还可以通过平板进行互相合作、相互探讨,并与教师进行点对点的交流,充分突出学生的主体地位,有利于学生学习兴趣的提高。

但在"未来教室"课堂中反而出现了一些意外情况:

---

① 张大军.教育心理学[M].北京:人民教育出版社,2006:49,248,472.
② 张大军.教育心理学[M].北京:人民教育出版社,2006:49,248,472.
③ 史宁中,柳海民.素质教育的根本目的与实施路径[J].教育研究,2007(8):10-14.

一、学生的注意力的负迁移

学生每人人手一个平板,上课时一部分学生的注意力转移到了平板上,想着等会儿用平板的时候怎么玩,甚至当教师还在讲台前讲解内容之际,有的学生就在偷偷地动平板;教师要求学生运用平板互动时,有的学生并不按照教师的要求操作,而是按自己的喜好偷偷上网、玩游戏,有的学生在完成教师的要求后,上网看小说、玩游戏……没有将注意力高度集中在教师讲解的内容上,这样一来,将学生的注意力重新集中起来又要花费教师一番功夫。

二、师生交流的减少

上课过程中无法很好地把握使用"未来教室"设备的度,教师常常因为炫"未来教室"设备的强大功能,而将师生间原本的直接交流都通过冷冰冰的机器进行,使师生交流转变成了师机互动、生机互动,学生一味紧盯着屏幕和平板,缺少了师生间语言(包括肢体语言)情感的直接交流。时间一长,学生就失去了当初的新鲜感而懈怠。

三、学生能力的下降

学生由于使用平板,患上了网络依赖症,找资料上网、做作业上网,作业不会做使用"学霸君"等 App 直接搜答案,反正只要会使用"百度",网上都有现成的,只需抄写就能解决问题,久而久之,学生还有什么能力可言?

在实验班的教学过程中,传统的数学教学模式并没有充分利用"未来教室"的设备优势,只是简单地把黑板变成电子屏幕,学生的答题从本子上变成了平板上,反而一些负面的不利因素得到了发挥,这就造成了实验班数学成绩大大落后于普通班。

因此,如何利用"未来教室"服务于数学教学,应从以下两方面进行。

其一,应扬长避短,充分发挥"未来教室"的优势,控制其负面影响,从实验班的教学中可以看到传统的教学流程、教学模式不能发挥"未来教室"具有的优势,反而容易因使用不当产生不良影响,因而需要对教学流程、教学模式进行再造和创新,使它能够充分发挥"未来教室"的五大优势,控制信息技术带来的不良影响。

其二,从学生一头进行严格管控,让学生明白设备是为学习而服务的,不是用来做与教学内容无关的事情的。因为学生年龄还小,意志力、自控力都比较薄弱,因此,对设备的使用要有严格规范的要求,应在教师严格监管之下,学生若在家里,必须在家长的严格监督之下进行使用,使这些先进设备真正用于知识的学习。

通过这两方面的措施双管齐下,更好促进"未来教室"环境下数学教学的流程再造和模式创新,真正做好"知是行之成",推动"未来教室"更好地服务于数学教学。

(此文于发表在2015年第9期《中学数学月刊》)

学习目标及策略在英语能效 ACP 课堂教学中的应用

徐梅方

  学习目标在不同阶段各不相同，无论是语言技能、语言知识、情感态度、学习策略和文化方面都有不同的分级标准。传统的教学目标只是强调教师的教学任务。课堂学习目标描述的是学生通过学习后能做的事情。与传统的教学目标不同的是，课堂学习目标以学生为课堂教学的主体。为了让学生更清楚地了解到课堂的学习目标，教师所选用的语言应该是学生能理解的，学生相应采取的学习策略是正确的。

  管理学大师 Peter Drucker 在他的著作《管理实践》(*The Practice of Management*)一书中首次提出了"SMART"规则。根据 Drucker 的说法，管理人员一定要避免"活动陷阱"(activity trap)，不能只顾低头拉车，而不抬头看路，最终忘了自己的主要目标。这项规则同样适用于我们的课堂教学活动中。学生的学习不应该只是坐在教室等着教师的知识灌输，填鸭式的知识往往是不被学生消化的。只有朝着既定的学习目标——属于学生易懂的目标，学生才能采取相应的学习策略来掌握知识，并主动学习，提高自学能力。能效 ACP 课堂正是在充分理解这一含义的基础上产生的智慧的结晶。

  学生们游刃有余的优秀展示与老师们潜移默化的贯穿，赋予了每节课生动的节奏。畅所欲言，你思我想，争先恐后是比比皆是的现象，教学还给了学生，学生真正成为课堂的主体。

一、认知策略方面

  预习令教学事半功倍。"不打没有把握的仗"，做任何事情都要做到胸有成竹，这同样也适用在我们的英语学习上。预习可以让学生在预先熟悉课本内容的情况下带着问题来听讲，经过预习整合过的思维更容易抓住课文的要点。能效 ACP 课堂导学案就是一种不错的工具。总结经验，笔者会在七年级开学伊始就教学生们识别音标和熟悉拼读规则，根据读音记忆单词，自己检查单词的拼写。比如每个单元的 warm-up（热身练习、准备活动）学生们基本能做到在教师教授课程前流利朗读四幅画，有一部分学生能当即背下内容。其中个别单词，学生在预习过程中因自主学习单词的读音（在磁带的帮助下）而在脑海中已经留下印象。导学案的第一部分就是上课过程中的前两分钟内把本节课涉及的新单词流利读出，这大大节省了教师在课上教授新单词的时间。通过设定一个短期的学习目标，学生在磁带的帮助下是完全可以完成这项任务的，并且完成这项任务带来的一系列效应是积极的。导学案的课堂练习部分又给了学生明确的 learning goals（目标），对学生而言，这些目标都是具体的、可测量的，也是在有限的时间内能够完成的，并且对未来学习是有益的。

二、调控策略方面

能效 ACP 课堂的一大亮点是教师要不断引导学生进行课后反思，这既是对基础知识的复现，也是对自主学习能力的提高。学生在这个过程中将通过一些具体的任务（比如课后遨游），在有限的时间内进行自我检测，比如完成练习、背诵、默写等作业，这些作业被称作刚性作业，也就是必须靠个人完成的。这些具体的作业往往促进学生在有限的时间内不断自我反思。完成该项学习目标的学生在应对接下来的任务时往往得心应手、触类旁通。反之，那些未完成课前学习目标的同学则举步维艰。小组学习就很好地克服了这一大困难，为了给组里争光、得分，组员们会彼此监督、帮助和促进学习。特别是一些 group work（团队任务），比如在教授《爱丽丝梦游仙境》这一章节时，教师可以布置学生寻找故事的背景，制作一些活动的道具，寻找优美的句子请各小组演绎出来。各个组员一定会在一系列活动中找到自己最适合的角色，可以是文字的处理，可以是图片的构思，可以是幕后的旁白……对每位组员而言，进步是一定的，更重要的是，学生学习英语的兴趣得到了培养，这恰恰与英语学习息息相关。正如《英语课程标准》所指出的，注意了解和反思自己学习英语中的进步与不足；经常与老师和同学交流学习体会；积极参与课内外英语学习活动。这都是适合学生的调控策略。课后遨游成为能效 ACP 课堂中每一位学生的宝贵财富。

三、交际策略方面

教师在教授语言的时候，不能给学生留下"英语只是为了考试而学"这类

印象,英语还有它最重要的作用——交流的工具。《英语课程标准》指出,在课内外学习活动中能够用英语与他人交流;善于抓住用英语交际的机会。英语是否真正被掌握是可以测量的。与外国友人的一次成功交流可以促进学生对学习英语产生极大兴趣。但这些目标的实现都要求小组成员主动展示。能效ACP课堂的最大优点是带动了全小组成员的积极性。每天每堂课,教师都会对参与讨论、回答问题的学生评分,每周、每月、每学期,学校还会分别对学生、班级进行表彰。每节课赢得的评分既是学生自己的,也是学生所在的小组或班级的,这大大鼓励了学生要为自己、为小组、为班级学习的积极性。

四、资源策略方面

《义务教育英语课程标准(2011年版)》指出,学生应注意通过音响资料丰富自己的学习;使用简单的工具书查找信息;注意生活中和媒体上所使用的英语;能初步利用图书馆或网络上的学习资源。从这段话中不难发现,学生学习英语的机会是很多的,并且所面临相关的知识都是互通的。也许今天学生无法在课本上找到答案,但英语杂志、小说、影视、网络资源等一定会提供一些线索,让学生在自主整合后找到答案。

数字化教学的今天,在老师给出明确具体的学习目标之后,学生可以利用一些数字化教学资源如图片、影视、声音、动画、专题网站、网络资源等。比如,教师教授食物这个单元,可以让学生搜集各类食物图片进行归类。可以是按照水果、蔬菜和肉类分,也可以按照对应的英文单词是可数或不可数分。在ACP能效课堂中,学生的归类活动因为是全体成员一起完成的任务,相比较传统的凭借一己之力的学习方法,小组合作学习的效率被大大提高了。每名小组成员在归类的时候就已经在大脑中对本单元框架结构有了一个初步概念,这对接下来的学习是一个必要的准备环节。例如教授体育这一单元,学生可利用的资源更多。可以是学生自己最喜爱体育明星的拓展介绍;可以是体育明星精彩瞬间的纪录片的展播——相信这能吸引更多的"观众",培养"观众"学习这一单元的兴趣;可以是后期体育节活动策划的资源筹备;等等。让所有的学生动起来,合作型任务的完成更能增加学生学习的动力。小组成员之间有积极的相互依赖的关系。每个成员通过共享资源彼此分工,互相依赖完成一个个共同的目标。为了达到共同进步的目的,小组成员们尽百分之一百的努力来维护自己组的"利益",这就能取得事半功倍的效果。

总之，在有限的时间内，教师要有意识地帮助学生建立相关的学习目标，有效地组织学生整合资源，培养学生的调控能力、自主学习能力，为终身可持续性学习奠定基础。在初中英语 ACP 能效课堂教育的这条漫长的道路上，我们还需要不断摸索。培养学生的自主学习能力是一项艰难的任务，但它是重要的，也是必需的。需要教师们付出巨大的努力，在这条路上不断归纳总结，突破创新。

小组合作课堂与核心素养的培养

——基于彩香实验中学能效 ACP 课堂实践感悟之一

袁 英

学校教育最重要的目的是什么？相信每一位教师都明白：不是成绩和分数，而是能力和素养。其中，学生核心素养的发展又是重中之重。因此，核心素养成为教改的支点也就顺理成章了。

学生核心素养主要是指学生应具备的、能够适应终身发展和社会发展需要的必备品格与关键能力，是每一名学生获得成功生活或适应个人终身发展和社会发展都需要的、不可或缺的共同素养。北京师范大学课题组发布的《中国学生发展核心素养》研究报告，将学生的核心素养归结为人文底蕴、科学精神、学会学习、健康生活、责任担当、实践创新这六大素养，又具体细化为国家认同等十八个基本要点。

核心素养发展是一个持续终身的，并在一生中不断完善的过程。具体到义务教育的初中阶段，我们感到当前最迫切的是发展两方面的素养，一是学生的团队合作能力，二是获取信息的能力及质疑和评判能力。

小组合作学习是指个体在小组或团队中为了完成共同的任务，经历动手实践、自主探索和合作交流的过程，是有明确责任分工的互助性学习。19 世纪早期，美国的一些学者开始研究合作学习并将其运用于实践，杜威创办的芝加哥实验学校就运用了小组合作学习这一模式。《义务教育课程标准（2011 年版）》指出：动手实践、自主探索与合作交流是学生学习的重要方式。这种学习方式，对培养学生的团队合作能力和自我学习、主动学习能力等一系列核心素养无疑有着重要作用。

苏州市彩香实验中学是一所以吸纳外来务工人员子女为主的初中校。一方面学生家长的文化素养普遍较低，对教育的重视程度、对子女的教育投入都不够。另一方面学生受原住地区域影响，原就读学校在办学条件、教学水平、课程设置、教材内容等方面各不相同，导致学生学习基础、学习能力、个性特点、行为习俗、学习习惯等各不相同。这使得大多数学生普遍缺乏学习主动性,只能被动地接受知识,谈不上具备质疑和批判能力;在团队中不愿也不会与人合作,不善于展示自我。由此,如何尽快提高这部分学生的核心素养,对完成初中阶段教育任务、提高教学质量、促进每一位学生的良性发展有着重大的现实意义。

基于此,从2014年开始,具有彩中特色的小组合作课堂——能效ACP课堂教学改革应运而生。"ACP"中,A指active(主动);C指cooperative(互动);P指presentation(展示)。能效ACP课堂是彩香实验中学在传统的小组合作学习的基础上,采取"自主学习三部曲",激发学生自我学习、主动学习、团队合作,并通过学习成果的展示进行互相评判、质疑,从而获得的学习能力及学习素养的提高。

小组合作学习的主要特征和过程包括讨论、倾听、交流、协作、分享、反思等。针对彩香实验中学学生的实际,我们将之简化为"自主学习三部曲":课前热身、课堂练习、课后巩固。在学科课堂教学过程中,以集体授课为基础,以小组合作学习为主体形式,借助这三部曲来发挥学生的主观能动性,培养学生的主动学习能力、合作能力、展示能力,使学生具备团队观念、创新精神、竞争意识。在提高学习效率和学习成绩这些表象的同时,学生的团队合作能力、获取信息能力及对信息的质疑评判能力等核心素养也得到了潜移默化的提高。

我们的具体做法分为四个阶段流程,每段流程都包含学生活动和教师活动。

第一步:预习环节。

其中的学生活动包括:① 先看课本,重点概念、知识点在课本上有圈划痕迹,在预习过程中能理解课本上的例题、实例等,对于不能理解的内容在课上做记号;② 在做导学案时不能全照课本上的内容抄,应该运用自己的语言组织回答,对于不会的地方,做好标记;③ 课前各小组长统计好小组预习总分,记录到表格预习一栏。

这一步,对学生的自我学习课本内容、自我获取课外信息并筛选信息能力提出了要求。

第二步:合作环节(小展示)。

其中,学生在组内进行"小展示",各组组长根据组内同学的能力大小,将导学案中的内容分配给每个组员作为"小展示"的内容(没有问题的不做展示），全体组员站立，依次展示自己分配的任务，若在这个过程中，遇到少数组员不懂的问题可以采取组内讨论、"兵教兵"的方法；遇到组内不能解决的问题，要在教师巡视该组时由组长向教师汇报，同时各组长要将进行"大展示"的具体任务分配给该组组员。

第三步：展示、点评环节。

其中学生活动包括：① 各组长进行大展示分工，确定展示的形式、人员等，组员积极配合，各司其职，为大展示做准备，包括板书设计等；② 没有大展示任务的学生继续订正错误，或关注本组所展示的内容，并准备随时补充；③ 展示的同学口头表达要规范、明确、完整、响亮，要注重对题目思路和方法的分析，不能只讲答案，要点明注意事项，并总结方法和规律；④ 其余同学要面向展示点评同学，注意听记，并随时质疑、追问、补充。

显然，在以上两步中，重点培养了学生的合作学习能力和团队协作精神。

第四步：反馈环节。

其中的学生活动包括：① 导学案整理，主要包括对疑难问题的整理，对个性化重难点、生成性知识整理，对知识的系统梳理，整理纠错，等等；② 完成检测练习；③ 总结提升知识点、思想方法等；④ 各小组长及时记录小组得分和个人得分。

在这一步骤中，我们尤其鼓励学有余力的学生进行课后学习、拓展课堂知识的广度和深度，提出疑问和自己的观点等。

夸美纽斯说过，找出一种教育方法，使教师因此可以少教，但是学生可以多学。在彩香实验中学的能效 ACP 课堂中，教师、学生的角色发生了根本性转变。学生是课堂的主角，是学习者、参与者、展示者；教师是伙伴，是引导者、评价者、激励者。在这个课堂中，学生的学习天性得以激发，学生的潜能得以挖掘，素质教育也真正步入了课堂。

通过两年多的尝试、改革，我们发现这些外来务工人员子女的精神面貌发生了巨大变化，自学学习、自我管理、阳光自信、团结合作、积极向上等初中学生核心素养得到了真正的提升。

学习能力和核心素养的提高也直接提升了这部分外来劳务工人员子女的综合素质，这些原本默默无闻的"丑小鸭"终于敢于站出来展示自己，在各级各类竞赛中先后取得了众多奖项，比如，彩香实验中学的"未来工程师社团"在"苏州市第十六届青少年科技模型比赛"中，有七位同学分获一、二、三等奖和团体奖；又比如，在苏州市"第十一届中华经典美文朗读大赛"中，彩香实验中学代表队也获得了诸多集体和个人奖项。

也正是在这近三年的试验中，我们感到能效ACP课堂固然有很多优点，但在实际运用过程中，总会出现一些问题。做好以下几点，对学生的核心素养培养尤为重要。

一、合理组建合作小组

小组组成不能随意、随机，而要根据各个学生的思维特点、性格特征、性别差异等因素，按照"组内异质、组间同质"的原则，综合考虑各个小组成员的性别、个性特征、学习成绩、能力水平、团结性等，分别组建固定的、平行的合作学习小组。

各个小组内要设有不同的角色，比如记录员、资料员、审核员、汇报员等，保证每个学生都能积极参与。

必须协助小组内成员间的磨合，使得各小组的成员相互友爱、坦诚相待、民主平等，增强组员间的凝聚力。

如此的合作小组才能称得上是团队，才能具备团队合作的基础。

二、关注"弱势学生"

小组合作学习能充分调动学生学习的积极性，使每一位学生都有主动学习和创新的机会。在一个组里学生的学习水平势必参差不齐，学习水平高的学生发言的机会要多，部分学习水平低的学生不敢轻易发表自己的见解，怕出错而被同学笑话，长此以往，极不利于学生的发展。

对于彩中这样以外来务工人员子女为主的学生群体而言，这个问题显得尤为突出。如果教师不了解、不关心、不下功夫解决，小组合作势必成为形式，甚至会引起负反馈，核心素养的培养更是无从谈起。

所以，对于小组中的"弱势群体"，教师要格外关注，要督促这部分学生积极参与小组活动。教师可以要求各小组均采取轮流发言的方式，比如在轮流发言时，让这类"弱势群体"中的成员先发言，遇到语言障碍时，可以适当地用一些母语帮助其表达。这样，"逼迫"他们由原来的被动听讲变成了主动学习者、研究者、参与者，从而产生"我要学"的强烈愿望。

三、讨论要务实,忌浮夸

课堂讨论是在学生小组讨论、个体独立思考的基础进行的,其目的是培养他们的评判、思考、质疑能力,挖掘他们的创新思维能力,不能纯粹为讨论而讨论。

但在实践中,部分教师将课堂讨论当作每一节课必不可少的教学环节,无论有没有必要,都组织讨论,片面追求热闹的课堂气氛。这一方面容易造成小部分不自律的学生发言不经思考,讨论内容浮浅,起哄,甚至课堂失控;另一方面降低了大部分学生对讨论的兴趣,影响学生思维的深度和广度。长此以往,必然会给学生核心素养的发展带来严重的消极影响。

四、教师的角色定位的把握

在小组合作学习中,教师应成为学生学习的向导、促进者、合作者。除了精心备课、合理设计课堂小组合作学习的任务和方式之外,在合作交流中教师的主要行为表现在倾听、交流、协作、分享,同时扮演了权威、顾问、同伴三种角色。

但在实践中,受传统思维和教学方法的影响,很多教师会不自觉地强化了"权威"角色,动不动就划范围、纠"错误",只懂收,不善放,削弱了学生承担自己做决定及"主导"合作交流活动的责任。这其实是让学生失去了靠自己的努力去解决问题的机会,极大地妨碍、干扰了学生独立思考,甚至禁锢了其思维,小组合作也就成为教师的一言堂。

所以,在小组合作学习中,教师一定要学会把握自身角色,在有效控制课堂节奏的基础上,该放手时及时放手。而一旦发现学生真正被"困住"时又要能够及时参与,及时回答,帮助学生解决困扰。

同时,教师还要善于及时评价合作学习的成果,包括课内评价和课后评价。尤其对独到的创新思维、见解应该及时给予赞扬,即便是"错误"的质疑也应该给予鼓励,利用竞争机制的刺激,来维持和增强学生合作学习的兴趣。使合作学习上升为学生的学习习惯,在对学生的终身学习产生良性影响的同时,学生的核心素养也必然得到养成。

精心预设讨论课题,激发学生探究欲望

——基于彩香实验中学能效ACP课堂实践感悟之二

袁 英

"小组合作学习"是20世纪70年代初兴起于美国,并在80年代中期取得实质性进展的一种富有创意和实效的新型教学组织形式,是指学生在小组或团队中为了完成共同的目标与任务,有明确的责任分工的互助性学习。苏州市彩香实验中学从2014年开始了具有彩中特色的小组合作课堂——能效ACP课堂教学改革,在传统的小组合作学习的基础上,采取"自主学习三部曲",激发学生自我学习、主动学习、团队合作,从而获得学习能力及学习素养提高的教学改革。

能效ACP课堂的主要环节是"讨论",以及建立在讨论基础上的交流、协作、分享、反思等环节。这完全不同于传统的以教师为中心的模式,是一种全新的师生关系和生生关系。教师、学生在课堂上都是"主角",课堂成了个体交流的场所。

在能效ACP课堂上教师如何预设讨论课题,是掌控讨论进程、达成讨论目的、学生学到知识的关键一步。通过几年的实践我们觉得其中的经验、教训很值得总结与反思。

前几天笔者听了一堂八年级上册7单元的英语阅读课,内容是英文诗歌教学。在小组讨论预习环节结束后,老师给出的讨论课题是"简要概括这首诗歌每一段的主要内容,并找出一些习惯用语及其含义"。这样的讨论话题很实在,也是常态,课堂损耗小,加上年轻教师很受学生们的欢迎,对现代教育技术的应用很娴熟,课堂气氛颇佳,同学们的讨论发言也很活跃。

这堂课虽然生动,但笔者觉得讨论课题缺少深度和针对性。正如管理大师彼得·圣吉所说,我们的教育总是低估学生的能力,实际上学生的潜力是很大的。对于一些很浅显、学生通过看书、自学完全可以无争议并独自解决的简单"问题",根本没有进行小组讨论的必要。对学生而言,讨论这样的课题不会有多大的收获,是为了讨论而讨论。佐藤学认为,真正的学习是探究、思考不懂的事情。所以课堂讨论话题的设置,应该根据学生实际,引导学生从已知世界出发,进而探索未知空间,并形成新的经验与能力。

不可否认,包括本校在内的许多课堂教学的小组合作学习看似热闹、有趣,但课堂讨论流于形式,并没有实质性内容。

这其实是预设的讨论课题的价值性问题,小组合作学习中课题讨论的有效性取决于预设的课题是否有价值。这个价值既不在于教师的教学能力是否得以发挥、课堂展示是否优质,也不在于课堂气氛是否活跃、学生发言是否踊跃这些表象。其判断标准应该看是否有利于启动并发展学生的思维,是否保障了每一位学生的学习,每一位学生又从中学到了什么。

小组合作课堂的讨论课题可以是我们在备课时预设的,也可以是课堂教学中根据学生反馈即时生成的,但都应该体现上述价值。有价值的课题加上深层次的讨论才能激发学生的关注度和思维活跃度,而这才是小组合作课堂的目标所在。

同样的一节英文诗歌阅读课,另外一个老师是这样预设课题的:请同学们欣赏由著名的 Westlife 组合演唱的一首英语流行歌曲:*Seasons In the Sun*。然后讨论这首歌的歌词有何特点(即你喜欢它的原因)。歌词和我们课本上的歌词有何共同之处、可以分为几部分。

这首歌的歌词如下:

Goodbye to you, my trusted friend.

We've known each other since we were nine or ten.

Together we've climbed hills and trees.

Learned of love and ABCs.

Skinned our hearts and skinned our knees.

Goodbye my friend, it's hard to die.

When all the birds are singing in the sky.

Now that spring is in the air.

Pretty girls are everywhere.

Think of me and I'll be there.

We had joy, we had fun.

We had seasons in the sun.

But the hills that we climbed.

Were just seasons out of time.

实践发现,大部分小组通过聆听和讨论,都能说出英语诗歌文字优美,也有押韵的讲究,读出来有节奏感,并且也是可以根据作者想要表达的主题分为相对独立的几个部分。

通过这个课题讨论,这堂课效果明显优于第一位老师。稍有难度的课题很好地激发学生的学习兴趣,既培养了学生的语感和诗歌鉴赏能力,也提高了学生的审美情趣。第一个讨论课题过于模式化,看起来和普通的段落阅读课毫无区别,有例行公事、草草了事之感;第二个课题讨论则有很强的针对性,虽有难度,但学生能有所学,对于诗歌的节奏明快、韵味无穷强调得恰到好处。

当然我们也应该防止走向另外一个极端:讨论问题难度太大,学生无从找到思考问题的突破口,致使讨论最终不了了之,小组合作课堂也就成了"假合作"的教师"一言堂"。

所以小组合作学习首先要顾及学生的学习能力,课堂讨论这一环节要准确把握学生容易产生疑惑和分歧的地方,并以此精心预设讨论课题,激发学生的探究欲望。

从苏州市彩香实验中学能效 ACP 课堂实践的情况来看,我们的做法是以 40%～50%为标准:如果对某一知识点预计有 40%～50%的学生思路不清、难以适从,则应该考虑设计一系列问题,以课题形式让学生通过讨论进行思维碰撞,进而厘清思路、掌握知识。

这里的"40%～50%"的比例是基于彩香实验中学的生源实际,相对而言还是比较低的。作为一所以吸纳外来务工人员子女为主的初中校,我们必须顾及学生原就读学校的办学条件、教学水平等方面的差距,以及学生本身的学习能力、知识视野的具体情况。如果生源相对较好,笔者觉得这个比例完全可以提高到50%～60%。

当然,数据不是一成不变的。具体到每个年级、班级,每门学科也都要根据具体实际进行修正。比如笔者任教的英语学科对于外来务工人员子女而言往往有些令人望而生畏,而分层(分班)教学又加大了班级之间的差距。如果不具体分析学生的实际情况而一味地全盘机械套用,很可能会使得一部分学生如雾里看花,一无所获。

其次,教师要立足本班学生的实际,将学生"学到了什么"放在首位,创造性地设计讨论课题。

课堂教学是学生获取知识、锻炼能力、陶冶情操的关键环节。和传统教学模式完全基于教师的教学能力和个人魅力不同,小组合作课堂更注重的应该是教师对学习的设计和反思。

就像佐藤学所说的,课题的设计应该"在于'学习关系的创造'与'优质学习的实现',在于保障每个学生的学习得以实现","让学生从中'学到了什么'"才是我们最应该思考的问题。唯有如此,你才能弱化那些华而不实却能突出教师个人的外在,设计出能让"学习"得以真正发生的讨论课题。

从实际出发设计本班课堂讨论课题是小组合作学习课堂对教师的最低要求。教师最理想的当然是"创造性"地独立发现并设计课题,但同样也可以以开放的心态,借鉴同事、备课组、教研组的经验"再创造"地来设计课题。学生学习需要小组合作,教师备课同样可以小组合作。教学方法各有所长,但课题设计完全可以互相借鉴。从某种意义上说,这其实也是一个教师参与小组合作学习的过程。

当然,无论如何"创造",课题的设置都应该立足教材。教师要走出办公室,深入学生,扎根于自己的课堂。不仅要关心学生课堂上的学习,还要关心学生的课外生活。在了解学生实际需求的情况下,依据对教材的理解,结合自己擅长的教学方式,并应该依据所任教的不同班级情况做出合理调整。

再次,讨论课题的设计既要紧扣学科要点,确保每一位学生"有所学",也要顾及学生的想象力和发散思维,保证每一个学生的参与度。

学科课程学习当然要围绕学科的本质进行。比如初中英语学科所要求的培养的基本语言技能(听、说、读、写)、语言知识(语音、词汇、语法、功能、话题),以及建立在此基础上的文化意识、情感态度、国际视野等核心素养,进而尝试用英语来了解世界。据此,英语课堂小组讨论课题的设置就应该从教材出发,以基本的语言学习中的"疑惑处"为本,将每一位学生的"有所学"放在首位。

2018年起出任香港大学校长的南京大学杰出校友、美国工程院院士张翔说过,他的父亲是南京的一名中学历史老师,不懂科学和工程,但从小就教导张翔跳出框框用不同方法思考。成为导师后,张翔同样喜欢学生"挑战"自己,喜欢善于批判性思考的学生。所以除了课本中的"疑惑处"之外,"意见分歧处"和对同一问题的"不同答案处"也使我们讨论课题变得有价值——这些发散型的讨论课题正是调动学生想象力,培养他们良好的思考习惯和可发散思维的重要途径。如果发现大多数学生对于同一知识点的意见相左,各执一端,或者同一个问题有不同的解决方法,我们完全可以据此重新设计讨论课题,让每一个学生都能依照自己的思路走下去,"让想象力多飞一会儿"。通过思维的相互碰撞,培养学生的发散思维能力得到培养,其小组合作讨论的参与度大大提高。当然,教师千万不能忘记这是一堂课,而不是综合学习活动。教师要适时引导学生时不时回归课本,才能真正体现小组合作课堂的内涵,学生有所思、有所议、有所获,核心素养得以体现,"学习"才能得以真正实现。

"温故而知新,可以为师矣"——几千年前孔子对教师资格的认定标准并不高。佐藤学则说,世界上没有比教师更难的工作了。如此巨大的标准落差正说明教师是和社会进步有着紧密关系的职业。

时代在发展,社会对教师的要求也越来越高。一名优秀的教师除了要具备科学的专业知识、熟练的教学技能、丰富的教学经验外,还需要与时俱进,在新教学模式、新评价体系中适应和修正自己。小组合作学习课堂对教师专业能力的挑战是显而易见的。在小组合作课堂上不拘泥于教材,懂得为学生设计适合他们学习的内容,通过精心预设讨论课题来激发学生探究新知识的欲望,上下连通,前后相连,左顾右盼,使学习的权利真正落实到学生手里。这正是当代所要求的教师"工匠性"和"专业性"兼备的"专家"品质的体现。

静听勤思深度对话,科学构筑合作讨论

——基于彩香实验中学能效 ACP 课堂实践感悟之三

袁 英

如果只有一个孩子,你给一个比较难的问题,他当然会放弃。但是,如果你把这个问题交给一个小组,情形就不一样了。而这,正是小组合作学习与小组合作课堂的初衷和亮点。

从 2014 年开始,具有彩中特色的小组合作课堂——能效 ACP 课堂教学改革在苏州市彩香实验中学逐步推行,以"讨论"为基础进而交流、协作、分享、反思的能效 ACP 课堂完全不同于传统的以教师为中心的模式,是一种全新的师生、生生关系,对于激发学生自我学习、主动学习、团队合作,从而获得学习能力及学习素养的全面提高有着得天独厚的先天优势。

多年的教学实践表明,在能效 ACP 合作课堂中有效讨论环节是学生得到学习的关键,而在这之前的静听、勤思、对话是达成讨论进程的前置条件。

一、学会静听,学会尊重,让课堂安静下来

刚开始开展小组合作课堂实践时,包括笔者在内的很多教师都有这样的经历:学生非常兴奋,课堂上的讨论非常热烈,学生发言争先恐后。甚至有部分教师会刻意追求这样的效果,认为这才是有别于传统的教学模式,是小组合作课堂的价值体现。

但如果细心观察一下,你会发现"大声说话"的永远是那几个学生,他们在乎的只是表达自己的想法,却从不在意他人的观点。同时,在他们的背后也永远有一部分学生从不发言,甚至一脸茫然,即便偶尔说上几句也很快被他人的声音淹没,得不到起码的尊重。那么这种讨论是否是真正的对话?是否真正有助于学生学习?

心理学告诉我们,一个善于说话的人,首先应该是一个懂得倾听的人。"倾听"是合作学习的核心词之一,本身也蕴含着对他人发言的尊重。有价值

的小组合作讨论课应该是从包括老师在内的所有参与者的互相倾听开始的。

真正的小组合作是以学为本,以保障每一个学生的学习为根本,在此基础上方能构筑真正的合作。苏州市彩香实验中学近年来的"ACP"实践告诉我们,科学的、有价值的小组课题讨论首先应该教会学生的就是"静听"和"尊重"。

1. 真正让学习发生的课堂是安静的

佐藤学曾经以"交响乐"来比喻小组合作讨论,每个学生就像是乐团中的每件乐器一样,缺一不可,"这些乐器汇聚在一起才能产生非常好听的声音"。个别学生发言时的侃侃而谈,可能掩盖了其他学生的困惑;仓促而积极地举手,也并不全是对问题有了深入思考的结果。看似热闹的课堂往往只是大家互相表述自己的想法,与其说是讨论,不如说是辩论,最后只能是"噪音"。

真正让学习发生的场所应该是能保持安静的。

为了构筑学生间良好的相互倾听关系,此时的教师应该像一个优秀的心理咨询师一样,用全身心来倾听每一个学生的声音,尤其是面对那些貌似"学弱"的学生时。而在实践中我们发现,经常在课堂上大声发言的学生通常不是最善于学习的,那些喜欢静心倾听、看似"学弱"的学生却往往都是善于学习的,他们认真思考后的发言往往是最精彩的。

2. 学会静心倾听

在我们的能效 ACP 课堂讨论中,每个学生都有机会扮演发言的角色和倾听的角色,但更多时候扮演的是倾听的角色。小组成员之间如果没有产生相互倾听的关系,就不可能期望合作学习能取得好的成效。

为了让学生真正接受倾听,必要的操练还是需要的。

笔者会事先列出 20 个左右的关联词汇,比如水果类、运动类、国名类等,要求学生记熟后在小组内部复述其中的若干个,规则是一人发言其他人必须安静,同时用笔记录每一个同学讲的内容,然后自己讲的不能与之重复。这其实一方面是强迫学生们用心聆听,而且要用心记,并根据他人的发言随时调整自己的发言;另一方面在抑制了"学优生"发言冲动的同时,很好地保障了"学困生"的学习。一般只要 2~3 次,良好的倾听习惯就会逐渐养成了。

3. 学会互相尊重

现在的家庭独生子女居多,这些孩子自我意识很强,但一般都缺乏交流和合作能力。表现在初一新生的第一次小组合作讨论课上,部分"学优生"总是显得异常兴奋,发言积极而杂乱。而那些"学困生"则往往默默无语。虽然同在一个小组,但如同分隔两界,彼此并没有合作关系。

此时就需要教师的引导,而笔者的做法是在投影仪上打出伏尔泰的这句名言"The ear is the way to heart"。英文版的名人名言还是很能吸引学生的眼球的,由此倡导学生学会尊重他人并静心倾听他人的发言也变得很容易让学生接受了。

二、勤于思考,深层探究,让思维活跃起来

香港大学校长张翔说过,受他父亲的影响,成为导师后,张翔同样喜欢学生"挑战"他,喜欢善于批判性思考的学生。

我们之所以对那些气氛非常热烈、学生异常活跃的小组讨论课堂提出"价值"疑问,就在于这样的讨论往往只是大家互相表述自己的想法而已,并没有通过倾听别人的发言来思考重组自己的思考,小组讨论只局限在了"相互说",并没有实现真正的"相互学"。

真正的学习是探究,是思考,是雕琢自己的思想。其过程应该是"你是这么想的""我是这样想的""原来事情是这样的"。这样的小组合作讨论往往看起来并不顺利,课堂也可能比较沉闷,但因为有了深入思考的过程,学习确实得以真正发生了。

课堂上安静了,认真倾听了,学生也就能够对别人的发言进行仔细的分辨,进而分析别人说话的意思,那么思考也就自然而然地发生了。所以,倾听和思考可以看成是一对孪生姐妹。

但作为我们小组合作课堂的讨论,我们的课题不应该是大家都懂、都会的内容,需要的也不是浅层次的思考。我们期望的思考是:别人的发言有没有值得我借鉴的地方?我有没有产生新的问题?怎么来解决个性的问题?我们追求的是学生思考与见解的多样性和差异性,期待每个学生在倾听、思考他人见解的同时,要致力于生成自己的理解。

所以,学生是否在思考,思考的层次如何,教师在其中要承担很大的责任:你预设的课题是否适合讨论?解决问题的思路是单一的还是多样性的?抑或是开放性的?每个层次的学生是否都能有自己的切入点?等等。一个有"价值"的讨论课题,必然是挖掘学生的深层思维,进而提出问题,并合作解决问题。而这才是我们小组合作的初衷,是学习本质的体现。

三、以学为本,深度对话,构筑有效合作课堂

小组合作课堂讨论是学生之间的互相引导、互相协作的过程,对话的内容也是重组后的思考。建立组内协作机制,探索人人发言机制是彩香实验中学能效 ACP 合作课堂的重点之一。

佐藤学多次说过,教师的责任不在于对教科书的处理,其责任在于在课堂中实现每一个学生的学习。这个理念在能效 ACP 课堂的体现就是要让每一个学生都能在小组合作课堂上表达自己的想法,或者很大胆地说出"这个我不懂"。

小组对话对于很多学校而言不是大问题,但对于以外来务工人员子女生源为主的彩中而言实现起来还是需要过程。其中最大的难点自然是让这些"腼腆的""未见过世面"的孩子开口说。

在笔者看来,温馨课堂的建立和真诚的人文关怀是极为重要的。

作为新生的适应性练习,一开始的话题总是比较轻松随意的,比如介绍一下自己的家和家乡。一位来自皖西边陲、大别山腹地金寨县的小女生就磕磕绊绊说了一句"我是安徽金寨的,我叫×××……"然后站着支支吾吾地再也不知道说什么好了。在一阵窃笑之中,后一位男生已经跃跃欲试站了起来。笔者制止了他,慢慢走到女生旁边:"哦,金寨啊,我去过几次,你们家乡有个很美的地方叫'天堂寨'是吗?"并用鼓励的眼神让女生继续这个话题说下去。受到笔者鼓舞的她果然有点放开了:"是啊,就在我们家不远的山里,但我也没去过……"好在笔者有所准备,立刻在投影仪上打出了几张前几年春节去天堂寨旅游时的美景照片,引起学生们的一片赞叹。小女生继续发言,从天堂寨讲到大别山,讲到了将军县……虽然只是寥寥几句话,但底气明显足了,也更顺畅了。万事都是开头难。笔者相信有了教师耐心的等待、倾听和鼓励,原本不善课堂表达的学生在收获了自信和成功喜悦的同时,会越来越放得开,也相信那些想抢先发言的学生在那一刻也学会了什么是尊重与倾听。

学习靠的是学生自我,更多的是应该依靠学生之间的合作与互助。小组合作讨论是一种互惠关系,各个层次的学生都能被惠及,这就要求他们都能积极参与。但实际上我们常会发现对问题越是不懂的学生越不想寻求同学的帮助,在小组讨论中他们更多是沉默,并试图凭借自身的努力摆脱困境。长此以往,小组合作讨论对这部分学生而言也就失去了价值。所以在小组合作课堂

中教师很有必要根据实际情况制定出一些合理的、科学的准则,以保证每位学生都能获得有效的学习。

就比如这些"学困生",其实他们绝大多数并没有"智力"障碍,也没有"学力"问题,一般都是小学的基础差异带来的弱势。虽然他们不善交流,但一般善于思考和探究,他们的见解往往也是更为宝贵的,一旦取得突破,前后必将判若两人。对于这部分学生,我们必须在规则上"推一把","强迫"他们参与小组合作讨论。

在小组分组上,要从科学角度出发有效分组。一是人数要少,这样一来,每个学生才会获得更多时间和参与度;二是尽量不设立小组长,每个学生在心理上是平等的,有利于大家都成为学习的主人翁,有效避免"有组长在,让他负责"的心理;三是组员性别尽量均衡,因为学生在确认意见时会寻找同性,有疑惑时会寻找异性,这样才会在小组对话讨论中获得心理安全;四是适时重组,只有做到"组内异质、组间同质",学生各有所长,或善于思考,或善于动手,找出各自的个性进行重组更有利于深层合作的开展。

校园开放日笔者曾陪听过一堂初二物理课,内容是研究"凸透镜的成像规律"。在小组合作探究的过程中,同学们通过实验对"由远处向焦点靠近的过程中成像越来越大"有了直观的认识,但有同学对"放在焦点上反而成不了像"难以理解:"明明成像越来越大,怎么会突然就没了呢?"对此,笔者并没有详细解释,要求组内自行研究。笔者看到身边小组的一位学生几何学得不错,很快画出了光路,并耐心向不懂的同学解释"这两条平行线在透镜另外一侧是不会有交点的,所以成不了像"。原本不懂的同学想了想,进一步思考后兴奋地说:"其实就是成像变成无穷大了,也就没了像了!"显然,同学们把抽象的数学概念形象化了。

看到这里笔者很欣慰:如果没有小组合作,这位同学最多也就是记住结论而不知其所以然,更不会有"无穷大"这样一个由抽象到形象的"互惠"理解了。

小组里的同学在展开彼此互动时,必须养成先同邻座同学商量的、如果解决不了再问教师的习惯。学生有他们的世界观和思想方式,由此取得的效果要比单纯靠教师讲解深刻得多。许多教师一旦碰到小组合作中不懂的学生的提问,便马上给予解答。其实,这样做,只能妨碍同学们合作学习的发展,是错误的。

传统小组讨论通常是一位学生代表发言,这样虽然效率高但内容显得较为单一,常常掩盖了小组中存在的"异见"。而人人发言机制能让每个人都讲一讲各自的观点,说错了大家一起纠正。这样既能培养每个人的思维表达能力,又能体现团队互惠的精神,让每一位学生都能从他人的见解中获益。但这个过程需要耗费较多时间,如何取舍是一个值得探索的课题。

静心倾听、深层思考、协作对话这三要素不应该被人为地割裂开来,而应该同步进行。在这个过程中,学生以往获得的片断经验可以在小组学习中被串联起来,并通过互相协作突破"最近发展区",冲刺挑战性问题。与上好课相比,教师更重要的其实是实现每一个学生的学习。这个过程中教师要排除个人主义竞争,保障学力暂时低下的学生参与的机会,使拥有多样能力与个性的学生共存共生、交流彼此的差异、最大限度地提升每一个学生的学习。

顾明远说过,很多表面很快乐的课堂,其实不快乐,因为没有探究活动。而我们的能效 ACP 课堂讨论或许节奏会很慢,或许会让听课者觉得平淡无奇,但我们认为真正的学习正是在这种安静、平淡的环境中发生,学生有更多的时间静听、思考和交流,最终得到的想法和成果也会更加成熟。

这才是真正有价值的小组合作讨论。

依托小组合作学习转化初中英语"学困生"

方 瑜

笔者现任教的初一年级因平行分班,面对的学生英语基础、能力存在差异。要获得最大化的整体教学效益,不能忽视"学困生"的存在。《义务教育英语课程标准(2011年版)》(以下简称"课标")指出:由于学生在年龄、性格、认知方式、生活环境等方面存在差异,他们具有不同的学习需求和学习特点,他们更需要关注和帮助。小组合作学习是在班级授课制背景上的一种教学方式,教师以学习小组为单位,通过指导小组成员展开合作,发挥群体的积极功能,提高个体的学习动力和能力,达到完成特定的教学任务的目的。小组合作学习的实施,为"学困生"的转化提供了新的思路和契机,教师的引导、同学的帮助,激发出"学困生"的主动性,形成一股合力,转化"学困生"的目标就能更有效地达成。因此,笔者拟通过此文浅谈依托小组合作学习转化初中英语"学困生"的方法。

一、走近"学困生"

英语讲授和学习之间、师生之间、生生之间都分别是一种合作关系。只有教师走近、了解"学困生",才能弄清他们后进的原因,提供个性化帮助。小组合作学习中组员之间也是一种合作关系,逐渐彼此熟悉、信任,为了一个共同的目标,分工协作,各尽其责,取长补短。依据马斯洛需求层次理论,"学困生"同样有安全上的需要、情感的需要、归属的需要、尊重的需要和自我实现的需要。他们只有感受到教师、同学对自己的关心、理解、尊重和激励,才能更积极、主动地学习英语。笔者通过实践、观察和沟通,了解到初中英语"学困生"后进的主要原因有:

① 小学未开设英语课导致零基础或基础不扎实。

② 家庭情况特殊,父母离异(或不睦),影响情绪;或者家中有人重病,无暇照顾;或者要帮父母照顾生意或弟妹,学习时间无法得到保证。

③ 自我约束力差,回家先玩手机或电脑,玩得太晚了就不做作业了,第二天到学校抄袭他人的或干脆不交作业。

④ 无法集中注意力,听课效率低,笔记记不全。

⑤ 学习方法低效,花很多时间背单词、课文,但快速遗忘,做题错误率高。

⑥ 对英语学习不感兴趣。

二、利用小组合作学习培养学习习惯

实施小组合作学习时,先把学生按"组内异质,组间同质"的原则每 4~6 人分为一组,组内存在"学优生"、中等生和"学困生"。"学困生"的问题大多是由非智力因素造成的,所以培养"学困生"学习习惯主要通过以"学优生"为主的帮助和全组学生互相督促来发挥作用。

1. 听课习惯

英语课堂上"学困生"常无所事事,游离在课堂之外,甚至睡觉、捣乱。授新课时,安排"学困生"坐在"学优生"旁边,作用有三:"学困生"可以"见习""学优生"英语课时的表现,潜移默化;听不懂教师指令或无法跟上板书、笔记时,"学困生"可以及时从旁参考、学习;课堂生生互动环节时,"学优生"在完成自己的任务后,对"学困生"进行一对一帮助;复习课或习题课时,"学困生"跟不上复习、讲评速度的,可以及时从旁参考;教师没有讲评的题目或者讲评过还不会的题目,"学困生"也可以从旁请教。这样可以改善"学困生"因听不懂、来不及、跟不上等原因,听了几分钟课就放弃听课的现象出现。课堂上尽量创设"学困生"能参与的环节,组内组长安排给他们任务,并且协助他们完成;教师提供机会让"学困生"参与小组展示,这样更有助于他们集中注意力,增加成就感和自信心。

2. 诵读习惯

"诵读"包括朗读和背诵,是一种把无声的书面语言化为有声的口头语言的活动。诵读教学是我国传统的语文教学方式之一,有助于培养学生的语感,提高学生的语言能力,在英语教学上亦适用。让"学困生"开口朗读是件难事,难在单词不会读,不愿多读。背诵可以帮助他们积累英语语言知识,提高英文素养,有助于写作能力的提升。培养诵读习惯单独靠"学困生"自觉是难以实现的,利用小组合作学习,"学困生"可以在组内同学的帮助下由自学到互学解决字词发音问题;组长及组内其他同学可以轮流辅导或检查"学困生"的诵读

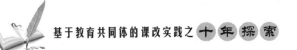

情况,在多对一的情况下,"学困生"的诵读频率和质量会得到提升。学生帮教、家长督促、教师检查三方面到位,"学困生"的诵读习惯可逐步建立。

3. 作业习惯

(1) 记作业的习惯

很多"学困生"少做、不做作业的原因主要有:不知道做什么、少记、书/练习册/讲义/试卷/作业本没有带回去等。所以把作业记全、要带的东西带回家是完成作业的第一步。

(2) 书写习惯

书写是否端正由态度决定,不论字体美丑,都要一笔一画认真书写,至少把字母、单词写清楚。"学困生"书写的单词能否被辨识、考试时卷面是否干净整洁,直接影响考试得分。书写习惯可以通过坚持练习得到提升。

(3) 独立完成作业的习惯

教师布置作业时,应考虑"学困生"能力有限,做适合他们水平的作业时,才可能做到独立完成。如果做超过他们水平的作业,结果要么是空着,要么是乱写或者是抄袭别人的答案。要求学生遇到有疑问的题目先写下自己独立思考后的答案,尽量不要留白,做好标记,课上听评讲或课后答疑;如题目不会做,就老老实实标注:不会。

(4) 复习的习惯

之所以把复习习惯放在作业习惯里,是因为英语学科复习应是每天必做的一项作业。很多"学困生"认为作业中"复习"那一项是忽略不计的。不复习,他们第二天会发现自己好像什么都没记住,学了等于没学,产生挫败感。根据艾宾浩斯遗忘曲线,其实这是所有学习者都会面临的问题,所以复习当天的学习内容对"学困生"而言必不可少,"学困生"应保证复习时间,增加复习频率。

在小组合作学习时,组长给每位组员安排任务,只有组员完成好各自的任务之后,才能保证小组的学习任务顺利完成,成功地展示学习成果,小组才能得分,否则不得分或被扣分。因此,"学困生"在组内是会受到来自小组其他成员的压力的。如果他们作业、书写、复习出了问题,会导致小组因他个人而扣分。通常学生对同伴的评价很在意,总希望被同伴接纳、认可。小组合作学习给予了"学困生"这样的机会和平台,平时受益于小组,"学困生"有归属感,为避免扣分会自加压力,做好自己该做的、能做的,其良好的学习习惯会在小组合作学习模式下改善和养成。

三、小组合作学习下的评价方式

评价体系包括形成性评价和终结性评价。对"学困生"的评价以形成性评价为主,关注他们在学习过程中的表现和进步,及时对他们给予肯定,激发他们的学习兴趣。在小组合作学习过程中,他们每完成一次互学、交流、展示、任务,获得一次加分,都可以体验到学习过程中的进步和成就感。

对"学困生"进行终结性评价时,建议在同质小组内。找与他们层次接近的学生结对或成组,作为合理"参照物",比较每天、每周、每月、每学期英语学习的效能高低,及时肯定进步或分析退步原因,并做出及时调整。如果把他们放在异质小组中比较,得到的反馈总是落后于人,而在同质小组中,他们可以有超越别人的成就感,落后时有奋起直追的希望。此种方式可以让"学困生"找回信心,提升动力,增强学习主动性。

四、小组合作学习助力学习策略提升

"课标"指出,教师要帮助学生有效地使用学习策略,因为它不仅有利于提高学生的学习效率,而且有助于他们形成自主学习的能力,为终身可持续学习奠定基础。

1. 背单词

(1) 扫除字母障碍

部分"学困生"对26个字母的掌握存在如下问题:辨识不出或写不全26个字母大小写;书写不规范,比如,两笔写成的t,连笔一笔完成,写得像字母e;形近字母混淆b与d、p与q不分,导致单词拼错,如hobby,拼成hoppy;字母发音不准确。所以首先要扫除其字母障碍。实践部分需要花费时间和实质性的同步指导,一个教师面对多个"学困生",一对多的模式显然低效。利用小组合作学习的方式,在异质小组中,扫除字母障碍的任务对于除"学困生"外的其他组员来说容易达成,因此,"学困生"可以获得多对一的即时帮助。

(2) 掌握单词拼写规律

部分"学困生"背单词时强记字母顺序,未掌握单词的拼写规律或者单词背出来了,却不会读。记忆无序字母需要花费很长时间,且易遗忘。背单词先学会读,将单词拆分成若干个音节,再按字母发音规律以音节为单位拼写出来。比如单词 development，可拆成 de-ve-lop-ment 四个音节，每个音节都由几个短小的字母组成，根据字母本身或字母组合的发音规律，更容易拼读、记忆单词。教学实践中这个过程需要教师示范，学生边读边反复尝试划分音节，逐渐总结字母或字母组合发音规律，不断复现、巩固强化。此非朝夕之功，在小组合作学习中，可以采用自学、"互学"和"群学"多种方式。组长安排"学困生"组内展示拆分单词音节和归纳发音规律，其他组员补充发言，在这种模式下，"学困生"不断尝试、调整、学习，最终掌握单词拼写规律。

（3）简化背诵要求

"课标"课程分级目标中，小学六年级应完成二级目标学习 600～700 个单词。九年级应完成五级目标学习 1 500～1 600 个单词。背诵这 1 500～1 600 个单词，在要求上对"学困生"有所简化，能省时高效。建构主义的学习观认为，学生并不是空着脑袋走进课堂，他们都有自己的学习基础和生活经验，要使学生更好地掌握知识就应该重视学生原有知识的挖掘和利用（张丽霞，2010）。筛选出他们已经掌握的单词，不再重复花时间复习背诵，每个"学困生"的情况不一样。将此任务分配给各小组，既能全组复习单词又能高效筛选出"学困生"已掌握的单词。余下未掌握的单词，按用途来区分背诵要求：听力训练中他们要听懂内容，所以要求听到高频词能及时翻译中文意思，侧重单词"音义"联系，而拼写不作为重点。阅读训练他们要读懂内容，所以要求看到高频词能明白中文意思，侧重单词"形义"联系，而读音、拼写不作为重点。写作训练中他们要把句子写下来，所以中文对应的单词及拼写必须准确，而单词的读音不作为重点。因他们能力有限，所以教师整体把握单词需要掌握到何种程度，指导他们按不同要求背诵高频词。对于这样个性化的操作，在小组内由组长或组员协助完成也是更为高效的学习方式。

2. 小组合作学习协助提升阅读理解解题技巧

"学困生"在答试卷上阅读理解部分时失分严重，往往是其随意选择选项造成的。实际上，如果他们能掌握阅读题型中部分题型的解题技巧，是容易得分的。在小组合作进行阅读训练时，组长可以根据试题的难度，分配给组员相应难度的试题进行个人讲解和组内讨论，既让他们参与训练思维能力、阅读能力和表达能力，又让他们获得被倾听、被认可的满足感，从而激发他们继续学习的动机。其他组员讨论其他试题时，他们可以学习别人的思维方式，有不明白的地方可以直接参与讨论。这种主动思考、质疑、获取信息的方式对提升他们的自主学习能力有益。

（1）图表题

（6分）School holiday activities at the library

	Activity	Cartooning with Eva Leung
	When	Tuesday 7 June, 9-11 a.m.
	Cost	$3.00 to cover the cost of art paper and pencils
	Who	5 to 8-year-olds
	Activity	Cartooning with Eva Leung
	When	Wednesday 8 June, 9-11 a.m.
	Cost	$3.00 to cover the cost of art paper and pencils
	Who	9 to 10-year-olds
	Eva Leung is famous for her cartoons published regularly in KIDStime magazine	
	Activity	Kite-making
	When	Wednesday 8 June, 2-4 p.m.
	Cost	$3.00 to cover the cost of paper, string and other materials
	Who	5 to 10-year-olds
	Activity	Kite–making
	When	Thursday 9 June, 2-4 p.m.
	Cost	$3.00 to cover the cost of paper, string and other materials
	Who	5 to 10 – year – olds

（1）Who is this poster for？_____
  A. Cartoonists. B. Librarians. C. Writers. D. Children.
（2）On which day are there two different activities？_____
  A. Monday. B. Tuesday. C. Wednesday. D. Thursday.

图一　中考英语试卷局部（一）

如图一所示，这是2019年苏州市英语中考阅读理解第一篇。第1题，指导他们看题中关键词Who，读懂题目后教师问这张海报是给谁看的。然后到原文中去找相应的内容：标题School holiday activities at the library（学校假期在图书馆的活动），加上表格中四次出现Who这个关键词，分别对应5 to 8-year-olds三次，9 to 10-year-olds一次，这些年龄都指孩子，所以选D。第2题，指导他们看题中关键词on which day和two different activities，读懂题目问哪一天有两项不同的活动。然后到原文中去找相应的内容：四个活动时间Tuesday，Thursday各出现1次，Wednesday出现2次，一项是Cartooning with Eva Leung，另一项是Kite-making，符合题意，所以选C。对"学困生"来说，图表题的文字较少，只要能读懂题目，耐心细致地寻找符合题意的信息，一般都能做对。

（2）能根据题中关键词或词组在原文中找出对应语句的细节理解题

D

Lizzie's diary from Antarctica(南极洲)

Day 3: Tuesday   December 2

　　We planned to go to Rothera that morning. We'd be staying there for the next two weeks. Because Antarctica is the windiest place on earth, sometimes you can't fly at all.

　　We had a nervous wait over breakfast to find out if we'd be leaving that day. People have to stay in Stanley for weeks while the pilots wait for good weather.

　　It turned clear at 9:30 and we took off at 10:30 on a little red plane called a Dash-7. But even when we were in the air, there was still a chance we wouldn't be able to fly the whole day.

Day 4: Wednesday   December 3

　　After waking up in the Antarctic for the first time today I can understand why everybody who comes here falls in love with the place. It is really beautiful.

　　We're staying at Rothera Survey base with mountains of ice all around. It's about minus 2℃ today, which for me is very cold, but the regulars(常客)here are often seen walking around in T-shirts!

Day 5: Thursday   December 4

　　I woke up to another beautiful sunny day here in the Antarctic. I'm told it's a bit colder today, about minus 5℃, but it's not very windy so it feels warmer. Those of us who are new to the base have to do a special training course before we're allowed to go off base to other stations or to go snowboarding over the nearby hill.

Day 7: Saturday   December 6

　　Not a cloud in the sky and it's warm enough to sit outside(in a jacket).

　　The most amazing thing about this place is how the scenery(风景)changes every day. At first I thought I was going mad. I'd step outside in the morning and think, "I'm sure that big mountain of ice wasn't there yesterday." It's because the sea ice is always moving — slowly thankfully!

34. Lizzie sat outside wearing a jacket on ＿＿＿＿＿.

　　A. Tuesday　　　　B. Wednesday　　　　C. Thursday　　　　D. Saturday

图二　中考英语试卷局部(二)

　　如图二所示,这是2017年苏州市英语中考阅读理解第四篇。第1题,指导他们看题中关键词 sat outside 和 wearing a jacket,到文中找到与这两个关键词组直接相关的一句话:Not a cloud in the sky and it's warm enough to sit outside (in a jacket).这句话出自"Saturday"那一段,所以选 D。像这种细节题,即使题中出现了他们不认识的单词或词组,或读不懂原文中的句子,不过,只要耐心地去原文找到关键词或词组的出处,还是可以选出正确答案的。

　　(3) 排序题

D

　　Imagine having a ear made out of an apple. It seems like a crazy idea from a horror movie. But it could happen in the near future.

　　Canadian biophysicist Andrew Pelling used an apple to grow a human ear. He think fruit and vegetables can be used to cheaply repair human body parts in the future.

　　Scientists have been trying to grow organs(器官) in labs to replace our old ones. But it is a hard job. For example, liver cells(肝细胞) can grow in a lab, but he cells still need things like blood vessels(血管) to actually work．These things have to grow inside a scaffold(支架).

　　In the past, scientists have used man-made materials, animals parts and even dead people as scaffolds. But that has proved to be difficult and expensive.

　　Pelling and his team, however, found the apple to be a cheap and easy-to-use scaffold.

　　They first cut an apple into the shape of an ear. Then they used a special way to take out the apple's cell and make it a scaffold. The team then added human cells to the apple, and watched it grow.

"You can **implant** these scaffolds into the body, and the body will send in cells and a blood supply and actually keep these things alive," Pelling said during a Ted Talk speech.

The team put the apple scaffold inside a living mouse and the mouse's cells slowly took over the pieces of apple.

Now Pelling is thinking of other fruit, plants or vegetables to use.

He says that the shape of flower petals could be perfect for repairing skin. And asparagus(芦笋) could fix a broken spine(脊柱).

Now, Pelling and his team are trying hard to put these crazy ideas into reality.

44. Which is the right order of making an ear out of an apple according to the passage?
  a. put the apple scaffold inside a mouse
  b. add human cells to the apple scaffold
  c. cut an apple into the shape of an ear
  d. make the apple ear a scaffold
  e. take out the apple's cells in a special way
  A. a-b-c-d-e   B. b-c-d-a-e   C. c-e-d-b-a   D. c-d-a-e-b

图三 中考英语试卷局部（三）

  如图三所示，这是2017年连云港市英语中考阅读理解第四篇。做排序题，指导他们根据题目中a到e五个句子，到原文中去找与之对应或相像的句子。原文中这五个句子集中出现在第六段和第八段：They first cut an apple into the shape of an ear. 对应(c)；Then they used a special way to take out the apple's cells 对应(e)and make it a scaffold. 对应(d)；The team then added human cells to the apple, and watched it grow. 对应(b)；The team put the apple scaffold inside a living mouse and ……对应(a)。找出这些句子后，按照它们在文中出现的顺序，答案选C。

  以上三种题型都可以归纳为细节题。细节题是"学困生"在词汇量、句型结构、理解能力有限的情况下，通过掌握"寻读"的解题技巧，比较容易得分的题型。从细节题入手，提高阅读理解的正确率，对提升他们阅读的信心和兴趣有很大作用。而推理题和主旨题，需要他们具备联系上下文、通读全文后把握概括文章主旨的能力，这要通过更长时间的系统练习。可以根据他们掌握的词汇量，选择合适的阅读材料进行练习，不要过早地进行限时训练，而要给予他们足够的阅读、分析和解题时间，循序渐进提高速度，增强自信。

3. 小组合作学习益于时间管理

  笔者观察发现，"学困生"比其他学生有更多空闲时间。默写时，别的学生跟着教师默写，他们因为不会默写，就在座位上等大家默写完。做课堂练习或考试时，别的学生都在奋笔疾书，他们几分钟就做好了，因为不想做或不会，所以就空着，等下课。下课后，别的学生忙着问问题、订正，他们好不容易熬到下课,一打铃就溜之大吉了。不管课上课下,如果没有有效的时间管理,他们花在英语学习上的时间很有限。

教师可以以周为单位,给"学困生"布置额外具体的任务,比如,一周背多少单词;每个单元背多少基础词组;如果课文背不下来可以划重点句型背简化版;练习哪些题目必须弄懂。明确任务后,默写时,"学困生"应提前在本子上写好中文,默写教师专门布置的内容;做练习或班级测试时,把能完成的部分完成就交掉练习册或试卷,继续完成教师额外布置给他们的任务。下课后,如果遇到疑问,可以及时问同学。小组合作学习时,整个小组的学习节奏由组长调控,组长负责给组员分配任务,协调组员之间的讨论,解答组员提出的疑问,如果无法解决,则转而寻求教师的帮助。因此,教师向组长、"学困生"明确课堂上"学困生"的时间应该如何分配更为高效,组长在课堂上及时对"学困生"如何利用时间进行监督,让"学困生"学会有效地管理时间,把"坐等"变成"实干"。

五、小结

"学困生"是存在于课堂的特殊群体,教师应了解他们的个体差异,最大限度地满足其个体需求,激发他们学习英语的主观愿望,鼓励并帮助他们自我实现。小组合作学习模式给师生之间架起了一座桥梁,在教师的指导下,有了小组这个缓冲地带,身处其中的"学困生"可以消除面对教师和全体同学时的紧张,在组长和组员的帮助下,发现自身问题,及时寻求帮助与合作,尝试参与体验,勇敢交流展示,最终呈现在教师和同学面前的是更好地表现、更强的自信和更理想的自我实现。

叶圣陶"引导自学"教学思想与能效ACP课堂模式的融合研究

施 静

长期以来,我国基础教育领域的"填鸭式"现象严重。在这种传统的教学模式下,教学变得越来越具有功利性,学生越来越缺乏创造力和对未知知识的渴望,我们培养出来的学生更多只会简单地复述和背诵,而缺乏应有的质疑和批判精神。新课程改革对传统教学提出了巨大的挑战。其核心是如何以学生为主体,着眼于培养学生素质的全面发展,培养学生的综合素质、合作意识、创新意识和实践能力。

正是在这样的背景之下,苏州市彩香实验中学在不断探索和借鉴其他学校成功经验的基础上,开始全面推行一种能效ACP课堂教学模式。经过学习和研究,我们惊喜地发现,能效ACP课堂教学模式与叶圣陶"引导自学"重要教学思想,有着深刻而紧密的内在逻辑联系。叶圣陶教育思想为我们能效ACP课堂模式提供了坚实的理论基础和思想引领,让我们的课堂模式实践研究目标更加明确,方向更加清晰,行动更加有力。

一、叶圣陶"引导自学"的三阶段理论与能效ACP课堂模式概述

(一)"引导自学"的三阶段理论

叶圣陶在1940年撰写的《精读的指导——〈精读指导举隅〉前言》等文章中完整论述了"引导自学"的过程,他认为"引导自学"可以分三段:预习、讨论、练习。正因为它科学、实用,所以至今仍被很多教师奉为"经典"的教学进程。

(1)预习

什么是预习?叶圣陶说过,预习不过就是让学生先尝试着对要学的课文进行一番翻查、分析、综合、体会、审度。

(2)讨论

讨论是教师引导学生在预习的基础上,围绕学习内容开展学生之间、师生

之间的多项交流与合作研讨,使学习得到深化的阶段。叶圣陶强调,预习之后,上课的活动,教学上的用语称为"讨论",预习得对不对,充分不充分,由学生与学生讨论,学生与教师讨论,求得解决。应当讨论的都讨论到,须待解决的都得到解决,就没有别的事了。

通过讨论,学生的思维处于亢奋的状态,相互碰撞,容易激发出智慧的火花,形成独到的见解。同时,他们的主体性在互助和研讨中也得到了充分的发挥。

为了保证每个学生都能积极参与到讨论中来,并且有所收获,学生的预习工作首先必须做到位。这是接下来的讨论有意义的前提。此外,还得在平时使学生养成讨论问题、发表意见的习惯。

(3) 练习

练习(历练)是综合运用阶段。叶圣陶非常注重"历练"环节,他认为只有通过反复的历练,学生才能将学到的知识化为自身的能力,才能养成良好的阅读习惯。

最后是考查。考查实际上是教与学的双向反馈和调整阶段。考查前,叶圣陶说:"在学习的过程中,匀出一段时间来温习以前读过的,这是个很好的办法。"

"引导自学"是一种教学方法,更是一种教学思想。"引导自学"的重要意义在于,能够解决学生学习中的现实问题,包括学生不愿意学、不会学习、有依赖老师习惯等诸多问题,因而是实践性很强的教学论。本质上,教学的问题是学的问题,而不是教的问题。教师不是教某门学科,而是教学生学某门学科。学才是教学的关键,以学为核心,探讨教学的方法,无疑找对了方向。

(二) 能效ACP课堂概述及"六步三查"课堂流程

1. 能效ACP课堂的含义概述

A:active,即主动,教学的目的是要让学生积极主动地参与到学习过程中来;

C:cooperation,即互动,教学过程中一些问题需要学生通过小组互动合作探究完成;

P:presentation,即展示,教学过程中在完成小组合作探究后展示合作探究的成果。

2. "六步三查"课堂流程(以数学课为例)

(1)"六步"

第一步:预习。

放学前,教师下发导学案,学生回家后根据导学案进行自学。预习要求是:先阅读书本(包括例题)。阅读时注意划出重点概念、公式并理解记忆,在重点例题旁边可做标记,有疑惑的部分也可在书本上标出。阅读教材后独立完成导学案指定的内容,即 A 完成问题导学、典题训练和拓展提升部分,B 完成问题导学部分和典题训练部分,C 完成问题导学部分及典题训练的部分题目;

第二步:合作(组内小展示)。

每组六个人分成 2A、2B、2C,然后再由 1A、1B、1C 分别组成一个讨论组。每个讨论组先由 B 对 C 展示,A 在边上指导,找出问题;同一组内的两个讨论组的问题由组长组织交流;教师在巡视时指定分工,也可按照顺序轮流展示。

第三步:展示(班内大展示)。

负责大展示的学生一般是 B 或 A,当然也可以同组由两个人一同完成展示。展示开始时说:"我代表第×组进行展示";展示结束时说:"我的展示完毕,请其他组点评、质疑";站姿要面对足够多的学生,声音要响亮,可以边讲解边用彩色粉笔做勾画或画图;

第四步:点评。

针对各组展示情况,学生可以自由点评。本小组点评补充,同组点评同一个问题最多两次;其他小组成员点评。最后由教师针对展示中存在的共性问题、重难点等进行点评。

第五步:反馈(课堂小结、达标测评)。

通过前面的小组学习与展示,学生回到座位整理导学案,梳理本节课的学习内容和回顾学习目标。整理、梳理结束后,教师引导学生对本节课内容进行总结或知识框架的构建并让得分最少的小组进行展示,其他小组补充、总结。完成导学案上的"达标测试"部分。

第六步:汇总(记录得分,整理导学案)。

教师在学生做达标测评时根据各环节的计分,核算每个小组的总得分,结束前进行简单点评。副班长下课时将分数填在纸质记录表上。

(2)三查(三次学情调查)

一查:在学生"独学"(预习)时;二查:在组内小展示(合作)时;三查:在整

理导学案、达标测评(反馈)时。

（三）能效 ACP 课堂和叶圣陶"引导自学"思想的高度契合之处

笔者认为能效 ACP 课堂和叶圣陶"引导自学"思想的高度契合之处发挥学生主体作用。

（1）明确学习目标，让学生学有动力

能效 ACP 课堂教学模式和叶圣陶"引导自学"的三阶段理论都重视在课前让学生充分预习。预习的最大优点就是让学生带着目标和疑问来进行课堂学习，这样在学习时做到有的放矢，学习的过程变得更有动力。

（2）教给学习方法，让学生学有所法

两者都强调学生通过讨论、思考，得出结论，"学而不思则罔，思而不学则殆"，只有把学习和思考相结合才是比较好的学习方法，才有助于学生把知识内化为自己所掌握的内容。

（3）提供展示舞台，让学生兴趣高涨

能效 ACP 课堂教学模式和叶圣陶"引导自学"的三阶段理论都强调教师不能"一言堂"，要发挥学生的主观能动性，给学生充分展示自己的舞台，在课堂上学生敢说敢讲，让学生充分参与到课堂活动中来，从而调动学生的积极性。

（4）即时评价反馈，让学生学有激情

课堂上，能效 ACP 课堂教学模式和叶圣陶"引导自学"的三阶段理论都要求教师还对学生的表现给予及时的评价和反馈，这就让学生时刻保持对知识的渴求和激情，从而使得课堂气氛活跃，上课效率提高。

二、能效 ACP 课堂模式运用效果调查

在苏州市彩香实验中学 2015 级初一年级学生进行了一个学期的小组合作学习之后，学校对初一年级的学生和教研组全体教师进行了问卷调查。这一届彩香实验中学初一年级一共有 382 名学生，全体学生均参与了调查。根据学生问卷调查的统计结果，大致可以把能效 ACP 课堂模式的运用效果归纳如下。

（一）学生的学习兴趣提高

经过一个学期的小组合作学习，有 72.3% 的学生表示对学习有兴趣，经过进一步调查我们发现，学生的兴趣点主要来源于小组讨论环节、教师点评环节和小组活动环节。由此可见，小组讨论时学生之间思维的碰撞能够激发学生

的学习兴趣(图一、图二)。

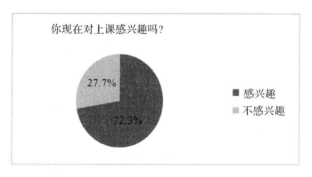

图一　学习兴趣显示图(一)

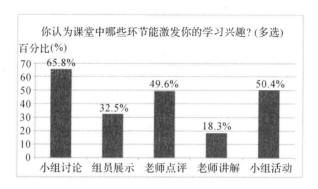

图二　学习兴趣显示图(二)

(二)学生课堂参与度提高

传统课堂教学模式中,学生上课的主要任务是认真听讲,偶尔回答教师的提问,这样就容易造成学生课堂参与度不高的情况。而能效ACP课堂模式使得学生主动或被动地参与到课堂教学中来。例如,小组讨论环节要求每个组员都参与讨论,得出一个小组内部较为一致的结果,如果有学生参与讨论不积极,则会受到其他组员的提醒。此外,传统教学模式通常是教师问、学生答,而在能效ACP课堂模式下所有学生都参与到课堂讨论中来,展示环节中,除了负责展示的学生,也同样需要负责补充和点评的学生。从学生的主观能动性来说,如果积极参与课堂教学活动,就能够为自己和所在的小组争取更多的得分,这就给了学生极大的动力参与到课堂教学活动中来。根据问卷调查数据我们发现,上课愿意并经常举手发言的学生占到了96.2%,这充分说明进行能效ACP课堂模式后学生课堂参与度提高效果显著(图三)。

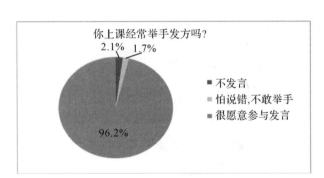

图三 学生课堂参与度显示图

(三) 学生团队合作意识增强

在能效 ACP 课堂模式下,学生不能"各自为政",也不能"各人自扫门前雪,莫管他人瓦上霜",因为一个人的优秀并不能直接决定一个小组也优秀,能效 ACP 课堂模式强调的是小组的整体表现和成绩。这就要求在小组中,"学优生"要想办法带动"学困生",特别是组长和副组长首先要起到模范带头作用。而对于组内表现一般的学生,也要进行提醒和帮助,督促不自觉的学生积极参与到课堂活动中、认真完成回家作业等。"学困生"也要想办法提高自己各方面的表现,因为小组的分数是靠每个组员的分数相加,如果一个人的分数过低,是会影响整个小组的最终成绩的。此外,根据加德纳的多元智能理论,几乎每个人都有不同于他人的优势和特长。能效 ACP 课堂模式要求小组中的每个学生在参与小组活动时,把自己的优势和特长挖掘与展示出来,每个组员如果都能展示某一方面的特长,那么小组整体就可以堪称完美。同时,在这个过程中,学生的团队意识有意无意地得到了增强。

(四) 学生的语言表达、自主探究、逻辑思维等能力得以提高

根据问卷调查结果,我们发现 67.3% 的学生认为自己的语言表达能力得到了提高,69.2% 的学生认为自己的自主探究能力提高了,73.4% 的学生认为自己的逻辑思维能力提高了(图四)。小组讨论时需要用语言进行表达和沟通,当组内各成员对某一个问题意见不一致时也需要借助语言说服其他组员相信自己的论点,同时,代表小组进行展示时仍然需要组织严谨的有逻辑的语言来表述小组的观点,这些行为都能促使学生的语言表达能力大大提高。在小组合作学习的课堂中,教师不再单纯扮演传道授业者的角色,而是通过设置不同的问题让各个小组参与讨论,学生在讨论的过程中,会针对教师提出的问题进行发散性思维,而且会因为讨论一个问题而引发出其他问题,这些问题的

出现需要同学们通过已有的知识进行判断或者在不具备该知识储备的情况下通过查找资料等途径进行解决,这些行为都使得每个学生的自主探究能力得以提高。在小组合作学习的课堂中,教师上课时设置的问题通常是具有一定思辨性的,学生在讨论时,一般需要运用到"是什么—为什么—怎么办"这样的过程来分析和解决,作为初中生,几乎没有经历过专门的逻辑思维训练,但是在小组讨论时回答"是什么""为什么""怎么办"这三个问题的过程,已经在无形中提高了他们的逻辑思维能力。作为组长,需要组织小组讨论、协调组员关系、统筹小组讨论时间及发言顺序等;作为组员,也要积极配合组长,处理好与其他组员的关系等。要形成一个和谐的小组人际关系和氛围需要靠这个小组每个学生的努力,就需要运用到他们多方面的能力。

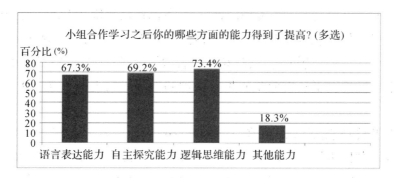

图四　学生能力提高情况显示图

王韬在上海格致书院的教育实践

吴 韵

　　王韬(1828—1897),出生于苏州府长洲县甫里村(今苏州甪直),晚清著名文人、思想家。

　　上海格致书院(今上海格致中学的前身),筹办于1874年,由传教士麦都思的儿子、英国驻上海领事麦华陀提议,经英国传教士傅兰雅、伟烈亚力和中国科学家徐寿、招商局总办唐廷枢等筹建,1876年正式开办。格致书院是中国第一所专门研习和传播西方自然科学的新型学校,经费自筹,教学专重格致。其办学宗旨是为了宣传西学和推动中国知识分子与普通民众学习西学的热情。

　　在王韬主持格致书院之前,上海格致书院主要由麦华佗、傅兰雅、徐寿等中西人士共同主持,日常事务多由徐寿负责。格致书院在1879年秋开始招生,在招生告示上要求,一为学西国语言文字者,本书院延有名师,朝夕课责,来学者每岁纳四十金,本书院供给饮食……一为讲求格致实学者,本书院于算学、化学、矿学、机器之学皆有专家,其考据书籍、器具亦皆罗列。来学者先纳三百金,三年学成后,原银仍交该生领回,学未三年,不成而思去者,其银罚充公项。由此可见,书院主要招收两类学生,一类是学习外语;还有一类是学习格致,即自然科学,主要开设矿物、电务、测绘、工程、汽机、制造等课程。同时,书院还定期举办科学讲座。

　　从1886年开始,王韬应邀主持上海格致书院。在上海格致书院,王韬将自己的改革教育的主张付诸实践。在这里,他改革了学校教育制度,实行了班级授课制、考课制;改革了学校教育内容,设置了一套合乎近代教育制度的课程,将西学、西政、西哲引入了学校教学内容,学生在这里不仅要学习西方的自然科学和技术,还要讨论时事;延请关心西学、热衷洋务的朝廷大员和社会名流为学校的季课命题、批阅试卷,从而对国家政策产生影响,发挥教育的政治和社会影响的作用,在社会上造成了极大的反响。秉承着格致书院的传统,今天的上海格致中学继续发扬"格物致知,求实求是"精神,形成"和谐发展,理科见长"的教学特色,上海格致书院的学生在我国的各类数学、物理和化学竞赛中屡屡获奖。

具体来说,王韬在上海格致书院的教育改革主要有:

一、采用班级授课制与分科教学法

王韬接掌上海格致书院后,极力支持分班教学,为了筹集经费、聘请教习而四处奔走,一边向盛宣怀等人请求出资支持书院教学,一边向他西游过程中结识的西方人士发出邀请来书院讲学,又在报纸上宣传、鼓吹格致之学对国家的富强和个人的生活与前途的重要意义,终于在格致书院成功开办了一个比较正规的教学班,学生人数大约为21人,王韬称之为"学塾",傅兰雅称之为"较高程度的科学学习班"。

这种教学班的授课形式采用班级制,教学活动按学科分门别类地进行。在这种科学程度较高的学习班中,既不教授四书五经,也不传授宗教教义,只教授外语和自然科学等西方学科。这样的教学内容使王韬所创办的科学程度较高的学习班与旧式书院、教会学校有了明显的差异。在这种科学程度较高的学习班中,学生成绩都较为优异,许多学员毕业后成了国家需要的人才,其中以数学人才居多。这种科学程度较高的学习班虽然规模不大,且断断续续不甚成功,但在当时是有创见性的,为之后的近代教育采取分班教学提供了一定的引导价值。

除了开办了一个比较正规的教学班外,1895年起,王韬还开办了函授性质的成人夜校班,主要学习应用型的自然科学知识,所学内容有数学、矿务、电务、测绘、工程、汽车、制造等。

二、创立考课制

在近代学校教育的前提下,王韬结合书院自身的特点,吸收西方的教学经验,同时在傅兰雅的建议和支持下,创立了一种新型的考试制度——考课制,傅兰雅称之为"Chinese Prize Essay Scheme"(中国有奖征文竞赛)。考课制是由傅兰雅倡议、王韬实际操作的一种考试制度。考课原指旧式书院每年按季度进行的诗赋时文考试。从1886年起,格致书院每年举办四季考课,后来每年又增加特课两次。

格致书院季课特课的命题主要围绕西方科学技术知识与时事洋务,不涉及四书五经的内容,命题内容力求"实用"。王韬自己并不参加考课的命题,他只是设计一个命题范围,然后邀请有影响力的人士来命题,命题人皆为通晓中西的开明官绅及当时著名的熟悉洋务者,如李鸿章、曾国荃、刘坤一、沈秉成、盛宣怀、薛福成、郑观应等。

此处,以李鸿章在1889年为春季特课的三道命题为例:

"问'大学'格致之说自郑康成以下无虑数十家,于近今西学有偶合否?西学格致始于希腊之阿庐力士托德尔(即亚里士多德,笔者注,下同),至英人贝根(即培根)出,尽变前说,其学始精,逮尔文(即达尔文)、施本思(即斯宾塞)二家之书行,其学益备,能详溯其源流欤?"

"问各国立约通商本为彼此人民来往营生起见,设今有一国欲禁止有约之国人民来往,其理与公法相背否?能详考博征以明之欤?"

"问印度近来追求茶利,不遗余力,幸茶味不及华产,是以销路未广,一时尚难与中国敌,唯印商近以华茶掺和,印茶冀畅销路,始则华多而印少,继则华少而印多,中国茶利后此必为所夺,能预筹防弊之方欤?"

此三题中,第一题是中西学比较问题,后两题则紧跟国内外局势,分别涉及美国排华运动和中印茶叶竞争问题,体现了书院考课命题围绕实学和时务的特点。学生在考课题目的引导下,以西学为利器,紧跟国内外大事,大胆剖析中国社会存在的现实问题,为中国走上富强之路出谋划策。命题者也可以从中得到解决问题、做出决策的启发。

参加季课、特课者围绕这一命题完成后,再由王韬组织评阅,通常是先由命题人来阅卷,然后由王韬亲自逐张评阅,并加上总评和眉批。最后,由评选委员会选出获奖者,并发给奖金作为鼓励。考课自王韬执掌书院起,年年举行。王韬还将优秀课卷编为专集,名为"格致书院课艺",给社会上关注格致之学和关心时事政治的人作为参考,同时扩大书院的影响。格致书院通过考课制发挥了有效的社会作用,部分地实现了王韬本人"为天下画奇计,成不世功"的人生目标。王韬创立的考课制在当时的影响很大,直到王韬去世后,格致书院仍然实行考课制,但是其影响不如以前了。

三、免费开办科学讲座

此外,王韬还与傅兰雅合作在上海格致书院采用讲座的形式宣传西学,

1890年,英国格致家白尔顿也计划在格致书院举行科学讲座,"以便众人观听而增识见",只是未及开讲,不幸病殁。1895年,在傅兰雅的主持下,书院于每周六晚举办夜校,内容涉及矿务、数学、工程、测绘、制造等,"讲堂内总是挤得满满的"。后来,美国传教士帕克也在格致书院开办讲座,每周一讲,内容有电力、数学、美国政府、美国教育和西方国家妇女地位及时事。这些讲座全部是免费的,其意在于进行科普教育,培养中国民众对西学的兴趣。

四、将直观教学方法引入课堂教学

王韬在格致书院的教育改革除了采用了近代化的教学形式外,还采用了新的教学方法。格致书院除了采用传统的讲授式教学法外,还引入参观、实验等直观教学法,以科学实验及演示为重要教学手段。例如,栾学谦是书院主讲化学的教师,其授课之法是一面讲解化学理论,一面进行化学实验。《格致书院教演化学记》一文中详细记载了当时栾学谦在课堂上所做的氢、氧反应的实验过程。傅兰雅曾亲自观摩了栾学谦的化学实验课,慨然叹曰:"所试各事,颇觉得法!"实验法和演示法在当时的社会条件下无疑是一种新颖的教学方法,这种教学方法比单纯的口头灌输更易于加深学生对西学的理解和认同。

五、将西政、西哲引入学校教学内容

王韬在主持格致书院期间,扩充了西学的内涵,他延续格致书院开院初期已有的西方语言文字的教学和格致之学,之后又增设了"西政""西哲"等科目,使书院的教学内容独树一帜。对中国近代学校教育制度的建立和发展起到了重要作用。

在他主持格致书院期间,王韬规定格致书院的学生要学习研究"西政",以其不足为我所警,以其精华为我所用,扩充了教学内容。格致书院考课的命题可以证明这一点。在一次季课中有这样一道题目:"考泰西于近百十年间,各国皆设立上下议院,藉以通君民之情。其风气几同于皇古。《书》有之云:'民惟邦本,本固邦宁。'又曰:'众心成城。'设使堂帘高远,则下情或不能上达,故说者谓中国亦宜设议院以达舆情采清议……其果有利益欤?或有谓行之既久,不无流弊,究未悉期间利害若何,能一一敷陈之欤?"从题目来看,这一题是要求考生对西方设置议院的做法做出评价,并结合中国国情讨论设议院的利弊。如果考生对西方政治学说和政治制度有一定的研究,并关心时事,

是不可能回答出来的。

王韬在格致书院的教学内容中引入"西哲",表现为自然科学教学中渗透着西方哲学的方法论,提倡研究方法应注重实证,反对凭空捏造,主观臆断。例如,在教授自然科学知识时,采用实验法,让学生可以在实际操作中掌握自然科学的精义。王韬在格致书院的教学内容中引入"西哲",还表现为在书院的藏书楼有许多介绍西方哲学思想的书籍,供书院的学生阅读。前面提到的李鸿章的考课命题也说明了西哲已成为书院的教学内容之一。

由于王韬的贡献,上海格致书院被当时的先进人士作为新型学校的样板,早期维新人士薛福成在宁波道台任内就仿照上海格致书院创办了宁波格致书院,康有为特地托人介绍拜访王韬,参观格致书院,吸取办学经验;《格致书院西学课艺》被梁启超列入《西学书目表》,在维新期间多次刊行,成为宣传新思想和科学知识的重要读物。王韬在格致书院的改革是他教育思想的最高成就。

参考文献

[1] 格致书院招致生徒启[J]. 万国公报,第一一册:6819.

[2] 王韬. 格致书院课艺[M]. 上海:上海书局石印本,1894:2.

[3] 郝秉键. 上海格致书院及其教育创新[J]. 清史研究,2003(3).

(此文节选自《王韬教育改革思想与实践研究》,已收入《聆听苏州教育的脚步声》一书,并于2015年获得苏州市教育史志研究成果评比一等奖)

小组合作促进学习可见

汤晶晶

一、学习可见的概念

学习可见包括两个方面:一方面是指让学生的学对教师而言是可见的,确保教师能够明确辨析出对学生学习产生显著作用的因素,也确保学校中的所有人都能够清晰地知道他们对学校学习的影响;另一方面还指让教学对学生而言是可见的,从而使学生学会成为自己的教师。

二、学习可见的必要性

1. 学习可见有利于教师的教学

教师要想有效地教学,不仅要研究教材,更要研究学生,所以作为教师,也要学习和研究。作为教师,我们要从五个维度进行深入的发展与学习:具备深厚的知识,理解所教学科;引导学生学到所需的表层和深层知识;成功地监控学习并提供反馈以帮助学生取得进展;注意更多影响学习态度方面的因素,尤其是发展自我效能和掌握动机;提供其教学对学生的学习产生积极作用的确凿证据。当教师基于上面的框架,成为自己教学的学习者之后,就会对学生的学习产生较大的效应。

2. 学习可见为学生终生学习打下坚实的基础

学习可见也是培养学生学会成为自己的教师。在我们的常规教学中,虽然提出了以学生为中心、教师为主体,但是教师在学生学习任务的安排中占据主导作用,学生主要是完成教师布置的任务,而对自己的学习思考得少,或者对自己学习的目的、目标比较模糊。这样的问题和现象也许在初高中不会爆发,但是当学生升入高等学校学习时就突显出来。在没有教师的强压下,在没有家长的管束下,学生出现了迷茫、远离学习的状态。这往往导致许多学生具有"空心病"。

教育社会学上有这样的一个例子:孩子就像一个空盒子,孩子通过外部学习获得的知识、荣誉等都是加在盒子外面的重物,而盒子内部则是学生内在的品格及自我修炼的过程。如果孩子只是获得外部的供给,而没有内部的修炼,那就会患上"空心病",终有不堪重负的一天。因此,学习可见就很重要,它强调学生学习的同时还要加强学生自我能动性的培养。在教学过程中,要帮助学生明确学习目标、树立学习标准,同时培养学生学会自我调节、自我监考和自我评价,最终让自己成为自己的教师。只有当盒子内部被填满之后,学生的精神和内心是丰满的,这样才能够承受或者面对外部的压力。

3. 小组合作促进学习可见

我们学校开展的小组合作可以有效地促进学习可见,主要表现在:① 导学案的设置让学生明确学习目标和达标标准;② 小老师的培养让学生试着以教师的身份去讲解问题,同时也能从学生的角度去帮助其他同学解决疑难问题;③ 小老师的展示,让学生增强自信,提高自我效能感;④ 小组团队合作的培养,帮助学生们提前接触团队的配合,让学生自己去思考和学习。

通过学校的训练,教师可以在小组的活动的过程是看到学生的学习,获知和理解学生的学习,然后有针对性地为学生的学习做一些事情,帮助他们建立自己的学习能动性。

小组合作下的初中物理教学

祁鸿杰

一、学习小组的划分

任何形式的小组合作学习首先都要对学习小组进行合理的划分，绝对不能随意或盲目分组，而是要严格遵守一定的原则，进行综合考虑，选择最优、最平衡的组合方式。

笔者所教班级的小组基本都是由6人组成，如果小组人数太多，就不利于组内管理，而人数太少，则会导致小组过多，从而不利于班级管理。6人一组既能做到两两对学，又能三三群学，其形式比较多样，能更好地调动起学生的学习积极性。这6人的小组，除了按照学习能力、学习基础划分之外，还要综合考虑文理科差别、男女比例、性格差异（内向、外向）、动手能力等因素。而且经过一段时间（例如经过一学期）之后还可以根据学习的具体情况进行调整。只有在科学合理的分组下，才能充分发挥出小组合作的作用，让学生在合作中取长补短，提高学习效率，共同进步。

二、导学案的编制及使用

在小组合作学习模式下，教师和学生实现了传统课堂角色的转换，把学习的主体地位还给学生，教师成了引领者。要做到这一点，必须加倍注重学生的课前预习，不能像传统意义上的预习一样把课本看一遍就完事了，所以仅仅依靠一本物理书就远远不够了。在这种情况下，苏州市彩香实验中学物理组立足于教材和课程标准，通过编制导物理学案来引导学生做好课前预习和课堂上的小组合作学习。

彩香实验中学物理导学案的编制以课时为单位，每一课时可以分为以下几部分内容：

1. 学习目标和重点难点

在某些物理课时中可以按照具体情况设置分层的学习目标。一级目标是每一位学生都要掌握的基本目标,二级目标是难度提高的选择性目标。例如在"密度知识的应用"这一课时中,就可以将"已知质量、体积,求密度"和"根据密度判断物体的种类"归为一级目标,而将"利用水和容器等器材求另一种液体的密度"等列为二级目标。

(1)课前预习

这部分是利用小组合作学习模式提高课堂学习效率的关键和基础。首先,导学案的课前预习部分要求每个小组成员独立完成,可以起到培养学生自主学习和探究知识的能力。这部分学习不采用分层,主要按照教材上本课时的主要学习内容进行编制。将学生在日常生活中比较常见的情景引入课题,以此激发学生的学习兴趣,有助于帮助学生养成仔细观察日常物理现象的好习惯。例如,在学习物态变化蒸发时,可以让学生在手背上涂一些酒精后说一下皮肤有什么感觉,吹一口气后再描述感受,与此同时,观察所涂酒精的变化,最后再进一步思考产生这些现象的原因。这样一个简单的课前小实验每个学生在家都能够独立完成,非常贴近生活实际,能够很自然地引入课题并激发学生的学习兴趣。在设计实验的过程中以问题为导向,并且这样的问题不是彼此孤立的单个问题,而是一连串的层层递进的问题,这样就能更好地引导学生进行有效思考,从现象到本质,最终以物理规律、物理原理为落脚点。对于一些陈述性的知识点,例如,光在真空中的传播速度是多少?可以直接以填空的形式让学生到课本上找答案,提前记忆,不需要教师在课堂上再做过多的重复,既提高了效率,又节省了后续的课堂时间。学生经过导学案的课前预习,不仅对下节课所需要掌握的主要知识有了基本了解,更重要的是,通过对问题的独立而全面的思考,能更好地把握这节课的重点和难点,特别是把握了课前自己还没有理解的、有疑问的内容。这样,就能在接下来的课堂上更高效、更有针对性。所以在课前,教师需要对学生的预习作业进行认真批阅并打分,从而更精准地把握课堂——这里所说的课堂包括课堂上的小展示、大展示和点评等环节。

(2)课堂学习

课堂学习毫无疑问是教学的关键环节。在彩香实验中学的小组合作学习模式下,课堂学习既能让小组成员交流课前预习的成果,又是合作学习的主要阵地,也是每个学生在全班展示自己的舞台,最终达到完成学习目标、巩固重点和难点的目的。课堂学习主要分以下几个步骤:

① 组内根据教师所批改过的课前预习的题目进行两两对学和整组讨论小展示。这一过程的时间一般控制在5分钟左右。其中，在两两对学时，组内3个物理学习成绩较好、能力较强的同学，和3个学习成绩相对较弱、学习能力相对较差的同学结对，主要解决一些知识性的、难度较低的一级目标问题。组内小展示时重点讨论整个小组中错误率较高、难度较大的二级目标问题。

② 教师根据所批阅的全班课前预习和组内小展示的具体情况，组织进行第一轮班级大展示。这一环节控制在5分钟左右，展示主要针对课前预习中的一些容易解释的问题，或者生活中的一些小实验，以及从实验中比较容易观察到的现象。例如，在学习重力的相关内容时，观察在地球上，扔出去的物体最终都往哪个方向掉落？（可以边做实验边说明）由于需要展示的问题比较简单，所以这一环节教师尽量让学习成绩和基础相对较差的学生上讲台展示。展示结束后，教师必须从各个方面加以肯定和鼓励，给予更多正面的评价，包括给个人和所在小组加分。这样可以让更多的学生参与到课堂中，既能加强其自信，也能培养其学习兴趣。坚持一段时间之后，这部分学生的学习能力和学习成绩会有较为明显的提高。

③ 全组成员在组长和副组长的带领下共同合作完成导学案上的课堂学习部分。这部分学习内容是这节课的重点和难点，包括教材上的实验和结论等内容，所以组内讨论时间会比较长，至少需要10~15分钟。（时间的长短主要取决于实验的复杂程度）分组实验，观察并记录实验现象，数据填充，完成作图，最后通过分析总结得出实验结论，总结物理知识。首先完成实验和讨论总结的小组还要准备好第二轮的大展示，包括各自完善导学案内容，组长分配大展示的任务，接受任务的组员还要组织好语言，力求做到言简意赅，节省时间。

④ 教师根据课堂学习内容，组织第二次班级大展示。这次大展示全班一同解决，讨论本节课的重点和难点，是整节课最重要的一次展示，用时10~15分钟。（用时多少与点评提问环节有关）例如，在这一轮大展示时，小组可以根据本组的具体情况安排2~3个同学同时上台，这样既提高效率，又让更多的组员参与其中，得到锻炼。例如，在展示"观察水的沸腾"的相关知识中，可以3位组员同台，一位展示实验器材和实验操作的注意事项，一位说明实验现象及通过实物投影仪展示导学案表格中的温度计示数变化，还有一位通过温度、时间图像总结水沸腾的特点及其条件。三位组员团结协作，各司其职，层层深入。如果是展示计算题或者作图题，可以由一位同学在黑板上写计算过程或

画图,另一位同学进行同步讲解和分析。接着是其他小组的同学对此进行点评,点评时可以发表不同观点,也可以对展示的同学进行提问。台上的同学可以接受或反驳这些点评。当争执不下时,就轮到教师做最后的点评。这一环节起到画龙点睛的作用,帮助学生解决疑难杂症,再次突出重点。

⑤ 当堂反馈。这是课堂学习部分的最后一个环节,主要以导学案上的适当题量的练习为主,起到巩固、提升作用。练习可以包括选择、填空、实验、计算等多种题型,分为基础题和拓展题,以体现分层教学。如果时间不够,教师可以运用PPT在教室里的屏幕上进行全班抢答。每一个环节教师都要以对学生的过程性评价为主,结果性评价为辅,还要对个人和每组分别进行打分。

小组合作学习模式增强了学生学习的主动性,学生从"要我学"变成"我要学",形成了合作的观念,在提升了整个班级凝聚力的同时,还增强了学生相互之间的竞争意识。学习基础薄弱的同学在组员的帮助下一步步建立学习信心和学习兴趣,成绩的提高也是水到渠成的事。学习能力较强的学生在原来的基础上提高自学能力,在帮助同学的同时,对课本上的物理知识形成更深层次、更清晰的理解。组内小展示和全班大展示还能锻炼全班同学的语言表达能力与应变能力。笔者决定在今后的物理教学中,针对不同类型的课时,灵活运用小组合作学习模式,继续完善,使我们的物理课堂教学效率得到进一步提高。

运动与快乐齐飞翔
——谈初中体育课的愉快教学

金 超

在学校体育教育改革实践中,"愉快体育"一词已经出现了很久。简而言之,愉快体育是指在运动的过程中获得快乐与成功的体验。日本学者认为愉快体育是重视每一个不同运动所独具的乐趣,并可以愉快地从事运动的学习,把运动中内在的乐趣作为目的和内容来学习的一种活动。愉快体育从终身体育和个人发展需要出发,从情感教学入手,对学生进行以健全的人格教育、身体教育为目标的一种体育教学思想。愉快作为一种理论或教育思想,其核心是如何通过采取各种措施,力求使体育教学达到"乐教乐学"的完美境界。愉快体育注重从情感入手,优化学生"好动"的心理状态,培养学生的非智力因素,发展学生积极、主动地开展自我身体练习和自我教育的内部机制。它为全面提升学生的综合素质和面向未来的体育教育改革提供一个新的认识视角。

一、愉快体育教学模式与传统教学模式的区别

(一)"愉快体育"教学的特点

世界各国快乐体育理论基本起步在一个相近的年代,虽然它们有不同的理论根据与实践方法,但有大致相同的指导思想。各国愉快体育教学具有以下五个共同特点。

① 把学习体育知识、技能和身体锻炼建立在自身的愿望、需要和对社会的责任感的基础上。

② 在进行体育教学时把运动的乐趣作为目的和内容,即在获得健康身体的同时,得到精神上的愉悦。

③ 以浓厚的兴趣、持久的意志、适宜的学习方法支配和调节体育学习与健身行为。

④ 把智力活动和体育活动结合起来,主动发展体育能力,以培养能独立

从事体育活动的能力。

⑤ 在整个教学过程中,注重思维的积极参与,注重调动学生欢乐和愉快的情绪,使学生受到尊重。

(二) 两种教学过程模式的区别

在传统的教学过程模式中,教学目标由教师预测和制定,通过指导学生的行动去达到,它侧重于追求对运动技术的掌握,注重技术的构造,在教学过程中,教师处于主动地位,学生被动接受,整个教学过程就成了一种"以掌握技术为前提,以形成记忆和重复练习为手段"的教学过程。"练"的过程统制了"学"的规律;"教"的尊严掩盖了"学"的意义;学习气氛容易沉闷,学习动机不易诱发,限制了学生的主动性和积极性。

愉快体育教学过程模式则强调学习目标与学生能力的一致性,这不仅包括学生的身体发育水平和技能基础,更重要的是追求心理上的愉悦,从而使学生进一步加深对运动乐趣的理解和感触,提高学生自由地享受运动乐趣的能力。这种能力的增强,表现为对运动项目产生强烈的欲望。愉快体育教学主要包括以下几方面内容:① 竞争的乐趣。在各个项目的体育教学中,教师组织水平接近的小组开展争先恐后的竞赛,在竞赛中体现这一特色;② 胜利的乐趣。在各自所喜爱的项目练习中,学生达到自己的目的,实现自己的愿望,能从自身的进步中得到满足;③ 成功的乐趣。在学习复杂、难度大的动作时,让学生在运动过程中自己解决问题,提高分析问题的能力,更好地掌握动作,享受到成功的喜悦;④ 情感满足的乐趣。在体育教学过程中充分发挥体育项目广泛、动作丰富多彩、具有强大艺术魅力的特点,使人身心愉快,让学生享受到情感满足的乐趣。

二、实行愉快教学的即时意义

在体育传统技术教学中,以学生掌握动作技能为目标;在教学方法上以技术教学为中心,通过"教师讲解示范—学生模拟操作"的形式进行。由于体育教学存在教材老化、评价方式单一、教学手段及方法呆板、过多追求动作技术的精细等不利因素的影响,因此,体育教学容易忽视学生的身体素质发展与心理需求的满足,造成教学内容枯燥无味,学生学得很多,可是掌握得很少,常常出现上课就是练技术,学生很少体验到体育运动带给他们的快乐和成功。部分学生选择某个体育项目其目的只是为了更容易通过考试,且学习的被动性太强。传统体育教学必须向"愉快体育"转化,让学生在体育教学中体验竞争、胜利、成功、情感满足带来的快乐。其实在体育教学的许多环节上,比如教材的安排、目标的设立、进度的选定、器材的改造、教师的态度、师生关系、教学环境与课堂氛围等方面,只要教师安排恰当,认真准备,都能够给学生带来这些愉悦的感受。

(一)激发体育学习的动机

体育教师应当设法激发学生学习的欲望和热情,使学生以积极的心理状态参与到体育教学活动之中,体验体育运动满足的喜悦,进而逐步形成正确的学习动机。学习基本技术之前,利用理论课介绍一些该项运动的基本知识、基本特点、起源、发展、世界级比赛和一些国内外著名的体育运动员所取得的成就和他们的特点,或播放比赛录像,组织学生观看校内外的比赛,综合讲述体育运动对强身健体、培养个性、建立良好的人际关系、加强社会交往的作用等,使学生对体育运动项目有一个初步的了解,产生一种跃跃欲试的感受,增强学习动力,培养良好的学习动机,激发学习兴趣。

(二)建立体育教学目标

体育教学目标建立得是否适度,可以影响学生是否具有成就感,过低的学习目标不利于体育技术的学习,而目标过高则很难达到,容易让学生产生挫折和自卑感,进而影响学习兴趣。所以体育教学目标的建立要考虑教学目标的灵活性与弹性,使每个学生能在不同水平的层面上找到适合自己完成身体练习的满足点。从以增强体质为主,转向强调发展个性、能力、品德、智力、体力的全面发展,也就是说,体育教学既要注意发挥其发展体力的生物学功能,还要注意发挥其社会学功能。

(三)更新体育教学观念

要把教学的中心从以教师为主转向以学生为主,实行以教师为主导与以学生为主体相结合的新型教学模式。只有承认学生是学习的主体、学习的主人,才能真正实行以教师为主导和以学生为主体,才能建立起真正的民主、平等、友好的师生关系,创造一个宽松、愉快的学习环境,使师生之间和谐共处、情感交融。

(四)安排合理教学内容

只有根据学生的实际情况和具体的教学内容,安排满足学生不同层次的需要,才能激发学生的学习动机与学习兴趣,调动学生的积极性,引发愉悦的情绪。针对此教学目的,安排体育教学内容时既要依据教学目标的要求和实际的情况,安排多个"教学亮点",还要考虑学生的主观需要和兴趣。在教材选择上应在丰富多彩的前提下做到精简和特点突出。因此,教师应对教学内容及教材进行加工筛选,抓住关键技术,简化技术结构环节,降低规则标准,使学生在比较宽松的环境下全身心投入体育运动中,促进教师教的质量,提高学生学的效果。

（五）改进教学方法

新颖的体育教学方法是实现体育教学目的的重要手段和基本途径,是教师有意识地引导学生掌握体育知识、技术和技能的方法。因此,从灌输式的教学,转向启发式的创造教学,实现多样化和科学化。启发式的教学没有固定模式,只要是从实际出发、灵活运用、最大限度发挥学生的创造力和潜力的教学方法,都可以运用。在练习中,教师与学生一起参与,教师可以起到一种表率和临场指挥的作用,有利于师生思想感情的沟通和提高学生的学习兴趣。例如,在教学比赛中,教师与学生同场献技,更能激发初中生的争强好胜心理,从而激起他们对体育运动更浓厚的兴趣。这样做,既能满足学生与教师交流运动技能、沟通思想、互相取长补短的愿望,又可通过教师的言传身教为学生树立良好的榜样。

（六）更新教学组织

我们应该从以往的模式化、强调纪律为主的组织方式转向多元化,追求轻松、愉快、活泼的"自由式"教学,还给学生一个广阔而又自由的空间,扬弃传统的三段式教学,以往的严肃有余、活泼不足,不能充分调动学生的积极性和学习兴趣的课堂环境,变为活泼、向上、充满朝气的课堂环境,即为"严而不死,活而不乱"。课堂组织形式生动活泼,教法灵活多样,这样才能保证每堂课学生都有高涨的学习情绪,全身心地投入练习中。例如,在每次实践课的准备活动中,结合每次课的教学内容,创编简单徒手操和游戏,以满足学生求新、求美、求乐的心理要求。同时身体素质练习可以以游戏的形式进行,消除学生在素质练习中的枯燥感,这样既可以收到更好的练习效果,又可以调节氛围。

（七）注重教师的内外素养

一个高素质的、德才兼备的体育教师,既有对学生终身的身心影响,又有对学生健康成长发展的积极影响。强烈的责任心、精简的语言、轩昂的气质、健美的体魄、得体的服饰,都能给学生带来一个良好的心情,容易引起学生的注意及情感的投入。同时,教师及时了解体育的发展方向,加强知识更新,认真学习新的教学法和教学理念,钻研体育教学理论,摸索出一条符合现代教学理念的新的教学途径,以适应时代发展的需要。

总而言之,"愉快教学"旨在激发学生学习的欲望和热情,使学生进一步加深对运动乐趣的理解和感触,以积极的心理状态参与到体育运动中去,提高学生自由地享受运动乐趣的能力。愉快教学的实施,需要合理安排教学内容、建立合适的教学目标,不断更新体育教学观念,改进教学方法、教学组织,提高教师的内外素养,创造一个宽松、愉快的学习环境,使师生之间和谐共处、情感交融。

(二) 课改感言：燃起奋斗之情

一抹飞鸿惊煞人

——苏州市彩香实验中学校教改掠影

邹全红

全国首届青少年创客比赛暨第七届青少年机器人比赛一等奖；
江苏省金钥匙科技（化学）竞赛二等奖；
苏州市第十四届中小学生田径运动会初中组团体总分第二名；
苏州市中学生"三话"（苏州话、普通话、英语）比赛一等奖；
苏州市第十四届国际跳棋比赛几乎包揽各奖项前三名；
苏州市中学生社团比赛"十佳社团"；
…………

最近，苏州市彩香实验中学校喜讯接踵而至，捷报纷至沓来。回溯近十年彩香实验中学取得的这一项项骄人的业绩，一般学校实难望其项背。那么，究竟是什么原因使得彩中人华丽转身、声名鹊起的呢？

下面，就让我们一起走进彩中校园探奇觅胜吧！

一、课程：一花独放不是春，万紫千红春满园

走进苏州市彩香实验中学，你可以嗅到诗词文赋的清香瑰丽，你可以听到器乐歌曲的宛转悠扬，你可以看到艺术画室的个性张扬，你可以感受到文体活动的丰富多彩……

学校遵循学生成长的规律，以个性发展为方向，提供多元厚博课程。目前，已经初步形成三大特色校本课程：厚德课程（限定拓展课程）、厚悦课程（自主选择课程）和厚蕴课程（校本特色课程），真正使校本课程系统化、多元化。

同时，学校更加注重课程实施的品质与成效。聘请校外十多位专家，开设

了国际跳棋、中国象棋、航模、魔方、机器人、未来工程师、烘焙、昆曲、舞蹈等特色课程活动。学校定期组织学生参加阅读节、艺术节、科技节、体育节活动。目前,学校已形成了科技、棋类、社团、足球等特色教育。

学校高度重视学生科学素质的培养,全面普及科技特色活动,使科学教育贯穿于学科课程、活动课程和育人环境之中,并借助科技节开展丰富多彩的科技活动,给每一位学生搭建自主创新舞台,提高他们学科学、用科学的积极性。

营造棋类文化氛围,打造魅力棋韵校园。学校兴建了国际跳棋、中国象棋、围棋等专用教室,同时,在校园里围绕"棋"字还精心设置了四个园子——奇思妙想园、出奇制胜园、乐在其中园、运筹出奇园,努力创造良好的棋文化育人环境,通过棋类教育来开发学生智力,磨炼学生意志,完善学生人格,陶冶学生情操,全面提升学生素质。

缤纷社团活动,培养全面人才。学校目前有48个社团,每个学生都可以找到适合自己的社团。丰富多彩的社团活动分别为学生提供了一个个展示自我的平台,充分发挥了学生的想象力和创造力,提高了学生对时代信息的把握,提升了学生的竞争力。

提高校园足球普及水平,奠定足球发展人才基础。学校每周每班级开设1节足球课,每周开展3次以足球训练为主题的大课间或课外活动。学校现为苏州市首批"全国青少年校园足球特色学校"和"欧亚校园足球促进会会员单位"。

二、课堂:沉舟侧畔千帆过,病树前头万木春

为谋求教学质量的提高,苏州市彩香实验中学以江苏省"十二五"重点规划课题《初中能效ACP课堂的实践研究》为引领,大刀阔斧地进行了课堂教学改革。他们打破传统课堂教学模式,积极尝试进行小组合作学习。以"生本教育"为理念,打造孩子喜欢的厚乐课堂。

能效ACP课堂让学生的学习积极性、主动性和学习潜能得到了极大释放,"要我学"变成了"我要学","教师"变成了"学长";合作共赢的小组团队意识、与人为善的共同提高,使得"个人学"变成了"大家学","教室"变成了"学堂";合作互动的学习小组、主动积极的质疑点拨,使得"老师教"变成了"我来教","讲台"变成了"舞台";丰富多彩的选修课程、科学灵活的评价机制,使得"教什么"变成了"学什么","教案"变成了"学案"。

学校自2014年11月实施能效ACP课堂教学改革以来,实验成效显著,精彩纷呈。先后吸引了浙江桐乡求是实验中学、湖州第十二中学、常州市朝阳中学、镇江实验初级中学、泰州第二附中、木渎实验中学、浙江衢州教育访问团、昆山国际学校、吴江同里中学、太仓明德中学、常熟孝友中学、扬州竹西中学、北京市丰台区长辛店第一中学、宁夏银川中学等十多所学校和教育访问团慕名前来参观、学习。

三、文化:随风潜入夜,润物细无声

走进彩香实验中学,你会深切地感受到这里优雅的育人氛围,触摸到她令人怦然心动的脉搏,嗅到她扑鼻的芳香,感受到她的包容与和谐。学校浓郁的文化气息、幽雅的校园环境令人沉醉流连,如同穿行在书林画卷之中。

走进彩香实验中学,文化踪迹随处可觅。笑脸墙——以全体教职员工的一张张笑脸拼成的一个个"爱心"图案;诚信小屋——存放日常学习用品、图书、雨伞等,方便学生借用;班级文化展示墙——设置在每班教室前面,由学生亲手设计,并定期更新;教育箴言长廊——学校教师的教育箴言都展示在教学楼过道两侧;学生作品展示——校园内到处都悬挂着在校学生的优秀书画作品;棋盘摆布——供学生休憩的小园中,摆布着几方棋盘,学生随时可以对弈;镌刻的"三字经""弟子规"——给人心灵的滋养;姹紫嫣红的樱花、红枫大道——令人赏心悦目;厚德楼、厚学楼、厚问楼、厚行楼等教学楼与办公楼的重新命名;等等。

孩子如"种子",文化似"土壤"。在彩香实验中学每间教室外的墙面上都赫然悬挂着班牌。班牌上有班级的"全家福"、班名、班级简介、班级口号、班主任寄语、班级荣誉等内容。踏进教室,每个小组围坐的桌面中央都摆放着学生亲手制作的组牌,组牌的内容包括组名、组训、组规、组花、组徽、组歌、小组口号等。文化是学校的DNA,沉淀在学生的血液中,就会转变为自觉行为。在彩香实验中学,可以看到学生的自我管理与约束能力,班组凝聚力,竞争与合作意识及自我实现意识,积极向上、奋勇争先精神比过去任何时候都显著提高。

学校不仅重视显性文化建设,而且十分注重隐性文化的发展。"为学生终身发展奠基"是我们的办学宗旨;"办老百姓喜爱的、有品位、有特色的优质初中校"是我们的办学目标;"厚道"(厚为人之道,厚职业之道,厚办学之道)是校训;"厚德明道"是校风;"厚爱博学"是教风;"厚学乐行"是学风;"合作学

习、幸福成长、超越自我"是他们的形象口号。

优雅的人文环境为学生的全面发展奠定了坚实的基础。如今的彩香实验中学已成为莘莘学子追逐梦想、抒写人生传奇的神圣殿堂。

四、评价：便觉眼前生意满,东风吹水绿参差

走进彩香实验中学,我们不难发现：在能效ACP课堂中,学生与同伴合作学习的种种表现均被视为评价内容,主要涉及预习、合作、展示、点评、反馈、纪律等方面。

除对学生"课内评价"外,学校还积极尝试对学生进行"课外评价"。主要涉及学生各类各级竞赛获奖、好人好事、卫生值日、遵守纪律等方面。学校对学生的评价,不仅指向学生学习表现（智育）,还关乎学生的德、体、美、劳等方面。学校对学生及小组进行量化积分,实施日评价、周评价、月评价和学期评价。在每周的升旗仪式上,学校对脱颖而出的个人和小组及时进行表彰与奖励。初中三年,学生及小组一律实行晋级制。

对小组进行评价,每周每班评出周魅力小组和周进步小组;每月每班评出月魅力小组和月进步小组。对小组评价实行晋级制：厚学小组—厚问小组—厚德小组—厚道小组。对于每学期每班表现最优秀的小组成员,除给予其精神奖励之外,学校还组织他们有选择地开展了免费观看电影、获赠图书、游览名胜、户外实践、跟校长共进午餐和合影留念等一系列的有益活动。

对学生个人评价,每月每班评选一次"校园之星"之"常规之星"（10个）：管理之星、合作之星、展示之星、点评之星、勤奋之星、进步之星、礼仪之星、卫生之星、劳动之星、纪律之星。每学期每班评选一次"校园之星"之"特殊之星"（5个）：学习之星、体育之星、艺术之星、社团之星、阅读之星。学生个人评价依据各自积分可以到学校德育处兑换相应的学习、生活用品。同时,参与晋级：厚学少年—厚问少年—厚德少年—厚道少年。

重构学生评价体系,聚焦学生核心素养,这是培养"全面的人"的需要。不忘初心,"向着明亮那方"进发。彩香实验中学适切的学生评价体系,正引领着学生学会自主学习,自主探究,自信展示,快乐分享。

"一切为了学生,高度尊重学生,全面依靠学生。""生本教育"的理念在今天的彩香实验中学已经落地、生根。在这里,我们欣喜地看到学生真正"动"起来了,课堂真正"活"起来了;看到了学生的潜能,学生的学习天性,学生自身的学习资源;看到了全面依靠学生的威力;看到了每一个学生体验"成功"的喜悦;看到了学生的学习生活不仅丰富多彩,而且充满智慧、力量和人格精神;看到了核心素养教育已经悄然走进了课堂……我们有理由相信彩香实验中学正在实现着著名教育家夸美纽斯在《大教学论》中所提出的,但还没有实现的理想:"找出一种教育方法,使教师因此可以少教,但是学生可以多学;使校园因此可以少些喧嚣、厌恶和无益的劳苦,独具闲暇、快乐及坚实的进步。"

语文组教师课改感言

课改最终的着眼点就是课堂教学,最终的落脚点就是教学实效,所以,无论是什么课,我们都需要思考如何更有效教学。

——张 寒

课改不是改课,而是改学生的状态、教师的理念。课改是实现教育理想的一种途径,也是促进教师成长的一个舞台。

——洪 英

学习是同新的世界的"相遇"与"对话",是师生基于对话的"冲刺"与"挑战"。挑战学习的孩子是灵动的、高雅的,而且是美丽的;冲刺与挑战的课堂学习,才是润泽孩子心田的、闪耀光辉的课堂!

——周 俐

小组合作学习让课堂变得生机盎然,如果之前的课堂是枯黄的一丛草,现在的课堂就是争艳的百花;之前的学习,学生更多的是等待老师的讲解和答案,现在的学习,更多的是主动探究思考质疑。在新课堂中,不是没有老师,而是人人都是老师;不是老师没有讲,而是每个"老师"都在讲。在新课堂中,学生不再只是知识的容器,而是在参与过程中吸取知识,探究真知的求知者。

——蔡晓兰

自从开展了"ACP"课改活动,学生对于语文的学习积极性变浓厚了,体现在人数的增加上、讨论的热烈程度上、展示的有效性上……总之,他们的自信心在增强,语言表达和组长的组织管理能力也得到了提升。由于经历了合作讨论探究,甚至是争论,加之老师适时地点拨、纠正、提升,师生都会留下深刻的印象,学生学习成绩与各项能力都有提升;而老师则能更有针对性地设计组织教学,从而大大提高了教学实效……真正向教学相长的境界又迈进了一步!

——顾红蓓

几年课改,让我更加笃信,成功的秘诀只有一个字,那就是——"信"!我以为,"信"至少有三层意思。第一,信心。除了相信自己外,更要相信学生。每一个学生都是一粒饱满的种子,有着无限的可能性。第二,诚信。学习共同体离不开合作,而合作的先决条件就是诚信。第三,信仰。生活不只是眼前的苟且,还有诗和远方。既要埋头拉车,也要仰望星空。

——张来群

课改是改变学习方式,让学生会学习,主动去学习。"ACP"是每一个孩子的展示舞台,他们在其中改变、成长。

——王维亚

课堂改革进行得如火如荼,自从我入校执教以来,已经经过了三个月的时间。课改给课堂带来了活力,给学生带来了自信。于学生来说,增强了学习的主动性,使学生从被动学习变为主动学习;对老师而言,更是要利用一切资源提高学生的兴趣,同时,努力提高学生的成绩。让学生在快乐中学习,在快乐中成长。

——沈心玥

课改的最大收获是什么?是教师自我的重塑,是学生自我的反省!

——程 岚

语文课堂要实现教学目标,必须以合作探究为教学手段。通过合作探究,老师改变了讲解与分析为主的课堂,将学生推到了课堂主人的地位,能够充分发挥学生语文学习的积极性、主动性,可以开发学生学语文、用语文的智慧潜能,提高学生的能力,从而有效地培养学生的创新精神和实践能力。

——杜琳洁

让学生想一些,让学生说一些,让学生做一些。

——黄珊珊

课改,给老师指明了教育的方向;课改,给学生搭起了展示自己的舞台。

——朱小云

花朵因春雨而绽放,课堂因开放而精彩。挑战知识我进步,挑战课堂我自信。瞬间的展示,永恒的收获。

——张 奕

课改感言:课改改的是教师的理念和学生的状态;课改是实现教育理想的一种途径,也是促进教师成长的一个舞台。

——徐 芳

课改丰富了课堂形式,给了老师和学生更多的可能。在课改中,师生并肩前行,终有所获。

——潘　漪

课改是大势所趋,人心所向。让学生真正动起来,才是课改的终极目的。我们任重道远啊!

——周泽迅

数学组教师课改感言

给孩子一些权利,让他们自己去选择;给孩子一些机会,让他们自己去体验;给孩子一些困难,让他们自己去解决;给孩子一些问题,让他们自己去找答案;给孩子一片空间,让他们自己去发展。

——蒋云霞

人人都是老师,处处都是讲台。

——顾　越

生生互动巩固知识,师生互动提升能力。课改是一个只有起点没有终点的过程。

——季　菊

"ACP"解放老师,发展学生!课改活跃课堂气氛,提高学生能力!

——张　盛

"ACP"课堂,彰显老师智慧,绽放学生个性;学生领学,化被动为能动。

——杨爱霞

课改改变了教师的教学方式,改变了学生的学习方式,改变了对学生的评价方式。

——方剑影

内因是事物发展的动力,课改能激发学生的兴趣,提高学生的积极性,学生会主动地学习。

——冯丹冰

课改使教师、学生思维活跃,能够发现问题,越来越变得阳光、聪明,把人性凸显出来。课改改变了学习方式,让学生学会学习、主动学习。

——潘　懿

让不同层次的学生都有所收获,分成学习小组通过生教生、师教生、生帮生、师帮生自主与合作学到的知识记忆深刻,领悟透彻。

——赵　悦

通过课堂展示引导学生树立自信心,重新认识自己。

——高东安

课改点亮了学生的心智,唤醒了学生学习的动力源!

——何　佳

课改者,智教师、能学生、活课堂也。课改就是让我们不要总是带着孩子们跑高速,要陪着他们沿途慢慢看风景。

——高　悠

课堂因课改而精彩,学生因课改而成长,教师因课改而提升。

——陆　娴

课改必须从理性走向悟性!

——张海萍

生活因展示而精彩,课堂因交流而快乐,自主是学习之本,快乐是课堂之魂。

——郑　勉

真正悦纳学生在课堂中的学情,并用智慧的方式帮助他们实现自我突破,是教师对学生最深刻的尊重。

——周　欢

英语组教师课改感言

课改是对思想的激活、心灵的洗涤，散发着无穷的魅力与活力。在新课堂中，孩子们才真正成为探究真知的求知者。

——王梅毅

课改点醒了学生的心智，唤醒了学生的学习动力。

——陈　婧

课改使得一部分原本上课思维游离的孩子可以回归课堂，使得中游的孩子加强了练习度，使得优秀的孩子有机会展示自己，变得更加自信。

——许蜚蜚

课改是让课堂成为学生展示风采的舞台。

——王　艳

人人是老师，处处是讲台。

——张　桦

课堂改革因学生的参与而活跃，知识因生生的互动而巩固，能力因师生的互动而提升。

——端木岚

课改使学生个性得到了张扬，他们觉得自己受到了尊重，在课堂上找到了自己的发言权，有机会展示自己的聪明才智。正因为这样，我和孩子们的心贴得更近了。

——汤丽艳

我们的课改探索方法和规律，交流观点与思想，展示智慧与胆量，收获自信与成功。

——龚礼行

学生的参与成就了老师的成功,成功的老师在不断地提升学生的能力。

——颜妍霞

新的思想促进新的行动,新的行动带来新的发展,新的发展结出新的硕果。

——宋红卫

政治组教师课改感言

这种模式增进了同学们相互认识、相互交流、相互了解的机会,也有利于培养学生的自主性和独立性。因为课改,学生有机会大胆地站在讲台上展示自己真正的风采。

——王　瑾

"小组合作"模式让学生在课堂上有了更多的发言权,每个人都有机会发表自己的观点和看法,我非常享受我们现在的课堂。没有学案制哪有学生亮出风采的时候;没有老师的备课,哪有学生大胆体会的瞬间;没有学校的课改,哪有学生敞开心怀,大胆、自由地展现自我。什么是课改?说实话,课改对老师而言就是要利用一切可利用的资源,在提高学生学习的兴趣的同时,提高学生的成绩,并让同学在快乐中学习、成长。

——吴晓红

彩中"ACP"课程改革得到全体教师和学生的积极配合,我在教育教学实践中,也积极探索,努力把"ACP"课程改革与政治教学相融合,以学生的"学"为立足点,发挥"教"为"学"服务的功能,把教法建立在学法的基础上,激励、组织、点拨、引导学生,教会学生如何学习和思维,培养学生的自学能力,做学生学习的"领路人"。

——谢　芳

能效ACP课堂在彩中如火如荼地开展着。在如今的课改课堂上,作为教师的我是组织者、参与者,学生是课堂的主人;学生自主学习,去获取知识;学生探究合作,去解决问题;在课堂展示时展示自我风采。我个人认为,课改的成果最直观的就在孩子们一张张生机勃勃的笑脸上,一次次生龙活虎的表现上。

——肖　叶

春风化春雨,润物细无声。老师就是从上好每一节课、改好每一本作业、写好每一次板书中,时时处处给学生启蒙。水至柔至弱,滴水能穿石。老师就是从一次谈话、一个眼神、一个微笑中,点点滴滴教学生做人。

——杨　英

教育需要我们为孩子指明方向,在他们需要的时候为他们提供必要的帮助,其他时候,我们只要闭嘴,站在一边,静静地看着他们成长——孩子们的成长。

——王庆美

课改看似改变的是课堂,实则改变的是教师的教育理念。把课堂还给学生,让课堂教学变得更高效,这应该是每个教师追求的目标,而我愿意做那个前行者和探路者!

——施　静

历史组教师课改感言

课改点醒了学生的心智,唤醒了学生学习的动力源。

——侯　芳

课改就是要让学生在课堂上多做、多说、多反思。

——李　黎

课改让孩子变得阳光、开朗、自信。课改锻炼孩子的思维,让孩子学会合作、分享。

——邹益芳

课改就像喝咖啡,前期烦琐的准备,冲调出的飘香四溢的咖啡,入口的苦涩,带来回味无穷的甘甜。

——吴　韵

课改实施后,课堂变得"高参与,高活力,高效率"了,学生"会学了,学会了,成长了",我们教师"幸福了"!

——吴新亮

课改实施后,把课堂还给学生,学生的能力得到锻炼,自信心也得到增强,课堂学习更加生动有趣。

——苏云琰

课改改变了学生的状态,也更新了教师的理念。在学生参与下,课堂变活了;在生生互动中,知识被记牢了;在师生互动下,学生各方面的能力提升了。

——王伟伟

地理组教师课改感言

脚踏实地办教育,手捧认真搞教学。

——丁建平

教育的艺术不在传授,而在鼓舞和唤醒。

——张晓芬

"ACP"模式可以把不同学习能力的学生组织起来,以好带差,使学习动力低的学生学习动力提升。

——谢林燕

在"ACP"课堂教学中,教师一定要把握时机,当好"导演",让学生当好"演员",让这些小"演员"在"演戏"的过程中学会倾听、交流、协作、分享、反思。

——蒋　栋

在"ACP"的学习中,学生之间有非常多的有效互动,大家持续沟通、互相讨论,思维能在课堂上发生碰撞,擦出火花,激发了学生学习的兴趣。

——朱佳丽

生物组教师教改感言

老师就如园丁，培养学生就像栽培一颗颗幼苗，不但需要阳光雨露，还需要细心的呵护，有时还要耐心地整枝修叶。而教育的阳光雨露就是对学生的爱、尊重、引导和鼓励。教师要有一颗平常心，让学生在爱、鼓励和鞭策的目光中健康地成长。

——符亚德

课改让学生成为课堂的主角，就像驾校的学员有机会自己上车实践摸索了，不再纸上谈兵，而教师就像教练，在旁边监督，在发现学员偏离方向时拉上一把。课改改到深处是课堂，课堂走到深处是文化。课堂文化是课堂教学的"土壤"，是课堂教学存在、运行和发展的"元气"，是课堂教学的活力之根和动力之源。真正悦纳学生在课堂中的学情，并用智慧的方式帮助他们实现自我突破，是教师对学生最深刻的尊重，也是其灵性之体现。

——刘 云

书本和学校是教育的工具，但并非教育的本质。教育的本质是对人性的理解。

对教育而言，读书的最终目的并不是获取知识，而是训练思维，点燃学生头脑中创新的火把。

教师可以给学生爱，却不可以给他们思想，因为他们有自己的思想。

——钱 玲

艺术组教师课改感言

在美术教学中,我感悟到,中学美术不是培养学生成为未来的艺术家,而是通过学术教育的课堂,让他们认识和欣赏到世界中的美,摈弃丑,学会用美去装点自己的生活,使他们受益终身。

——金学磊

教育的艺术在于激励、唤醒、鼓舞,把爱和知识平等地给予每一个孩子;因为美好的人生是为爱所唤起,为知识所引导。教师是人类灵魂的工程师,也许教师的一句话能改变一个孩子,我正在努力往前走!

——陈 艳

课改构建了以人为本、百花齐放的新型教学体系。改变沉闷、闭塞的课堂,使课堂充满欢声笑语,充满自由、民主、和谐的氛围。课改更注重的是师生的交流、学习过程及学习过程中自主探究与合作交流的情感体验,它还注重在学习过程中培养学习和做人的品性。

——张 凡

音乐是专业,教师是职业,我会透过音乐学科自身的艺术特点,用快乐的音符,启迪孩子们的心灵,让他们拥有一个真、善、美的小世界。

——王雪艳

小组合作是新课程改革所倡导的新学习方式。在小组合作学习课堂这个领域中要实现生生互动,师生互动,智慧生成,全员达标!

——陈淑娟

初一学生课改感言

初一(1)班

课改让我学习进步,我学习进步了让我妈妈快乐,妈妈快乐了,全家就快乐!

——博乐组

课改不再是老师一个人的战场,而是我们自我展示的舞台。

——博世组

课改让我们都拥有一颗团结协作的心。

——博学组

课改合作让我们提高了做事效率,也让我们锻炼了自己的能力,同时还增加了我们之间的感情。

——博战组

课改激荡起我智慧的潜能,指引我在碰撞和磨砺中一步步成长。

——博文组

我们在课改中成长,在课改中进步。课改就像一对翅膀,带领着我们遨游天空。

——博弈组

初一(2)班

我觉得"ACP"既有创意,又非常有趣,可以让我们喜欢和爱上学习,也能让我们增进彼此之间的友谊。

——高博聪

"ACP"课堂小组合使同学们上课认真,学习有动力,能更好地相互学习,相互帮助,让班级和同学们一起进步,一起努力。

——刘淑文

　　我觉得课改非常好,因为小组合作可以让我们团结,合作学习,互相帮助解决学习方面的困难。

——王文娟

　　课改让我发现了小组合作的重要性,组员围在一起讨论题目,可以让一些对某些问题不懂的组员弄懂了,总之课改很好。

——余敦楠

　　我觉得小组中的相互学习讨论帮助对我们的很大。

——黄刘欣

　　"ACP"课堂模式能使课堂变得生动,大家听课效率提高了。

——沈　悦

初一(3)班

　　小组合作既可以提高每个小组成员的成绩,还可以让小组成员从小组合作中体验到团队精神,可以让每个人都有机会提高,学到许多新的知识。课程改革给人一种很新奇的感觉,小组讨论中让我从他人中获取知识,很快乐。

——守护阳光

　　小组合作学习可以帮助我们变得团结互助,更加勇敢积极,提升了同学的语文组织能力,让内向的同学敢于表达自我,老师也能更好地了解我们。

——逐梦之虹

　　小组合作学习,让我们变得更加团结,懂得合作的重要性。上台演讲,不但给予我们发表个人观点的机会,让我们变得更加自信。这样,我们的学习效率一定会很高。

——璀璨光耀

　　小组合作,同学上台讲题,老师可以帮助我们改正错误,我们还可以和同学互动,提高了同学们的学习兴趣,使我们更加团结,让我们拥有独立学习的态度和自觉精神。

——旭日东升

　　小组学习合作展示使我们体验到了当老师的感觉,使我们能够突破自我,变得更加自信、阳光,不仅如此,它还考验了我们的合作能力,使我们更加团结,让我们越来越优秀。

——白驹七星

经过课改,我们组员间更加积极、团结,更加友爱,互帮互助,共同进步。它让我们更好地展示自己,让我感受到上课的乐趣,让我们更加有团队精神和集体荣誉感,让我们的讨论、展示、学习更加有条理,更加独立。

——初旭六人

初一(4)班

在"ACP"能效课堂上,我学会了与同学合作,活跃了课堂气氛,提高了学习效率。

——向阳组

课改让我们懂得了责任的重要性,慢慢融入了集体。

——惜时组

"ACP"课堂让我们既学会自主学习,也学会小组合作。

——逐梦组

"ACP"让课堂气氛活跃,同学关系更加密切,增强了凝聚力。

——阳光组

"ACP"让同学们变得阳光、自信。

——天翼组

"ACP"给了我们展示自己的机会,让我们变得大胆、自信。学会了合作,增强了荣誉感。

——云逸组

初一(5)班

我们组所有成员都觉得"ACP"这种形式非常好,学起来很轻松,很新颖,也锻炼了同学们的表达能力。我们的家长知道我们在学习上这么努力,同时获得比较好的成绩,也感到很高兴。

——谦诚组

我们在讲台上展示自己的知识风采,和同学交流自己的观点,让我们的知识领域更广阔,我们觉得这种形式的课堂很好。

——青松组

我们的课堂成为"ACP"讨论课堂,上课时,我明显感到课堂灵动了许多,同学们之间的讨论让我们对知识点的理解更加深入,效率也更高了。

——君行组

"ACP"模式可以帮助组内较差的同学,可以带动大家一起成长。

——雏鹰组

课堂活动十分有趣,同学发言活跃,使我们更加自信!

——厚学组

"ACP"提升个人表达能力,促进大家共同学习。

——星光组

初一(6)班

我们通过课改明白了小组合作的重要性,小组合作可以培养组长与组员之间的默契与信任,让每个人有进取之心、团队意识。我认为团队合作十分重要。

——银河组

在学校,我们的主要目的是学习。上课是帮助学习,所以学习的效率就取决于上课,取决于一个好老师与一个好的课堂纪律。新的课堂模式让课堂不再死板,我们在课堂上大展身手。我们在校园里面快乐上课,觉得课堂学习不再是一种负担,而是一种乐趣。

——耀星组

小组合作模式让我们得到了很多启示:团队合作一定胜过单兵作战,团队的力量一定胜过某个人的力量,而且最重要的是可以促进同学之间的友谊,还能在一起讨论问题,从中得到乐趣。这一次改课,学习乐趣很多,虽然减少了玩的时间,但是增加了锻炼我们的团体合作的机会。

——星光组

通过这次小组长培训,我深有感触。我学习了许多关于如何进行小组合作,如何在课堂上把小组合作的作用充分发挥好的知识。这次生训中,我也明白了如何当好一名小组长,如何使小组成员在合作过程中共同进步。我希望这段时间的生训，能让我们相互成长、进步。

——恒星组

学校的小组合作非常好，使我的学习成绩从之前的不及格变成了及格，有了很大进步。我了解到了合作的重要性，我们组的学习有了很大进步。

——星耀组

参加了本次生训我颇有感触，我深刻地明白了小组长所应该做的，我了解了展示的所有程序，我作为小组长会以身作则，带领我们小组在小组合作模式的课堂上好好学习。

——超新星组

初一(7)班

学校开展了能效 ACP 课堂，我们受益颇多。"ACP"课堂让一开始不敢上台发言的我们变得更加自信、开朗，让我们的语言表达变得更加丰富多彩，让我们组内成员变得更加自信开朗，团结互助。

——Indigo sky 组

"ACP"课堂让我们懂得了团结协作的重要性，通过"ACP"小组合作，我们有了上台展示的机会，我们变得更加自信。在小组讨论中，我们学到了许多知识，组员们之间的关系变得更加亲密；在过小组展示时，我们上课能积极发言，表达自己的观点。

——Orange sunflower 组

"ACP"课堂使学生变得更加开朗、自信，在课上原本沉默寡言的部分学生变得踊跃，打破了传统的教师"主宰课堂"的局面。"ACP"小组合作使我们组的成员更加团结一致，大家都积极参与组内讨论，发现自己不会的地方，与其他组员一起思考，让大家帮助他解决疑惑，所以我觉得"ACP"课堂对于学生的学习是很有帮助的。

——Red dragonfly 组

"ACP"课堂很新颖。它让我们从沉默不语到积极分享自己的观点、意见，让我们有了共同的理想，共同学习，一起进步。让我们和学习成为朋友，使我们觉得学习是一件快乐的事。同时，小组合作也提高了我们各科的组长领导能力，使我们组员之间团结友爱，齐心协力。

——Green tree 组

"ACP"课堂让我们组原本内向不爱说话的组员变得开朗和自信了,也让我们学会了团结合作,有了更多的思路与解题方法,在小组讨论中,我们学会了如何倾听和提出自己的见解,也听取了更多同学的想法。小组合作课不仅帮助了组内落后的同学,还让每位同学体会到了当老师的乐趣。

——Purple dream 组

"ACP"课堂让我们懂得了团队合作的重要性,让每位组员都有了展示自己的机会。通过"ACP"小组合作课,我们听课变得更认真,思路变得更清晰,课堂回答问题时变得更加积极更自信了。

——Yellow star 组

初一(8)班

在课改课堂上,学生们通过小组讨论共同思考,通过组内合作增进友谊,通过上台展示变得阳光而自信……共同合作的学习模式使学习更加高效,不仅减轻了老师的负担,也让我们更加体会到了学习的美好。

——破浪组

"ACP"课堂给我们带来了一种不同的感受,我们学会从老师的角度去讲解这道题。我认为这会更加激励我们,让我们更加细致透彻地分析题目,使我们的学习变得更加轻松,也在讨论时收获了知识和新奇感。课改是一种新奇的上课模式,不仅增加了小组成员之间的友谊,还巩固了学到的知识。

——云月组

课改课堂的形式非常新颖,让我们深入课堂,更加深入地了解知识。这种形式让我们更深切地体会到老师昔日的不易,同时也让我们锻炼了自己的胆量,使我们变得更加自信。在这个过程中,我们做自己的老师,成为课堂的主人公。让同学们能够更积极地加入课堂,让课堂变得更加有趣,更加充满活力。课改课让我们受益无穷,我们都非常喜欢这种课堂形式!

——沧海云济组

课改课,一种小组合作共同努力的课程模式,上课方式非常新颖,使我们上课的效率大大提高,让一部分没有机会展现自己的才华的同学,又重新在知识的课堂上绽放光彩。通过这种不同的学习方式,同学们更能体会到团结合作的快乐及重要性,也可以让同学们更加贴切地感受到自身的不足,从而改掉一部分缺点。

——蓬莱组

课改课堂是一种小组合作模式,可以让我们团结合作,可以锻炼我们的勇气,让我们快乐学习,享受学习。这样的氛围不但提高了我们的听课效率,还增加了我们的学习兴趣。展示环节让我们当上小老师,既让我们知道了自己的不足,也拓宽了我们的视野,还提高了我们的学习兴趣。这样,我们与同学之间的交流沟通让友谊之桥也更加牢固了。

——飞燕组

　　课改课堂的教学方法较为新颖,上课环境引人入胜,让我们更有自信,能在课堂上表现自己。同学们通过小展示让我们得出正确答案,掌握更多的知识,使课内气氛更加活跃。然后再通过大展示与同学交流,这也能让同学们理解新的知识,得出新的理解和体会。这样的课堂充满乐趣,这样的上课方式也更加高效。

——九霄组

初一(9)班

　　本次"ACP"让我们收获颇深。语文"ACP",我知道了如何声音洪亮地回答问题,指导老师指出的不足让我知道了自己存在的问题。回到班级后,我将老师教的内容交给小组成员,他们现在懂得了倾听别人的回答。数学"ACP",让我们组的数学组长在上讲台讲题和点评时,声音变得洪亮,语速中等,很多人都听懂并理解了其所讲的题目。英语"ACP"使我们组改变最大。先是组长,我们的英语组长不仅学会了一些上课常用的短语,还懂得了"着急"。她现在每天基本会多次督促英语基础不太好的组员,组员若有不会的题目,她一定耐心讲解。在她的督促下,我们把今天的课堂订正和背书本全背出来了。本次"ACP"让我们组收获颇多。我们学会了倾听,也更加自信,每天都按时完成学习任务。我相信我们组会越来越好的。

——百度组

　　"ACP"课堂学习模式使我们班的各小组更加团结,组内成员能够互帮互助,让大家都有了团队合作精神。我们能在合作中体会到学习的快乐,体验到与同学共同进步的乐趣,还能从中汲取到对自己有帮助的知识。"ACP"给同学们一个自我展示的平台,使同学们更加活跃地加入课堂,有了良好的学习氛围。同学们可以发表自己独到的见解,每个人都能够从中取长补短,还能使同学间的友谊更加稳固。老师的点评可以让我们更好地理解知识,也增进了师生的情谊。

——OK组

　　课堂上小组讨论让我们更能领悟到学习和协作精神,老师也能通过小组合作了解我们的学习状态。大展示锻炼了同学们的胆量,也给了同学们展示自己的机会。这还减轻了老师的负担,把老师的课堂变成了每个人的课堂。我们可以更加深入理解所学知识,也有了一个展示自己的舞台。另外,让我感受到一个小组的团结精神。小组合作使课堂更加有趣,我们可以更加仔细地听课,学习效率也提高了。每个人都可以当一回"老师",都有上台讲课的机会,我们体会到学习的乐趣。课堂讨论使我们的关系更加融洽、和谐,使课堂变得有趣了。

——华为组

　　我们现在有"ACP"课堂,通过这个学习平台,以前枯燥乏味的课堂变得有趣了、多彩缤纷了。"ACP"课堂使我们能更好地进行小组合作,使小组间成员,关系和睦,更加团结。"ACP"课堂使我们能够更好地发表自己的看法与见解。自从有了"ACP"课堂,我们的听课效率高了,学习方法也有所改善了,成绩突飞猛进。所以"ACP"课堂对我们是有所帮助的。

——小米组

　　"ACP"课堂和小组展示、班级整体展示,提高了我们的表达和口才,促进每一位同学融入这个集体之中,加强合作能力。在小组中,我们学会了帮助他人,收获了真挚的友谊,品尝到了成功的滋味,懂得了互帮互助的重要性。不断提升自我的要求,也是在这种课改下所提升的。"ACP"课堂更是一个给予了我们展示自我,挑战自我的机会与平台。随着对课改的慢慢深入与学习,我们会越来越好,不断提高自己的成绩。

——阿里组

　　自从"ACP"教育开始以来,班级的团结能力大大提升。在开始此教育之前,班中经常发生争执,这个教育使我们的沟通能力、独立性都有所提高。老师在上课时由直接灌溉知识变成了由学生自己思考并向一些同学讲解,这样就能让同学灵活运用脑子思考。

——腾讯组

初一(10)班

　　课改使人明白了团结是重要的,形成了和谐温馨的小组。课改增进了小

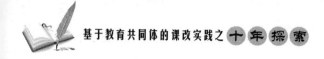

组合作,让我们彼此更了解对方;课改让我们放松身心,畅游古今,学习知识,启迪智慧。

——明德组

课改唤醒了我们内心渴望合作的力量,让我们感受到合作的魅力,巩固了友谊。

——自强组

通过课改我们知道了如何小组合作学习,同心协力去克服困难,还让不同层次的同学都融入课堂,提高成绩。

——精勤组

课改合作让我们提高了学习的效率,也让我们锻炼了自己的能力,同时还增进了同学之间的感情。

——学思组

一个人的学习,苦想难题,不得其解;而一群人的学习,大家思绪涌现,充分发言,难题迎刃而解。课改这种新颖的学习方式令大家的学习兴趣大增,锻炼了我们的合作能力,也令同学之间的友谊与日俱增。

——博学组

都说"书山有路勤为径,学海无涯苦作舟"。近来,我们彩香实验中学实施了课改。课改使同学们有了合作学习的机会,在小组学习与展示时,能感到学习需要团结能力,同学们懂得了对待学习要认真,要严谨。课堂、课后,同学们互相请教,一起攻克难题,学习成绩有了不小的提升。

——诚道组

初二学生课改感言

初二(1)班

  从开始对课改的未知到一步步熟练掌握,这期间有很多事都伴随着我的成长。我从一开始不敢上台展示到如今可以一个人独自面对全班同学。课改促使同学团结,促进自我成长。课改使我们的学习更加有趣,不懂的不仅可以问老师,还可以去问同学。课改实施后,我们的学习更上一层楼。

——叶一傲

  在课改实施后的课堂上,气氛更活跃了,原本枯燥无味的课堂充满活力,我也变得更加胆大,敢于与同学们和老师们分享自己的建议。同时我学会了如何倾听别人的答案,也敢于质疑别人的答案。通过课改,我从一个一言不发变为敢于发表意见或建议的人。

——钟雪箬

  从初一开始,我们就一直在学习能效 ACP 课堂,在课堂上,我们可以与组内成员进行讨论、一起思考,把所学的知识整合起来。在大展示时,我们可以将我们组内整理到的知识与班里的其他同学分享,让同学们比较是否正确。在"ACP"课堂中,老师可以直观地了解我们所摄取的知识养分,在我们的薄弱环节为我们耐心讲解。

——嵇文静

  课改让我们经历了许多变化,起初,我对课改怀着一种不信任的态度,但是经过一段时间下来,我才明白课改的好处,它使我们同学之间更加团结,让每个人都有一种责任感,而且,同学们也可以通过独立思考的方式来学习。

——叶佳俊

  课改提升了我们的团队合作能力,让大家以小组的形式来学习。小组合作增进了我和同学之间的友谊,在学习上我们也可以通过小组讨论的形式来破解难题，但对我个人的影响和成绩提升不大，这也许是我个人的原因，所以我以后要多融入小组，不能特立独行。

——韩万政

自主学习刚开始时，我常常因看不懂书、完不成学案中的基本任务而苦恼。后来在老师的指导下，我知道读书时要"圈、点、勾、画"，要多问几个"为什么"，学会借助学习工具和学习资源。经过一段时间的锻炼之后，我的自主学习能力真的得到很大提高，学得更细致，也能找到自己的不足，问老师或请教同学也更有重点和针对性。现在，我通过读书可以抓住所学知识的重点，理出思路，学会了分析问题、剖析问题的方法。

——朱苏杰

一转眼间，课改已经陪伴了我两年。学校开展课改活动之后，我变得更加冷静、自信，学会承担责任。同时，由于平时需要组织讨论，我养成了提前预习的习惯，也渐渐积累了勇气。它奇妙地让我与从前的自己告别，敢于上台展示。上课时的气氛比往常更活跃了，大家通过互相讨论、交流而提升了默契。在友爱活泼的小组氛围中，组员们激励着彼此前进，总能感受到欢声笑语和互相带去的温暖。希望我们在成为更优秀的自己的路上可以走得很远。

——张晶婧

当我在这个学校上第一堂课时，老师就给我们描述了"ACP"，它很神奇，在老师们的努力下，"ACP"被实行起来。它让我们六人汇聚为一个小组，以单人之力合为六人之力，大大提高了小组成员的学习效率。在这样的环境中，我和其他组员之间的交流慢慢多了起来。它也为我们拓宽了视野，让我学习、掌握得更多。

——何宇博

课改使课堂更加有意义。在小组讨论中，我们可以发表各自的观点并与同学展开交流。小组展示让我们在与别人的交谈中得到锻炼。课改使我勇于展现自己，使我改变了许多。

——周宵宇

课改给我带来的感受，就是让我变得更加自信，让我敢于一个人站在讲台上面对全班师生发言。以前，除了老师上课点名让我回答问题之外，我很少自己主动举手。但是有了课改之后，我可以勇敢地把自己的观点表达出来，让同学们点评。

——黄欣彤

时间过得很快,课改已经伴随我两年了。在课改中,我明白了同学之间的互相帮助及上课时师生互动的重要性,我的成绩也由此提高。我从一个不爱说话的人变得活泼开朗起来,课改给了我很大的改变。希望在课改的陪伴下,我能成为更优秀的自己。

——李宇轩

　　不知不觉我已经读初二了,我认为课改带给我的收获很大。比如,让我印象最深的跳棋课,它具备娱乐性,不会让我感到枯燥。同时,它更讲究诚信,步步为实,教会我做人的态度,我希望这种态度能伴我成长。

——程申皓

　　我在课改中成长,从前,我们上课的形式是老师讲我们听,我们在一起学习吸收知识,但并没有享受自己去寻求答案的过程,在学习上一直处于被动的状态。能效ACP课堂让我们都能融入课堂,通过自主学习小组的合作,我们每个人都能在课堂上找到自己所处的位置。为了能在第二天更好地展示,我们主动预习新的知识点,也能记得更牢固。课改让我们有了学习的动力。

——蒯凌瑜

　　我本来是一个内向的女孩子,但课改让我变得开朗起来了,我甚至可以自信地站在讲台上面对全班师生说出自己的观点。小组讨论时我们可以将自己的想法与组员们交流,进一步完善问题的答案。课改让课堂上有了互动,充满欢声笑语,让学习变得不再枯燥。课改让我在快乐中学习,在快乐中成长。

——施佳倩

　　课改已经进行了一年半,我认为课改有助于我们的成长与合作,假如我们有不会的题目,大家可以互相讨论,让不会的变成会的,并且互相讨论也有助于我们分工合作,在以后会和他人相处得更好。

——邓子辰

　　从曾经的一知半解到如今的合作分明,课改助我们成长。在课改中我们共同商讨,每个人都发表自己的意见,让所有智慧的结晶都凝结成一个完整的集体。在课改中我们需要认真商讨,不走神,不发呆,不做任何与上课无关的事。我相信课改能助我们快乐成长。

——潘明悦

　　自课改实施以来,课堂别有一番风趣,变得更有特点,这让我们在自己小组里研讨题目,通过小组讨论的方式来互帮互助解决困难。在小组讨论的过程中每个人都把自己的感想表达出来,有益于加深对问题的印象。以后讨论时,我应该更认真、更听话,不讨论与学习无关的事。有困难互帮互助,培养学生领导的能力与风范。

——俞文婷

课改为我们提供了一个全新的上课方式,营造了好的学习氛围,同学之间互帮互助,答疑解惑。课改使我变得自信阳光,勇于回答问题。即使回答错了也不会觉得难堪——学习这个过程就是错对混杂,由"错"渐渐指向"对"。这样上课能更关注,更活跃,更好地理解问题。我目前自身的不足是还没有做到踊跃发言,大胆地表达观点。

——周文慧

我觉得学校的课改让我产生了许多改变——它使我上课更加容易理解老师的讲课内容,从而使我的成绩有所提高;它使同学们对课堂更加感兴趣,更加愿意积极发言;它提高了同学们的口语交际能力,同时也提高了同学们的自主学习能力,使同学们自主在知识的海洋中畅游。

——付晓燕

曾经的我在课堂上总是非常胆怯,性格不够爽朗,很内向。正是由于课改,我改变了很多。它似乎让我的性格也改变了——变得开朗而勇敢起来了。课改也让我明白什么才是真正意义上的小组合作。合作并不是说会的人把答案给不会的人,而是大家一起攻克一道难题,集体思考。每一次的合作,都让我明白团结。课改,真的改变了我。感谢课改。

——沈　森

自从进入初中后,我们进入了一种全新的课堂模式——能效 ACP 课堂。它让学生在课堂中自己作为一个小老师,上台展示。这极大增强了学生的口语交际能力与学习的兴趣。课改让学生在知识的海洋中尽情遨游,使课堂更加有趣生动。课改促进学生培养自学能力,使学生学习与交际等各方面的能力得到了全面提升。

——高照辉

课改让我们有了更加生动有趣的课堂。它使课堂上的各位同学的智力与社交能力得到了进一步的开发。总之,课改就是好!很好!非常好!并使我们的成绩得到了提高,使我们学习的思路更加明确。

——徐文杰

在实行了课改以后，我觉得自己对学习的热情比以前高涨了，平时在课堂上，老师让我们通过小组合作来解决问题，这既让我们能够自己动脑想出问题答案，还能与同学交流想法，学习的氛围变得越来越好。在组内展示时，我们还能够做"小老师"，给其他组员讲解题目，这样能让大家共同进步，也能让自己对此知识点的理解更深刻。

——曹敏熙

通过一年以来的课改，我发现自己改变了不少。从以前的上课从来不敢举手发言，到现在可以为了小组而主动上台发言；从老是喜欢推脱责任到现在有问题可以自己承担，我与组员的关系也更加融洽。但是唯一不足的地方就是个别小组会发生小组成员互相抄作业的情况——小组合作是让我们用来讨论不会的问题的，我们应该诚信做作业、诚信考试。最后我希望我们都能在课改中不断成长，做更好的自己！

——郭至妍

课改让我们懂得了分工讨论，如何尽自己的力量让小组更美好。它让我明白了每个人都有自己应承担的责任，只有我们小组的每一个人都奉献出自己的力量，小组才能更加出色。我还懂得了团结互助，大家要团结一心，众志成城，一起去面对困难，迎接挑战。课改让我懂得了许许多多的人生道理。

——周子斐

从我初一入学开始，学校就开展了课改活动。一开始我觉得挺麻烦的，但在经历了一年的课改后，我发现自己改变了很多。从刚开学总忘记做作业，到现在为了第二天的讨论、展开而奋斗至深夜；从一开学的一个人学变成了许多同学合作学习；从一开始的互相责备到现在互相帮助……课改让我有了更多朋友，加强了我的团队意识。感谢课改陪我一路成长！

——孙珂然

我是比较喜欢课改的，课改让我的表达能力有所提高，让我能够以更高的积极性去上课。在课堂上，我能更好地表现自己，更容易融入课堂，但有一点不足的是，有时更方便我们聊天，谈一些与学习无关的事情。

——谈仁斌

在课改中，我学会了与小组其他成员合作学习，遇上不懂的题目，若撇不开面子单独去问老师，可以向组内成员求助，可以更及时解决问题，增加了组内的团结，以争取成为全班第一小组为目标，增加了学习的动力。不过本组内出现诚信问题，有待改进。

——舒东韵

时至今日，我们已采用"ACP"模式一年，我认为此政策之优点是能提升社交能力，锻炼交往能力——与人交往不仅可以找到志同道合之人，还可以关注社会时事，了解今日的社会。但此政策也有一点点缺点，那就是可能使人不听讲，靠互相对答案来完成任务，且有时有小组成员不参与讨论，仍有望各位管好自己，切莫再做此类对自己不利之事。此乃吾个人之感、一家之言也。

——顾天行

课改可以让我们充分思考、积极动脑，而且小组合作可以促进同学之间的关系，让我们的学习成绩显著提高，有助于我们对问题多角度思考，提高学习兴趣，但我觉得我们做得还不够好，应该更努力地学习、思考，更积极地投身于课改之中。

——邵佳翀

我校实行的课改使我们所有的学生都受益良多。小组合作，使我从毫无团队意识，变为学会了互帮互助，以团队的形式解决难题，也让我从之前遇到不会的问题就跳过，变成了如今有问题就积极请教同学。

——孙　博

从刚进初一的第一次接触课改，到如今初二，我们在课改中学习，在课改中成长，从前一味地适应输入知识，缺乏生机，不容易记住知识。自从有了课改之后，我们学习的效率提高了，遇到不会的问题可以互相讨论，一起思考，共同进步，不仅提高了成绩，还让我们对学习有了更多兴趣。

——王子欣

课改让我们彼此亲近了起来，让我们更加了解彼此。上课的时候，我们可以一起讨论问题，分享自己的答案，从几个人的答案中提取正确或完备的答案。有时老师讲的内容，讲了很多遍也许我还没听懂，这时，小组成员会来帮助我，用一种恰当的思维方式为我答疑解惑，使我豁然开朗。

——胡　楠

课改能够提升大家的学习兴趣。在遇到问题时，大家可以很方便地互相交流。每当我上课稍有分神的时候，就有同学来提醒我专心听课，遇到不会的问题及时去同组的同学。课改可以提高大家的成绩，让我们养成问问题的习惯。在小组合作的时候，可以立即把自己的问题向组员提出，得到正确的解答。每当我们没有认真听组内成员发言或者思绪游离的时候,组长总能把我们带回知识的海洋。

——崔杜彤

初二(2)班

"ACP"课堂给我们带来了许多改变,在独立思考的基础上我们学会了合作和探究。以前我们只是把读课文和标字音当作预习,可现在有了学案,我们能在资料导学下了解作家作品、写作背景等知识。这拓宽了我们的知识面,也使我们更深刻地了解作品,更易体会作者的思想感情。大家也能相互分享知识点,因此掌握得更全面,能更深入地了解文章。渐渐地,课堂不再是老师一个人的阵地,而是我们展示的舞台。

——汤馨雅

"ACP"课改带给了我许多改变,它让我从传统的教学模式中解脱出来,通过发挥自己的所长,修正以前自己的不足之处,从而进一步完善自我。课改就像逆水行船,在确定航向之后,就要加足马力前进,尽管有风浪,我们绝不能放松——风浪的反扑,时时想把我们逼退,稍有犹豫,就会前功尽弃。

——沈家祺

进入中学之后,接触了"ACP"课堂,一开始表达思想、发表见解有点儿难为情,后来我发现我喜欢上了这种方式,它使我变得自信活泼。在课改中,我享受到了学习的乐趣,而我也在课改中成长,我爱上了这种学习模式。在小组合作中讨论,我也得到了许多锻炼。我将会在这课改中做得越来越好,与小组的其他成员一起成长与改变。

——黄嘉禾

到了初中以后,我就开始接触课改活动了。这是一种全新的学习方式。没过多久,我就深深喜欢上了这一方式,它大大提高了我们的学习效率和学习兴趣。同时,各种各样的小组活动和展示也让我得到了锻炼,并且学到了许多知识,培养了不少能力。我将在课改中努力做得更好。

——丛千斌

进入初中以后,新的学习模式使我更加有动力。在新的课堂上同学们积极发言、互相帮助,这带给我很大的影响,不仅让我提升了人际交往能力,更是学到了很多新的知识。班级里的学习氛围也影响了我,使我更加积极地进入学习状态。

——李阁娜

回顾过去,几乎每节课都充满乐趣,我们的课堂生活似乎都是漫游在课改带来的轻松与欢乐中。作为一名学生,我非常有幸,伴着金秋飒爽的脚步,与新课改一路同行。新目标、新理念、新思想的出现,使我真正感受到作为一名学生的快乐,也使我们真正拥有一个幸福、快乐、健康成长的少年时期。探索的热情高涨了,学习的欲望更强烈了!新课程改革使我们一颗颗天真、活泼、稚嫩的心充满了活力。

——周雨婷

刚升入初中的我们,就体会到了什么是课改。说实话,课改确实不错,让我们这些学生第一次拿起白板笔,站在黑板前,扮成一副老师的模样,正儿八经地讲解题目。这确实让我们有所突破。它增强了学生学习的主动性,使学生由被动学习变成主动学习;要求教师利用一切可利用的资源提高学生学习的兴趣,从而提高学生的成绩,并让学生在快乐中学习,在快乐中成长。

——陈妍彤

在刚接触的一个月,我对课改简直像老鼠见到猫一样,一上课,我就想逃避,因为在这种课堂上,我根本就听不懂同学们到底在讲什么。然而,现在的我,对课改充满了信心,爱上了这种课堂模式。课改,让我懂得了合作的可贵,也让我懂得了勇敢和坚强。课改带给我们许多无价之宝。我期待在课改中成就更好的自己。

——吴晓雯

看得出,老师们在课前做了充分的备课,在开放式课堂环境下,我们迎来了一个轻松的学习氛围。尽管如此,在以往,有时出于害羞或生怕答错题目,我们面对老师们的提问总是不那么积极主动,这就往往导致了课堂互动不是很好。针对这一状况,最近我们聪明的老师出台了一些激励措施,例如,对积极发言的同学,加分;而对那些不主动发言的同学,则减分。于是乎,课堂上呈现一番活跃的新景象。互动好了,老师讲课也更带劲了,我们学到的知识也就更多了。

——谈仁刚

我喜欢课改,课改伴我健康成长。以前不爱发言的我,现在变得更积极起来。课改,使我有了强大的对手,每天都要认真听课,不敢怠慢,一不留神,就会被别人比下去。当然我们也不敢随便做小动作,因为周围有无数双明亮的大眼睛盯着你,仿佛随时准备把不专心的你吃掉。记得第一次走上讲台讲课时,我很害怕,手一直哆嗦个不停;下来的时候,我的腿一软,差点儿摔了个脚朝天,但经过不断努力练习,我终于战胜了自己,再也不怕走上讲台了。

——洪靖彤

自从接触课改,我发现我受益许多。我变得自信了,我开始表达自己的观点,展示自己最好的一面。课堂上充满趣味,不再无聊,本来上课发呆,盯着时钟,十分期盼下课的我,也开始融入课堂中去。也正因为这样,我的成绩也得到了提高,我学习得很轻松。课改让我更优秀!

——叶一茜

"ACP"课堂是以小组合作的形式上课。课堂上,我们是课堂的小老师。课后,我们是团结互助的集体。课改不仅增加了我们的团队合作能力,让我们变得更自信,也加强了各小组之间的竞争,大大提高了上课的效率。每个同学也都敢于在课堂上发表自己的观点,提高了各自的表达能力。我很喜欢"ACP"课堂,希望它能够提高我的成绩。

——徐婉怡

课改对学生而言就是增强自己学习的主动性,使我们从被动学习变成主动学习。对老师而言,就是要利用一切可利用的资源在提高学生学习兴趣的同时,提高学生的成绩,并让学生在快乐中学习,在快乐中成长。平等对话,合作学习;展示成果,增强自信;自主合作,引导探究。

——汪云衣

说实话,课改确实不错,让我们这些学生第一次拿起白板笔,站在讲台上,正儿八经地讲解题目。确实让我们有所突破。总的来说,课改对学生而言,就是增强学习的主动性,使我们从被动学习变成主动学习;对老师而言,就是要利用一切可利用的资源提高学生学习的兴趣,同时,提高学生的成绩,并让学生在快乐中学习,快乐中成长。

——姜力晖

以小组合作的形式上课,让我收获了许多。我有了团队精神,会尽力为小组争分,因此,我上课十分积极,与组员们讨论时,积极发表自己的观点。我也学会了表现自己,不再害怕上台发言。除此之外,我的成绩也得到了提高。相信在不久的将来,我会更优秀。

——康允薰

学校的"ACP"课堂让我学习了许多新知识,积极融于班级里的学习气氛。小组讨论、小展示、大展示,组内和组外点评,这些形式让我获取了许多新知识。导学案上的题目让我们有了思考的空间。所以,"ACP"课堂让我积极加入了班级集体,学到了知识,让我在竞争中领悟到了学习的重要性。

——范静仪

以前学习时我局限于个人的思考空间,有些不明白的地方也不能及时突破,现在,实施课改之后,每个同学都大胆发言,和大家交流,把不会的问题弄明白了,提高了学习效率,知识掌握得更牢固了。

——李浩轩

课改是一种新理念、新思想,这对每个人来说都是一种挑战,都是一个新的开始。我经过这次课改以后,更多地理解了小组合作的重要性。一开始,我很紧张,也很不适应。但是,经过了两个学期的打磨以后,我已经适应了这种学习方式。正是因为课改,我不仅提高了成绩,更与同学们了解了彼此的见解。我在课改中成长了很多。

——陈欣宇

课改是一种新的学习方式,它对我们的帮助很大。我经过这次课改以后,学习到了很多新的东西,并懂得了小组合作的重要性。初中两个学期下来,我已经适应了这种学习方式。课改,让我提高了成绩,更与同学们增强了了解。愿我在课改中成就更好的自己。

——王 翔

一种全新的课堂教学形式展现在我们眼前——课改。"ACP"这种方法使学生更能理解掌握知识,让学生产生学习的兴趣。课堂教学氛围发生了较大的变化。更注重师生的交流、互动。教师从注重知识的传授转变到更注重学习方法、研究能力的培养,学生的学习积极性得到充分调动。课改可以让学生主动学习。我相信,课改一定会锻炼学生的创新精神和实践能力。我认为课改是非常棒的。

——陆 蕾

课改使我们每一个学生都能展示独到的见解,也能让我们感受到小组合作的魅力,组员们都能积极举手发言,为各自的小组争得高分,原本羞涩的我们在课改的影响下,变得自信且落落大方。课改使本来枯燥的课堂,成了充满趣味的乐园！

——王颖璇

从这一学期的课改课堂来看,老师们使课堂更加有趣和多样化。小组合作的方式可以使我们有更多的求知欲望、求学欲望。可以更好地让我们兴趣盎然地参与到教学当中。课改时我们应该认真讨论,不讲闲话,大胆发言,且落落大方。相信这能使同学们收获更多。

——吉璟来

从这一学期的课改课堂来看,老师们上课非常有趣,这样的小组合作的方式能够让我们学会从多角度思考问题,可以让课堂更加有趣。课改使同学们都非常积极地参与讨论,都非常希望能够为自己的小组得分。这样的课改丰富了我们的学习生活,激发了我们的参与积极性,让每个人都能参与进来。

——邓　纯

课改的小组讨论让我们认识到了合作的重要性,在小组讨论中我们都踊跃发言,积极表达自己的见解。在小组展示中,同学们都落落大方地走到讲台前,像一个个小老师一样分别为大家讲解题目。课改让我们克服了胆怯。本来不敢上台发言的同学,在课改的模式下也都积极举手发言。课改让原本枯燥的课堂变得生动起来,让我们都展现了自己的闪光点。

——邵卓彧

从这一学期的课改课堂来看,老师们上课非常有趣,通过这样的小组合作方式我们可以学到许多不同的东西,课堂变得更加有趣,组员们都能积极举手发言,为各自的小组争得高分。这样,通过小组合作的方式,我们产生更强烈的求知欲望。大家都展现出了独特的闪光点。

——周天泽

课改的小组讨论让我们认识到了合作的重要性,在小组讨论中我们都踊跃发言。这让我们兴趣盎然地参与到教学当中。课改使我们认真讨论,不讲闲话,大胆发言。这样的课改丰富了我们的学习生活,锻炼了我们的各种能力,让每个人都能参与进来。

——何东奇

以前上课,老师总是在课上提出一个又一个问题,讲授一个又一个知识点,可是这些东西多如繁星,我们怎么记得住呢？课改之后,老师让我们小组讨论,再上台展示,让我们从被动学习变为主动学习。这样的学习方式可以让我们更好地记住课堂内容，不再是"老师讲，学生听"的单一模式，让课堂生动有趣，激发学生学习的兴趣。

——李玥萱

　　课改营造了良好的学习氛围，有助于学生的学习。我在课改中受益匪浅。课改使课堂离开了传统的你教我听，让课堂变成学生的乐园，使我乐在其中。在课堂上，我与同学们互相学习，互相讨论，不仅掌握了知识，还促进彼此的友谊。在课改中，我获得了前所未有的信心。每一节课，在做到事半功倍的同时，我也喜欢上了学习，总是满载而归。

——柴巧华

　　"ACP"能效课堂给予了我很多知识。通过小组讨论，我懂得了团结的重要性；经过小组 PK，我懂得了"友谊第一，比赛第二"。每当我上台展示的时候，总感觉自己如同老师一般，因此会更加投入地去演讲。当台下响起雷鸣般的掌声时，自豪感便油然而生。在这个过程中，同学们也会提出自己的意见，这使答案更加完善。

——秦姝媛

　　班级内各小组都有不同的目标，每个小组的组员们都能精心讨论出本组的小组建设目标、公民素养目标、自主学习力达成目标、自主管理力达成目标和自主生活力目标。小组文化建设让我们懂得如何更好地学习。课改可以提高我们的综合素质，开阔胸怀，开拓视野，增强责任感和大局观，使我们更深刻地认识了中国，认识了我们与世界的差距及我们每个人自身的不足。

——许顾文

　　在课改中，我收获了许多，我慢慢地自信起来，在小组之间的合作中，同学们一起探索问题的答案，互相帮助，互相学习。把自己的疑惑提出来，大家一起解答，每节课都受益匪浅，时间似乎变快了许多。

——郭春怡

　　这样的学习模式是我以前从未接触过的，所以从初一的第一堂课我就感到很新奇。每堂课，不再是由老师在讲台上干讲，而是由小组经过讨论后，推选一个代表上台讲题。这样的课堂充满了活力，极大地吸引了各个同学的注意力，课堂不再是枯燥乏味的了！我们都热烈地讨论问题，对同学的讲话提出疑问，我们的注意力在这样的课堂上不再分散。

——严家怡

初二(3)班

"ACP"课堂改变了原先怯懦胆小的我,现在的我变得胆大,可以在讲台上大放异彩。

——郭淑婷

"ACP"课堂给了我一个全新的上课环境,十分有趣。

——沈烨轩

"ACP"课堂使我变得更加勇敢和自律,让我在学习中找到快乐。

——苏俊涛

"ACP"给了我很大帮助,给我的学习增添了色彩。

——邵苏静

"ACP"让我认识到了自己的胆小,现在的我已经可以勇敢地上台讲解。

——胡雪岩

"ACP"课堂让我好像变了一个人似的,原本害羞胆小的我,在组长的鼓励下,现在敢于上台展示。

——程苏涵

"ACP"课改不仅仅让学习内容变得简单易懂,还增强了同学们的展示能力,让我们更自信大方。

——徐妮可

课改让我知道了合作的宝贵,让我受益良多。

——施昭炜

课改让我们的学习变得更加生动有趣。

——杨智妍

课改使我对学习产生了兴趣。

——田天诚

我对"ACP"课改的感受是受益匪浅。

——马俊熙

"ACP"课改增强了课堂上每个人的积极性,让每一位同学都参与其中,不断思考。

——缪冬奕

课改让我学会了更好地表达自己的思想,更深入地了解课文,提高了成绩,结识了益友,使我受益匪浅。

——张依诺

我觉得课改挺好的,同学之间可以更好地合作,相互学习,相互帮助。

——李旭翔

小组合作使同学们更加热爱学习,鼓励我们积极思考问题,谦虚地受老师同学教诲。老师还给我们举手发言的点评机会,我们学校把小组合作这项活动开展得很好。

——刘语婷

课改使我们更好地与同学合作,更好地学习。

——万加明

课改让我学会了尊重别人,倾听别人的意见,懂得合作的宝贵。作为组长,我学会了去领导协调自己的组员,大家可以全员参与,各抒己见,畅所欲言。同学们对学习更有兴趣,发言更积极。课改使学习成为快乐的趣事,大家真正成为学习的主人、课堂的主角。

——程嘉仪

"ACP"使我们小组更团结。这种上课方式太好了。

——陈俊杰

优秀的课改充分展现了我们对学习的热爱,开拓了我们的思维,让课堂更加精彩。

——蔡 伦

"ACP"课堂就是我梦想中的学习方式。没有想到竟然在初中实现了!"ACP"课堂不仅教会我们学习的方法,而且教会了我们团队合作。我喜欢这个模式,热爱这个模式,希望我能在其中得到更好的发展。

——姚苏宁

"ACP"课堂是让学生主讲,让老师做引导。小组加分激发同学举手回答的乐趣。同学当小老师,增加了互动。

——张琛泽

这个"ACP"课堂很好,加大了师生之间的沟通。

——徐苏程

"ACP"课堂让同学们自己合作完成学习,促进了同学之间的友好关系,用加分的方式使同学们积极学习,从而达到提高成绩的目的。"ACP"课堂是一个很好的学习模式，希望可以一直延续下去。

——王　良

昨天的课堂，我们勤勤恳恳，精心设计，滔滔不绝，教海无涯。今天的课堂，我们春风拂面，新燕啄泥，枯柳发芽，幸福无疆。今天的我们行走在课改的路上，披荆斩棘；明天的我们将收获课改的硕果，满载而归……从我校实施高效课堂以来，我的态度由刚开始的不情愿，甚至反对，到后来的爱之用之。我认为，高效课堂就是唤醒学生的求知欲，充分调动学生的主观能动性，培养学生自主学习。而自主学习的核心是学生在课堂上全面参与，真正成为学习的主人，真正参与到学习中。由以前"要我学"，变为今天"我要学"，从而展示自我，成为真正的出彩之星！

——陈建翔

"ACP"以学生自学、团队合作、小组展示为主，以加分作为奖励的形式，大大提高了学生对学习的兴趣和课堂效率，一改老师讲课、学生听课的传统教学方式，活跃了上课氛围。我认为"ACP"是一种很棒的上课形式。

——宋欣柔

"ACP"课堂教学模式，以小组合作学习为主体形式，培养了学生的主动学习能力和合作能力，有效提高了学生的学习效率。

——黄诗烨

"ACP"效能课堂教学方式新颖，让学生更好地融入课堂，使教学内容生动有趣，是一次不错的改革。

——魏宇晴

"ACP"课堂实行了小组合作的学习和管理方式，大家在集体荣誉感和自主学习能力等方面有了明显进步。

——顾晨浙

学校通过这次课改让学生们通过合作学习，提高了学习兴趣，让大家更好地融入学校这个大家庭。

——王　牧

我在课改中成长，在小组合作中进步。

——朱心毅

课改让我们一起讨论问题，让课堂更加有趣。

——吕浩瀚

通过课改,小组成员之间互相帮助,共同进步。

——孙启雪

"ACP"课改让我懂得自主学习,让我的综合素质不断提升,达到了叶圣陶先生所说的"教是为了不教"的境界。

——张　玥

"ACP"使我懂得自主学习、快乐学习、讨论学习,让我们的成绩和素养得到提高,使我们的学习不再枯燥无味,而且能提高我们的成绩。深深感谢课改。

——陈思翰

课改给了我成长的空间,使我的思想变得更活跃,眼界更宽。再次感谢课改,驱走陈俗,使教育迎来艳阳春。

——徐金鹏

课改使我进步了很多,很有用。

——昌永珩

小组合作使我们更热爱学习,鼓励我们认真思考问题。

——张锦诚

初二(4)班

课改让我们可以发表自己的意见,自己不懂的地方可以请教别的同学,这可以提升学习兴趣,用小组合作的方式来让同学勇于学习,爱上学习,这其实才是课改真正存在的原因。感谢课改。

——蒋雨涵

课改让学生们成了问题的实践者,而老师也只起到启发他人的作用。这样可以让学生开动脑筋,独立思考。而合作探究则提升了学生思维能力。课改也让同学们鼓起勇气,敢于在同学面前做一次"小老师",为同学们讲解题目。课改激发了同学们对学习的兴趣,打破了单一的学习方式,是一种开发式的学习模式。

——李成远

课改为学生们提供了一种全新的学习经历,以学习方式改变为突破口,重点培养学生的创新精神和实践能力;加强课程的整合,促进课程各要素间的有机联系。课改也让同学们鼓起勇气,敢于在同学们面前为大家讲解题目。课改是一种开发的学习方式。

——周　浩

课改使我们对于学习方式有了全新的认识。可能大家对新的方式有些不习惯，但小组模式让我们在团队合作中有了提升，让我们不像以前那样互相感到陌生。感谢此次课改。

——葛茌苟

"科研兴校"已逐渐成为广大中小学领导和教师的共识。教师的未来和未来的教师，都将与教育科研联系起来。我们的课改也迫切呼唤有较强科研能力的教育工作者在实践中以教育现象和教育问题为研究对象，运用科学研究的原则和方法，探寻教育规律及教育的有效途径。

——崔蔓欣

我校的"ACP"课堂采取的是小组合作学习模式。小组合作主要分为课前预习、课上听讲和回家作业三大类别。在课堂上，主要以同学来带领大家进行学习。小组合作学习增强了小组成员间的团结与积极性，同时也促使各个组之间产生了竞争。在小组内的讨论中，我们尽情表达自己的观点，使得组内稍差的同学能跟得上上课节奏。"ACP"课堂不仅锻炼了我们自己，让我们变得更加自信、大胆，也让我们学习到团队合作的重要性。更是让我从一个不爱讲话的人变成了一个自信、阳光的人。

——于子豪

我校的"ACP"课堂以小组讨论的形式，让我勇于发表自己的观点，锻炼了我的口才能力。在讨论中，我可以请教同学，倾听他人的观点，与同学们共同进步。我还学会了与同学们互帮互助，懂得了团结的力量。"ACP"课堂不仅让我的学习成绩有了很大提高，而且培养了我与同学们的感情。

——诸葛晨昕

"ACP"课堂以小组合作的模式，增强了同学之间团结合作的意识，也加强了小组之间的竞争。小组讨论使平时学习习惯比较差的同学也可以听懂讨论的内容，大大提高了上课的效率。课堂展示让同学们能够自己上台发表小组意见，提高了我们的表达能力。我很喜欢"ACP"课堂，希望能够提高我的成绩。

——魏茗棋

通过一年半的课改的学习，我体会到了一节40分钟的课老师仅仅讲10分钟，其他都是学生讲。我觉得课改非常好，这是因为：第一，教师角色的转变。在教学过程中，老师是引导者，而不是统治者。教学过程是师生平等对话的过程，是师生双方共同发展的互动过程。第二，在课堂上的教学过程中学生用自己的亲身经历、用自己的心灵去感悟,教师积极参与学生的学习过程,学生才能无拘无束地置身于其中,尝试学习,享受学习的乐趣。课堂才能焕发无限的生命力,学生思维活跃,热情高涨,真正成了学习的主人、课堂的主角。

——赵强生

自从实施课改之后,我受益匪浅,在课堂上,我本来听着听着就要睡着,现在我觉得上课不再枯燥乏味,小组讨论使我学会如何与同学们一起学习,使我参与其中,让我的成绩也名列前茅。课改后,本来小组里上课不发言的同学也积极参加小组讨论,课上也积极举手发言。总的说来,我觉得课改实施之后,我收获的帮助很大。

——蒋韵达

我们学校的"ACP"课堂,以小组讨论的形式,让我勇于发表自己的观点,倾听别人的意见,有不懂的地方我还可以请教同学。在"ACP"课堂中,我还学会了与同学互帮互助、团结友爱。课改不仅提高了我的学习成绩,而且培养了我和同学们之间的感情。

——丁葛晨曦

语文老师总是鼓励我们多发言,于是我慢慢地喜欢上了思考,常常产生问题,去向老师请教,她从来都耐心地回答,即使是她回答不了的问题,她也会发表看法,并与我讨论。在我看来,课改是培养学生多方面的发展。让学生多发言可以培养自信心、专注力、动脑筋,懂得小组合作,敢于在同学面前当一回"小老师"。等时间一长遇到难题就会自己去分析、去思考,形成属于自己的比较系统的观点。

——谭莹莹

通过"ACP"的形式来进行小组合作学习,我从中学到了许多。由一开始的不敢发言,到现在能够勇于发言;从一开始的盲目,到现在的清晰。可以说,通过小组合作学习,我或多或少地进步了。在课堂上和组员们一起讨论题目,那种学习氛围,真的很好。在看到了自己的进步的同时,我也为组员们的进步而高兴。

——万怡倩

在课改推进和深化的浪潮中,我在进步。从和同学们在一起讨论题目,到自己敢于发言,组员们为我高兴,我心中也很开心。大家看到了我的改变。是课改让我能够和同学们一起思考。在此期间,我得到了提升。

——周天乐

在"ACP"课堂上,我尝试发言,虽然讲得不是很清楚,但我的组员们很有耐心,一步一步地教我。在有些学科上,我可以尽我所能地帮助到小组,我很开心。在这期间,我学会了互帮互助,学会了为小组尽一分力。是课改让我在点滴中进步。

——李泽林

在课改中,我收获良多。在与组员的探讨过程中,我总能学到很多知识。而且当我们在讨论过程中遇到问题后也能马上询问老师,这使我们学得多、理解得快。课改对我也有很大的帮助,它使我学到了很多在书本上没有学到的知识,让我对于课堂的内容更期待了。

——朱倩怡

在课改中,我有很多收获,我们不会的问题可以立即请教老师,老师也很乐意解答。我们还学会了团队合作。在课改中,我们懂得了团队合作的重要性。我希望可以从中改变我的缺点,希望我的优点可以帮助到我所在的团队。

——王 喆

在我们彩香实验中学已经开始了"ACP"式的课堂,"ACP"课堂就是所谓的小组合作式学习,而这种学习方法给我们彩香实验中学的学生带来了变化。对于我个人来说,"ACP"课堂让我们每个小组的同学配合得像家人一样,而且能让我们学会自己讨论问题,让我们自己来当"小老师",让我们自己来理解和解决问题。所以我觉得"ACP"课堂对我们每个人都有很大的帮助。

——徐宇阳

在我们学校"ACP"课堂的小组讨论中,我们每个人都可以发表自己的看法,说明自己的观点,自己不懂的可以请教组内其他同学,可以得到共同进步;在进行题目讲解过程中还可以锻炼自己的口才和能力,使自己有更深刻的理解。

——刘旭磊

经过学校一年多课改模式的学习,我对"ACP"课堂的感想是:在小组讨论中,我们可以及时发现问题并且能够和小组成员一起解决问题。大家能够得到各方面的锻炼,比如分配任务的能力、演讲能力、管理能力等。这些能力将来都是我们人生中必不可少的。在"ACP"课堂中我们也能更加直观地看到自己的缺点和优点,和小组其他成员取长补短,变成更好的自己。

——王瑜婷

进入金秋九月,我以为中学还是千篇一律的令人感到无聊的课堂,没想到我们竟迎来了一个新的成长环境,让我焕然一新。让我的无限潜能得到发掘。刚开始我们非常害羞,渐渐地我们从害羞变得熟练,最后发展到现在的炉火纯青。课改让我们由从原来的不会就问老师,到现在多了一个自己独立思考和与组员一起探究的过程,使得我们都得到了非常好的提高。

——袁子健

这个初秋,透着丝丝凉意。彩香校园内却银杏披金、红枫初染、金橘高悬,这个校园更因为课改燃了起来。作为一名彩中学子,彩中重要的是"ACP"能效课堂——也就是课改,让我爱上了学习,感受到了学习的乐趣,小组讨论让我变得更爱说话了。

——汤俊涛

刚入初中,我接触了一种全新的课程,一种全新的学习方式——"ACP"。我们在课前预习,完成学案预习部分;在课中发言,完成展示点评部分;在课后复习,完成学案剩余部分。在"ACP"课堂实施之后,我有了很大变化。它让我从一个胆小、话少的人变成了一个勇敢、开朗的人,让一个没有集体荣誉感的人变得热爱集体、关心集体、为集体着想的人;让一个语言表达能力特差的人变成能够在讲台上娓娓而谈的"小老师";更重要的是,让我的成绩有了很大的提升,因为让我从只会听老师讲课、不思考问题的人,变成会自己独立思考问题的人;让我从一个从来不预习、不复习的人,变成天天都要认真预习、复习的人。我在课改当中成长,课改让我变化。

——胡静怡

我们学校的"ACP"课堂就是老师给每个组一个题目,由小组围成一圈,进行讨论。在讨论时,由 A 组的同学进行发言,让 B 组和 C 组的同学听懂。讨论结束,由组长指定成员上台讲解。讲解之后,有疑问的同学可以举手发言。

——袁 杰

我们彩香实验中学有一个特色,那就是我们学校创新的"ACP"课堂。首先,我们上课要先检查好老师课前布置给我们的预习作业。各小组先围成一个圈,不懂的同学可以提出问题由小组其他成员解决。然后讨论结束用拍手示意。之后老师再布置给我们课堂任务。讨论完后再上讲台讲。由其他小组成员的"小老师"点评。我觉得我们学校的课改使得我们同学更加团结。

——李 杨

我以前学习很差,有不会和不懂的题目都不敢问老师,然而学校的课改让我看到了希望。课改就是把一个班分为几个小组分别讨论问题,根据讨论的结果排名。而且组内有人不明白的话,那他可以问组内其他成员获得正确的答案。课改使我的成绩有了明显的进步。感谢课改改变了我的生活。

——梁天祺

我在小组合作的过程中,学习到了很多——学习到了如何在做不会的题目的时候,先思考,而第二天上课的时候,我们再讨论,七个人的答案结合起来,就成了一个完整的答案。在这个时候,我们也学习了很多新的知识。课改对我们的学习很有帮助。

——周佳怡

这次课改使我有了很大提高,小组合作更加团结,同学之间的关系更加融洽,各个方面成绩都有所提升。学校组织的"ACP"课堂很有成效。

——古洋欣

以前读小学时,都是一个人独立学习,来到初中后,我们出现了小组的合作形式,小组合作让我领悟到更多知识;在小学的时候做出的题目,自己觉得是错的也没有办法改变;但是自从来到中学以后,课改让我更加认识到自己的错误,并能得到纠正。

——张岚昕

"课改"就是基础教育第二轮课程改革的简称,课改是学习方式和教学方式的转变,课改注重知识传授的倾向,强调形成积极主动的学习态度。课改可以让我们通过小组合作来激发我们对学习的热情和兴趣,可以让我们在课堂上积极发言,更加有利于我们学好这些课程。

——贡馨颜

"课改"是基础教育第二轮课程改革的简称,它把学生当成课程建设的主体,并以学生为中心,建立自主、合作、探究的学习模式。课改的具体内容就是从应用教材转变成新的上课模式,有规律、有计划、有组织地进行。课改有着具体的方案表示,才能实施;遵守教育科学的规律,才能达到想要的效果。

——李 硕

经历了一个多学期的小组合作模式,我学习到了很多东西。打破传统的教学方法,让我在学习中摸索,感知学习的快乐,充分体验学习带来的成就感。我在课改中也有很大变化,一开始我很腼腆,根本不敢在讲台上给同学们讲题目。可是,慢慢地,我发现我变得越来越勇敢了,敢于在台上表现自己,我享受这个过程,它使我越挫越勇。

——伍 忆

新学期来临了,我以为原本枯燥的上课形式又来了,但在彩香实验中学,上课方式与小学截然不同,上课回答问题基本上都是按照小组讨论来的,上讲台讲课也是小组讨论后推荐的人,就是"小老师"了。在同学讲题时老师、同学不插嘴,除了同学说"请其他小组点评"或"请老师点评"的话之外,同学、老师才有发言权。这种上课方式就是"ACP"。"ACP"能效课堂不仅增加了上课时的乐趣,使上课不枯燥无味,而且增加了我们上课的积极性。所以我以为,像这样"ACP"的课堂是最有效的。

——管紫恒

"课改"是基础教育第二轮课程改革的简称,把学生当成课程建设的主体,并以学生为中心建立自主、合作、探究的学习模式。课改的性质是教育发展中的一个必然阶段。课改的实质就是唤起老师的教学热情,唤醒学生的内在潜力,唤醒本我,塑造人格,建构人生发展体系,让学生发展走向健康之路。课改的具体内容就是从应用教材、教育模式、教育理念,到考核模式,都发生了有目的、有标准、有成果的新尝试和新变化。课改有具体明确的方案,才能付诸实施;遵循教育科学规律,才能收到预期效果。

——赵艺清

初二(5)班

我们学校的课改活动,实行的是能效 ACP 课堂——学生先学先讲,师生再一起点评的课堂。这样全新的课堂模式,实现小组合作学习和探究,使学生真正成为学习的主人。学生能在学校开展的丰富多彩的活动中展示所长,为小组获得积分,在小组中实现自我价值,使老师和学生之间形成一股无比强大的凝聚力。

——曾怡婕

"小组合作学习"这一教学模式的应用给课堂教学注入了活力,它不仅充分发挥了师生间的相互交流、协作能力,而且可以培养学生的合作意识、团队精神,让学生由被动变为主动,把个人自学、小组交流、全班讨论、教师指点等有机地结合起来,进而促使小组之间的合作、竞争,激发了学生的学习热情,挖掘了个体学习潜能,使学生在互补促进中共同提高。

——黄宇涵

课改就是"ACP",简单地说,就是小组讨论。一个班一般分成 6 个小组,每一次上课我们就像打仗一样,6 个小组你不让我,我不让你的。比如我今天就上完了一节讨论课。课上我们先检查预习、打分,打完分我们就开始上课了。每讲到一个重点时,总会提问一个问题让我们小组讨论,这时候就是我们班最热闹的时候,讨论声不断。每个人都是思绪飞舞,一个人回答,另一个人倾听后提出疑问或反反驳意见。这场面好不热闹啊!讨论结束后,我们就拍手回到座位,立马举手等待老师"点将"。那场面不要太好。每个小组所定展示的成员都在举手,如果一个小组的人被点了两次,另外几个小组定会在那叫,被点的那个人肯定要坐下,真是气得牙痒痒。不过下课之后,大家又成了好朋友,其乐融融的,一点儿也看不出来在课上曾经发生过"战争"。

——刘 欣

苏州市彩香实验中学开始倾力倡导并着力打造能效 ACP 课堂,即以"生本教育"理念为课堂教学模式,以"导学案"教学为核心,以"小组合作"为主体形式,发挥学生的主观能动性,培养学生的主动学习能力、合作能力、展示能力,增强学生的竞争意识、团队观念和创新精神,提高学习效率的课堂教学模式。"ACP"是指学生在教师的引导下,通过小组合作学习的方式,采取"自主学习三部曲"的辅助手段,激发学生主动学习、合作学习、展示学习成果,从而锻炼学习能力及提高学习效率。

——丁俊杰

小组合作学习不仅将学生个体间的学习竞争关系改变为"组内合作"与"组间竞争"的关系,还将传统教学中的师生之间单向或双向交流改变为师生、生生之间的多向交流,学生有更多的机会发表自己的看法,获得一个较为轻松、自主的学习环境,提高了创造思维的能力,而且将学生课内学习延伸到课外,使他们在参与学习的活动中得到愉悦的情感体验。小组合作学习更能体现出学生的主体地位,培养主动参与的意识,激发学生的求知欲。

——顾振文

课改实施之后,上课时,同学们会更加活跃,踊跃举手发言,在多次的磨合中,组员之间更加团结。课改让同学们更好地阐述自己的观点,并听取别人的建议,从而养成自主学习的习惯。导学案的内容精练经典,促进同学们更好地学习。大、小展示让同学们能够充分地展示自己,在老师和同学们的鼓励中增加自信心。

—— 赵文静

这次课改，是有很多优点的，那就是把我们分进了不同的小组，了解不同组的知识文化和进展风格，同时自己在不同的组展示出不同的风格。但我们也需要精益求精，在不同的组内要更严格地要求自己，不能拖后腿，与新的组员合作，大家要共同一致地向前进一步，不能东歪西扯，要听从组长的话！

——张欣怡

我觉得课改以导学案教学为核心，以小组合作学习为主体形式，注重发挥我们的主观能动性，培养我们的主动学习能力、合作能力、展示能力、竞争意识、团队观念和创新精神，从而有效提高我们的学习效率。现在老师主要负责指导，大家为了小组的荣誉，在课堂上踊跃参与，每个人都成了"小老师"。互学展示环节对我很有帮助。同时，我在集体荣誉感、自主学习能力、口头表达能力、处理问题能力和人际交往能力五个方面有了明显进步。

——王田鑫

"ACP"课堂和一般老师讲课不同，"ACP"课堂主要以学生演讲为主，同学们互相讨论、互相反驳使课堂更加有趣，不会那么枯燥。"ACP"是以小组形式讨论的，所以可以让组内成员的关系更加密切，更加默契，小组成员讨论，结果也会更好，小组讨论也使一些同学上课更加积极。

——解 俊

关于这次课改，我感受到了团队精神需要组员们共同努力。在每一个小组里组长一定是最辛苦的那一个人。除了组长的努力，我们作为组员也需要努力为自己的小组努力、拼搏，为小组加分。

——马豪祥

课改使我们的课堂更加丰富多彩、生动有趣。不仅鼓励了同学们积极举手发言，使我们更加团结，而且增强了我们的集体荣誉感，使每个人都有机会上台发言、展示，而不是总是那么几个人上台。小组合作让每个人都参与讨论，发挥了每个人的长处，锻炼了每个人处理问题的能力，成绩好的帮助成绩有所欠缺的同学，互帮互助，进一步增进同学间的友谊。我们可以更多地发表自己的看法，使我们更加自信活跃。我们的学习环境也变得轻松融洽。

——杨 颖

小组合作学习拓宽了学生学习的空间。小组合作学习更能体现出学生的主体地位，培养学生的主动参与意识，激发学生的求知欲。小组合作学习要求学生向组内成员阐述自己的看法，这不但可以增加学生学以致用的机会，还可以增强他们对学习的爱好,提高他们的学习能力,使他们接受不同的观点,扩展他们的视野,促进思维的发展。

——李燕燕

小组讨论丰富了我们的知识面,可以使我们把不懂的知识通过小组讨论来解决,还将传统的教学方法变得有趣,不单单是学生和教师的互动,学生和学生的交流对今后学习也赢得了很棒的条件。课改可以使同学们在轻松、自主的环境下来探讨。不必像在老师面前那么拘束。同学们可以在学习活动中得到愉悦的情感,扩展学习爱好,提高学习能力,促进思维发展。

——吴润泽

课改让教师的工作强度有所缓解,比如,收缴作业,抽查学生背诵课文,检查更正都由小组长去完成,这样,既减轻了老师的工作量,又锻炼了学生。但困惑也不少,有些小组的合作学习则成了"学优生"发挥自己潜能、表现自己才能的舞台,而相对而言,"学困生"则往往被忽视,无形中失去了思考、发言、表现的机会。有些小组合作学习,合作之前缺乏必要的前期准备,就匆忙展开讨论,小组合作秩序混乱,学生发言七嘴八舌、没有中心;有些小组合作学习的问题、内容过于简单,缺乏讨论、研究、交流的价值,学生在合作时无所事事,浪费课堂时间;等等。

——翟剑优

小组合作拓展了我学习的空间,小组合作不仅能够提高我的学习效率,而且可以锻炼我们的团队合作能力。此外,还可以激发我们的求知欲,组内成员也可以互相帮助和成长。

——顾鑫宇

"ACP"课堂,其中的 A 是指积极主动(active),C 即合作互动(cooperative),P 即展示(presentation)。"ACP"课堂的顺序是预习—讨论—展示—点评。"ACP"课堂可以增进同学之间的默契和提高大家的合作能力。我们在展示的过程中可以加强自己的语言表达能力和勇气。在组外点评环节里,同学们可以发现自己的不足,也可以展开激烈的讨论,营造良好的学习氛围。"ACP"小组合作学习更能体现出学生的主体地位,培养主动参与的意识,激发学生的求知欲,扩展我们的视野,促进思维的发展。

——付博予

课改实施之后,我们实现了小组合作学习,学会了组内团结,学会了互帮互助,学会了讨论与分享。当我们进入"ACP"课堂时,我们会为了共同的目标而奋斗,会在一起讨论学习,回答问题时积极举手发言。某些学生在学习上遇到问题,我们也会主动帮助。课改使我们学习更加进步了!它不仅督促了我们学习,还促进了我们与人交往和沟通。在这个过程中我们学会了很多很多。

——朱薇梦

在"ACP"这样的课堂教学中,学生在自学的过程中提高了自己发现问题、解决问题的能力。小组的讨论探究、互帮互助过程,既帮别人解决了问题,也得到了别的同学的帮助。这样的和谐课堂不仅能够激发学生的学习兴趣,调动起学生的积极性,而且能够增强学生的班级向心力和凝聚力,增强学生的集体责任感和荣誉感。

——陶依凡

分组学习的目的是在有限的时间内,让每一个学生都主动参与学习,让学生在自主学习中得到发展,树立信心,养成良好的习惯,形成有效的学习策略。我认为,小组学习的最大优点在于,培养了学生们的合作精神,使他们学会了与他人合作,具备了合作完成问题的能力。合作是人类相互作用的基本形式,在人的发展中,没有哪一种发展是与别人无关的。从小培养学生与人合作的能力是学校义不容辞的职责。

——张承鹤

小组合作学习可以使我们团结友爱,让我们有自己探讨的机会,使我们视野更加开阔,不仅提高了我们创造思维的能力,而且还将我们课内学习延伸到课外,使我们在参与学习的活动中得到愉悦的情感体验,也使师生之间有了更多交流,为我们提供了一个自主学习的平台,使我们的学习有了重大的进步。

——杜怡莹

分组之后任何一位组内成员都有责任掌握教学内容,只有每位成员的积极性都被调动起来,学生之间才能互相帮助、互相合作。比如我们的综合实践活动课需要大量的实际数据,如此大的工作量靠一个人的力量是不行的,只有分组行动,各司其职后交流分享成果,才能共赢。这种合作的意义远远超过了学习本身。另外,小组合作学习,能充分调动学生的学习积极性,使每一位学生都有了主动学习和创新的机会。

——朱凤萍

合作探究学习模式使每个小组在明确了学习任务之后,根据任务分工进入合作探究阶段,每个学生根据自己的理解互相交流,形成小组共同的学习成果。其间老师要在组间巡视,针对学习过程中出现的各种问题及时引导,帮助学生提高合作技巧,并注意观察学生在学习和人际关系等各方面的表现,做到心中有数。要让学习有一定困难的学生多思考、多发言,保证他们达到基本要求;同时,也要让学有余力的学生有机会发挥自己的潜能。此外,老师还应该充分信任学生,相信他们能通过自己的努力去完成各项任务,让学生有足够的时间和空间进行合作探究。

——葛苏锦

在"ACP"课堂上,我收获了合作的乐趣,一个人可能考虑不出来一个问题,但是小组中有一个人想出来了就可以与大家一起分享,然后全组都掌握之后,再通过交流决定谁上去讲,这样大家可以互帮互助,会更懂解题的方法,我认为是很棒的。

——华陈希

小组合作学习可以让同学们有团结一致的意志,同学们可以把自己的想法跟组员讨论,这不但可以增加学生学以致用的机会,而且可以增强他们对学习的兴趣,提高他们的学习能力,还可以使他们接受不同的观点,扩展他们的视野,促进思维的发展。

——徐芳莹

我一直以为课堂是枯燥乏味的,但在我们学校实行了课改之后,我就不这么认为了。一开始我没有勇气去当"小老师"给同学们讲课,怕讲不好,给同学们和老师留下不好的印象。直到有一次我们小组指定我走上讲台给同学展示。我怀着忐忑不安的心情来到讲台上,我紧张地先把所学的那篇文言文读了一遍。接着我按序把加点字词翻译了一遍。同学们也跟着记起了笔记。突然,老师说有一个加点字没有翻译到位。我手上的汗渐渐多了,心想完了,这个加点字我不会翻译呀,怎么办呢? 我便老老实实地说:"这个加点字我不知道是什么意思,请老师补充。"老师说了这个加点字的意思,我原本不知道怎么回事,这次听得格外认真。当我讲完了之后,我锁起的眉毛顿时舒展开来。然后请老师点评。老师也指出了我的小问题:太不自然。我便虚心接受,今后努力改正。我想,其实当"小老师"来展示没那么可怕嘛。下次我要改正我的不足,当一回完美的"小老师"。课改,是你让我学会了勇敢,是你让我学会了坚强,是你让我不再那么内向,让我继续改正我的缺点。我在课改中成长。

——庞李阳

课改是彩香实验中学的特点,同学们在上课时勇敢地发表自己的感想,尤其像我,我那敢于发言的品质终于有了用武之地。课改可以让小组中各个组员有明确的分工,让每个组员有机会在课堂中展现自己的优点。我在课改中学到了很多,学会了怎样管理小组,学会了怎样包容别人,学会了自主管理,等等。我在课改中成长,课改伴我成长。

——刘广阔

我在课改中成长。课改带给我的不仅仅是全新的课堂模式,还让我学会了理解,学会了与同学们相处。刚进中学,老师便将我们6个人分成一组,这之后。一切对我来说都是新奇的,虽然换了一个陌生的学习环境,但是我依然对未来有着美好的憧憬,相信自己一定可以更好地融入集体中。几个打打闹闹、嘻嘻哈哈的日子过去之后,新同学之间隐藏的问题也慢慢地浮出水面。我们会为了一个并不重要的问题各持己见,最后甚至会发生争吵,影响同学之间的关系。如果不是课改为我们提供了一个和解,走向对方内心的机会的话,我们之间也许就会留下一个怎么也解不开的死结。正因为课改,我们更加团结,互相之间更加理解,学会了人与人之间的相处之道——包容。

——史琪

小组合作学习拓宽了学生学习的空间。小组合作学习不仅将学生个体学习改变为"组内合作""组间竞争"的关系,还将传统教学中的师生之间单向或双向交流改变为师生、生生之间的多向交流。学生有更多的机会发表自己的看法,获得较为轻松、自主的学习环境,提高了创造思维的能力,而且将课内学习延伸到课外,在参与学习的活动中得到愉悦的情感体验。

——包逸

在小组合作互助学习的过程中,学生思维活跃,学习积极性空前高涨,同组成员之间交流非常频繁、和谐,而在自主学习和自主交流的过程中,学生不仅拓展了自己的思维,而且都获得了平等的发言机会,每一个人都得到了锻炼,我觉得只有在这样的课堂中才能够真正实现全班每一个成员都不掉队。

——胡发涛

刚升入初中的我们,体会到了什么是课改。说实话,课改确实不错,让我们这些学生第一次拿起红粉笔,站在黑板前,扮成一副老师的模样,正儿八经地讲解题目。确实让我们有所突破。总的来说,课改对学生而言,就是增强了学习的主动性,使学生们从被动学习变成主动学习。对老师而言,就是在利用一切可利用的资源以提高学生学习兴趣的同时,提高学生的成绩,并让学生们在快乐中学习,在快乐中成长。

——王若同

"ACP"课堂与传统的课堂有很大的区别,它能使同学们更好地合作。发生学习上的争执在探讨中解决后和好后可以增加同学间的感情。"ACP"还可以使老师工作更轻松,上课效率更高,效果更好。它也可以省去很多不必要的麻烦,可以在一些简单题目上少浪费时间,而多花点时间在难题上。

——周盈玥

进入初中以后,我接触到了新的上课方式"ACP"课堂。这种上课模式使我的学习变得更加有效,使我在学习中不断成长。这样上课的话,我们不仅仅是个听众,还是个"小老师"。"ACP"课堂既锻炼了我的表达能力,又让我不再是那个只会在讲台下说而不敢在讲台上说的人了。总而言之,这个课改作用很大!

——王佳乐

初二(6)班

在"ACP"课堂中,我们学生更容易记住课堂内容,小组合作也让同学之间的感情更加融洽,平时比较懒惰的学生也有积极向上的干劲了!

——刘　妍

"ACP"课堂中的小组合作能提升办事效率,一个人不会的难题可以由另一个人帮助提示或解答,同时能吸收更多的观点。

——黄声远

课改很好,能让更多的人参与到学习中,能让更多的人发表自己的观点,但是要合理控制好时间,否则一节课很快就过去了。

——陆　轩

在"ACP"课堂中的小组讨论环节,如果小组内部答案不统一,组内就会发生争执,甚至吵起来,需要改正。

——方颖凯

我非常喜欢课改之后老师们上的课,老师一上这样的课我就非常精神,老师也在课上给我们带来很多快乐。

——王 喆

新课改给我最深刻的感受就是,新教材对于每一个知识点所采取的都是渗透的思想,以便让学生递进式地掌握,培养了我们的创新精神和实践能力。

——范云杰

课改后,课堂就生动有趣多了,同学们都积极发言,我个人也得到了很大的提升。

——华禹衡

我认为"ACP"课堂让我们每个人都积极参与讨论,让我们对学习更加感兴趣,从而提高了我们的学习成绩!

——鞠名轩

"ACP"课改之后,新的教学模式带来不一样的体验,小组合作的形式使同学们的学习效率更高,大家学会互相帮助,共同进步。

——陆佳欣

我认为本校的课改是一个非常成功的措施,课改不仅可以帮助我们改善思维方式,还可以锻炼我们的语言表达能力。

——薛思宇

自从课改后我感觉小组内同学间更加和谐,大家变得更加团结,我相信以后会更好。

——张孙灏

课改使我们对所学内容有更大的想象空间,而并不是一直只有老师们在讲台上讲。我很喜欢这次课改。

——严彬文

课改让我们更有效、更准确地解决问题,增加同学之间的默契,让难题变得不再困难。

——黄嘉文

课改对我的帮助很大,上课不清楚的问题在合作中都可以解决。希望课改可以继续下去,让我们一起解决难题!

——曹欣怡

课改让我们同学之间有更多的合作,使组内成员之间更加团结。

——金睿豪

课改让我们有更多的讨论时间,有许多一起想出来的学习方法,让小组内每个组员都能更加融入我们这个集体,使小组更加团结、更加齐心协力。Many hands make light work.

——陆梦涵

课改改变了以往的教学方式,面对新课程转变角色,老师与同学之间有了更多的交流,缩短了学生与老师之间的距离,有利于学生的个性发展,活跃了课堂的氛围,使学生更有效地获取新知识和提高语言能力。

——范嘉盈

课改后的课程内容更加丰富多彩,课堂形式也更加有趣,大大提高了同学们上课时的积极性。

——王润桐

课程改革,让课堂更加生动有趣。

——林佳雪

课改为学生的成长提供了广阔的舞台,也对教师提出了更高的要求,教师要学会等待、学会分享、学会宽容、学会合作、学会选择、学会创新。课改让师生共同进步,共同成长。

——张海波

我们每天都以小组为核心开展学习,这对我们的帮助真的非常大。希望在学习方面获得进步的同时,学校也变得越来越好。

——周志恒

课改真好,天天向上。

——柳文韬

小组合作让我有了团结合作的精神,也让课堂气氛变得更活跃了。

——施栢宇

课改实施之后我的学习兴趣有了很大提高,小组讨论的合作形式可以让我更加认真地融入课堂。

——陆　铖

小组合作增加了我们的团队精神,也让课堂变得更有趣。

——张海康

"ACP"课堂实施以来,上课小组规划得很好,大家可以互相讨论题目,积极上台演讲。

——陈志冉

　　小组合作能让同学们更加专注于课堂,使学习更有效率,也防止了一些同学课上犯困,使班上学习氛围更好。

——刘　雨

　　课改后的课堂上,大伙儿不懂的题目经过讨论都会做了。

——杨　策

　　自从来到这个学校,我体验到了新的学习模式。在小组合作学习中,我可以学到很多,大家可以交流彼此的学习方法和解题技巧。

——钱思怡

　　我觉得课改形式很好,小组合作模式可以帮助我们学习,促进同学之间的合作精神,提高我们的学习兴趣。

——朱　响

　　课改让我们能更好地交流,更好地展示自己。

——田永康

　　因为我上小学 1—3 年级,都是老师带着学生上的,4—6 年级,都是老师自己讲,有的学生听,有的学生却根本没听——这些学生就是因为没兴趣,才不会听课,而合作学习的好处就是使大家都对听课产生兴趣,有兴趣听课了才会有兴趣学习。

——郎子凡

　　小组合作学习有效调动了学生讨论交流的积极性,增强了认知兴趣,学生有机会在无戒备、轻松的气氛中听取和采纳他人的见解,自主地表达对某一问题的观点,在有限的时间内做出判断。

——李兆峰

　　课改给我带来了不一样的体验,不仅提高了学习效率,还增进了同学间的友谊。我的收获很大。

——周慧怡

　　小组合作让我们大家一起进步,可以把一些有空缺的知识点补起来。

——汪　可

初二(7)班

　　课改实施的效果显著。首先,和原来相比,大家理解题目的效率提高了很多,原来老师讲过一遍学生却不会,需要重复不断地讲解,现在是小组讨论过后派代表上讲台去讲解,其他小组代表点评,最后是老师点评和总结。一轮下来增加了流程,这对我们理解题目有很大帮助。其次,课改增加了互动,不仅增加了同学之间的互动,而且增加了学生和老师的互动,不再是以前一直只有老师讲,同学傻傻地听,有时候还会走神、打瞌睡,甚至开小差。现在通过互动、讨论,活跃了上课的气氛。最后,课改拓展了自己的解题思路和方法,原来一味地听老师讲解,自己思维比较固化,有时候甚至听不懂,现在通过同学的互动和讨论,有时候有种醍醐灌顶的感觉,并且通过请教别的同学还提高了自己的表达能力。

——张明杰

我认为,小组学习最大的优点在于,培养了同学们的合作精神,使同学们学会了与他人合作,具备了合作完成问题的能力。从小培养学生与人合作的能力是老师义不容辞的职责。分组之后任何一位组内成员都有责任掌握教学内容,只有每位成员的积极性都被调动起来,同学们之间才能互相帮助、互相合作。另外,小组合作学习能充分调动同学们学习的积极性,使每一位同学都有了主动学习和创新的机会。由于同学们都有好胜心理和集体荣誉感,因此,在分配到任务后,他们都自发积极地去完成。在这期间,同学们始终处于一种主动、积极的心态之中,由原来的被动听讲者变成了主动学习者、研究者、参与者,从而有了"我要学"的强烈愿望。小组合作学习给他们提供了一个独立思考发现问题和解决问题的空间,更能体现学生的主体地位。

——田超越

课改其实令我对上课有了无限向往。新的思想促进新的行动,新的行动带来新的发展,新的发展结出新的硕果。课改,给老师指明了教育的方向;课改,给学生搭起了展示自己的舞台。花朵因春雨而绽放,课堂因开放而精彩。挑战知识我进步,挑战课堂我自信。课堂因学生的参与而活跃,知识因生生之间的互动而巩固,能力因师生的互动而提升。课堂改革不只是改变了课堂的形式,最重要的是改变了课堂的质量和成效。人人都是老师,处处都是讲台。探索方法与规律,交流观点与思想,展示智慧与胆量,收获自信与成功。自学,自主学习我能行;交流,你说我讲同提高;展示,表演回答展才华。正是因为课改,我才爱上学习,有了自信——我由衷地感谢课改。

——李一铭

我深深地感觉到,教师在课堂上看似讲解得很少,也好像很轻松,但事实并非如此。教师要上好一节课,需在课前完成大量的工作,开放式课堂环境下,学生的思维相当活跃,他们很可能提出一些你意想不到的问题,这不但要求教师有丰富的专业知识储备,而且要在课前充分预设,尽可能地预想到学生可能问到的问题,以免在课堂上让自己陷入尴尬境界。然而对我来说,初上讲台难免会碰到各种困境,首先,感觉自己还没具备熟练驾驭课堂的能力,不能很好地引导学生有效地进行合作学习;其次,个别教学环节的设计欠合理,在教学过程中不能自然地导入下一个教学环节;最后,对学生的学习情况、知识层次结构把握得不太清楚,有时过高地估计他们的能力。特别感谢专家们的讲解,我将会不懈地努力,把自己生命的浪花融入教育教学改革的大潮之中。

——张　野

自从进入初中,最大的改变应该就是上课方式了。我们的上课方式是采用"ACP"形式来的,简单来说,就是把一个班分成几个小组,每组 6~7 人。流程如下:每次上课老师会提问,然后让每组分别进行讨论,得出结论后,确定组内某同学上讲台展示。之后统一拍手,每组各成员坐回座位上,由将要展示的同学举手示意。过后轮到展示环节,老师会选出某组的人展示,代表小组展示的成员在展示前须说"我(们)代表第几小组展示"。展示过后须说"我(们)的展示完毕,请组外同学点评"。组外同学没问题提出后须说"请老师点评"。

大致流程是这样的,但对我来说是比较麻烦的,特别是我担任组长。不得不说,我是个怕麻烦的人,这种上课方式无疑既费时又麻烦。

整个流程看上去简单,其实很难施行,除非是尖子班,不然很难能真真正正地让组内每个人都参与讨论,对于那种不爱学习的,又不参与讨论的组员,做组长的真的太难了,组员不讨论,讨论时间又短,总不能跟他们一直耗下去,于是组长在那儿自言自语好久,也不见有人搭理。

总而言之,"ACP"课改是有好处,但不可避免也有缺点,如果是要真真正正地发挥"ACP"课改的最大作用,免不了做出许多的改进。

——吕曼源

课改是我们学校的特别举措,它在学习上给我们带来了不少便利之处,下面我来说说我的感受。课堂"ACP",就是以小组为单位在课堂上讨论老师提出的问题,并且挑选小组内的人来回答,我认为这样可以提高学生们的积极性,有效提高学生上课的效率,并可以使原本枯燥乏味的课堂变得有趣起来,还可以使所有的学生都参与进去,并保证所有学生的听课质量都还算过关,从而使全班成绩有一定的提升。

——张子航

上初中以后,我的学习方式发生了变化。如今,我上了初二,渐渐适应了新的学习方式,但是我发现我们似乎和初一那会儿不一样,那时候我们会认真地讨论问题,但是现在我们只会简单地报答案。我认为我们现在的"ACP"真的很糟,上台展示的一直是那几个同学。我也偶尔会被拉上去,可以说我们组一直是组长和副组长上台,偶尔会拉上我。我也发现我们组在讨论问题时,总有人会跑到别的组里,或者不让别人说话,直接将答案报出来,这让我们没法做到讨论。我希望我们可以像初一那样认真讨论问题,也希望可以有更多人愿意上台展示,同时,我也要争取能多上台展示。

——赵 琪

那天,老师突然在午休的时候进入教室,告诉我们,我们又要进行一次班级文化展示。因为我们很久没有彩排了,大部分流程我们忘记了,而且我们组有几个同学还不怎么安分,总是会出些幺蛾子。于是,我感到很紧张,在练习的时候果然是问题百出,不是这个没反应过来,就是那个忘了词,不是很顺利,甚至有个人把自己的名字都念错了。眼看时间一分一秒过去了,我也越来越紧张,当轮到我们展示的时候,我紧张得手心都出汗了,也没记清当时具体是怎样的。总之,云里雾里我们就完成了展示。还好,老师感到比较满意。我悬着的一颗心终于放下了。这次虽然只是一场小小的展示,但我仍然记忆犹新,它体现了我们同学之间的团结与默契,让我难以忘怀。

——汤佳倚

"ACP"课堂是学校近几年来的一项改革,就是以小组合作、师生互动来上课的一个系统模式。为了加强小组合作的上课效率,学校特意让每个班级派每组的英语、语文、数学组长分别接受生训。老师之后也会接受培训。经过课改之后,每个人的语言表达能力、心理素质、学习面貌都有很大的改善,让我们个个成了"小老师"。但是小组长的使命重大,随时要让一些走神不听讲的同学融入小组,让他们有上台展示的能力。总之,课改能让同学们更加和谐友好,增进与老师的沟通、交流,促进了师生关系,活跃了班级气氛,让整个彩中都充盈着浓厚的读书氛围。

——彭晨旭

"ACP"以小组为主,将老师下发的预习内容完成,老师批改下发,会指定题目进行组内讨论,讨论过程中要学会讲思路,选一个人进行接下来的大展示,讨论结束要拍掌示意。大展示之前要将过程展示出来,进的过程中只讲思路。以"我代表第×小组进行展示"开始,以"我的展示完毕,请组外点评、请老师点评"结束,展示完毕由老师进行打分。

"ACP"课改提高了讲课效率,让每一位同学都能理解,并把自己的想法大胆地说出来。课改带给我许多信心,让我从容地表达自己。希望"ACP"课改能进行得越来越好。

——王　曦

课改,又称"ACP",意思为"团队合作",课改一向是我们学校独具特色的学习方式。

通过团队合作,同学们可以提出自己对某道题的想法与分析,不会的同学可以提出自己的疑虑,会的同学帮助不会的同学解答并一起讨论出题目的答案。大家互助互补,"三个臭皮匠赛过诸葛亮",通过大家的努力,题目的答案渐渐浮出水面。当遇到一大堆题目时,身为组长的同学会分配任务,哪个同学做哪道题,井然有序。当组内成员讲解题目时,有的同学表述不完整或者出现答案错误时,组员会进行补充与纠正。经过热烈的讨论,得出一个统一的答案。

"ACP"方式使得死气沉沉的课堂活跃起来。同学们经过这样的方式,锻炼了自己的辨析能力,也懂得了小组讨论与合作的重要性。

我们在课改之后的课堂中努力成长!

——杜心洁

对于课改,经过一年的历练,我的理解更深了一些。我很感谢课改改变了我。以前我只是个上课连举手提出问题或回答问题都不敢的人,更别说是上台展示了。因为是小组合作,刚开始我认为,只要不是让我上去展示就可以了,但当你作为一个组的组长时,你会发现没有那么简单,你是一个组的榜样,你必须上去将小组讨论的结果展示给大家看,这对我来说是个考验。但经过了许多次锻炼之后,我觉得我应该已经完全度过了这次考验。课改让我成长了,我也希望在以后的课堂上,我可以学会更多。

——王雨彤

一开始我对课改是很不适应的。因为它需要小组组织讨论,还需要组员自己去说答案是什么,还要学生自己去讲解答案的解析过程。我那时候一听到就觉得我不行,便疯狂逃避上讲台展示我的答案。那时候的我,一个多学期都没有展示过一次。后来,我渐渐熟悉课改了,对课改的想法也变了。从一开始的枯燥乏闷到后来我认为同学交流有趣而更容易让人接受题目的答案和解析过程。我第一次上台展示的是物理课的内容,我觉得把自己的想法讲给大家,分享给大家,这也很不错。后来我常常跟我们组的组员们一起去上台展示题目的解析过程。

我觉得,课改好。我喜欢课改。

——邓苗苗

在我六年的小学生涯中,上的课已经是不计其数了,在这些中有令人感到高兴的、轻松的,也有让人感到难忘的、枯燥的,还有使人感到讨厌的,但我最难忘的还是那节作文课——"烧不坏的手帕"。

记得那节课的时候林老师带来了两个盘子、一瓶医用酒精、两条手帕、一个打火机和一个装满水的杯子。要来做一个十分有趣的实验——"烧不坏的手帕"。手帕怎么可能烧不坏呢?我心中犯起了嘀咕。

实验开始了,同学们都一拥而上,只见林老师先将手帕放到水里浸湿,再拧干,对折后放入盘子里。接着,再倒入酒精。然后用打火机点燃酒精,霎时,火苗一下子蹿了起来,火越烧越旺,过了几十秒钟后,林老师盖上另一个盘子把火熄灭了,而那块被火烧过的手帕竟然完好无损。

课改实施之后,林老师给我们分析这种现象背后的原理。听了林老师的话,我们顿时恍然大悟:任何事物都不能只看表面现象,有时候,我们往往被自己的眼睛所欺骗,我们应当透过现象去看清它的本质。

——徐静希

课改是我们学校新的学习方式,首先老师会给学生们一张导学案,上面有老师们编辑的题目,学生们先完成导学案上的预习题目,遇到不会的可以看书上的知识点。之后老师进行讲解,再完成接下来的例题,例题难度相对于预习题会比较难,有些同学可能不会独自解答题目。之后,按照小组进行讨论,让基础好的同学教基础较差的同学,小组之内互相帮助。再决定由哪位同学去给全班讲解该题目的解析过程。当同学讲解完时,台下有人有不同的异议。就可以向他提出意见,最后由老师做解答。这样学生们对所学内容更加专注,印象更加深刻。

——钱琪琪

传统的作文课有一个最大的缺点就是太孤立、太死板，它往往没有紧密地和本单元的课程相连，也没有学生感兴趣的话题，更没有老师随机、正确的引导。

课改下的作文课应该是多元化的、灵活机智的舞台。合作学习使单一的"师评生读"的作文课变得鲜活起来。口头表达走进作文课，小作者和"听众"成了不可分割的整体，相互依存又相互促进，这就是小作者和"听众"之间的合作学习。

合作学习作为一种集体性教学活动，它对培养学生的学习兴趣和提高学生的综合能力具有显著的效果。

——李晓君

关于课改，最先让我想到的就是"ACP"了，对我来说，这也是影响最大的一种教学模式。

毋庸置疑，"ACP"就是一种小组合作学习模式。我一直是一个对学习、讨论、展示都不积极的人，但"ACP"是一个激励我的方式，虽然我现在还是没有很积极，但已经发生了一些儿改变。而"ACP"最诱惑人的就是分数，它可以让某小组获得大量的分数。俗话说，"三个臭皮匠，赛过诸葛亮"，这也说明团队合作的重要性。因此，"ACP"主要看中的就是大家的"合作"，其次是答案。

所以说，这种课改既可以缩短同学间的距离，也能让同学们认识到团队的重要性，具备团队精神，还能讨论出正确答案。在我看来，这是很好的改变。

——王善美

时光荏苒，白驹过隙。转眼间，六年的小学生活圆满地画上了句号，我迈进了中学的大门。在彩中这个大家庭里，同学、老师、学习环境和学习方式都焕然一新。而学习方式变为小组"ACP"能效课改。

上课时，老师先把导学案发下来，我们先各自独立完成预习部分，然后进行小组合作，把大家的错题整理出来进行分析、纠正。这是小展示。接下来进行大展示，向全班同学讲解题目。这次课改能让我们学到很多。能让那些羞涩的同学有锻炼自我的机会，能让他们变得更自信。也让我们学到了：How to work as a team.

——陆佳莹

"ACP"课改是我校的一大特色，首先，每节课下发导学案，同学们根据书本内容完成预习部分，然后小组讨论回答一些问题。

组内每个同学都分工明确、合作精细。由自己单独完成的考核团队合作的互动环节转化,有效提升上课听讲效率。依托学生喜欢的能效ACP课堂——学生先讲、师生再点评的展示这种全新的课堂模式,实现小组合作学习和探究,学生真正成为学习的主人。课改给同学们带来了无限的乐趣。在那之前老师给每一个小组分好工作,小组成员再分给组内的其他的人,然后选这些人上去讲,讲得好可以多加分,讲得不好也有扣分——别的组的成员点评,所扣的分就给点评得对的那一个人。我们在讨论的时候遇到不会的难点,可向老师提问。

——王　越

课改是教育发展中的一个必经阶段,课改的实质就是唤起老师的教学热情,唤醒学生的内在潜力,完善自我,塑造人格,建构人生发展能力体系,让学生走向健康成长之路。

课改之后的课程比以前的课程有趣多了,以前的课程枯燥无味,而现在的课程既新颖又轻松。先说数学吧。以前的数学书上很少有某道题的旁边有图可以参照着看,那让我们学习起来感觉很枯燥。而现在呢,所有的题目旁边都画有图,有的还有课外小知识以供延伸阅读。书的背面还有图形的分解图,可以用胶带做成那个图形,让我们更有兴趣地去学习数学。再来看看语文吧。以前的语文书上,只有密密麻麻的文字,插图很少,读着读着就不想读了。也不像现在的语文书上有词语盘点、日积月累,还有一些笑话等以前语文书上从来没有过的东西。英语的变化就更突出了,以前上的英语课枯燥之味,只有读单词,读完单词读句子,搞得学生对上英语课没有兴趣,而上语文课、数学课也是如此。

我现在觉得经过了课改,学语文、数学、英语都容易多了。

——高鑫然

我对课改,一开始是比较陌生的,刚进初中还不是特别了解与习惯。

当然,适应了一段时间之后,情况就要好得多了,它带给我的帮助非常大。我是一个比较容易被孤立的人,不适应与别人交流,因此,并没有什么同学和我一起聊天。直到课改实施之后,这一情况发生了变化。我们分成几个小组一起学习、交流,在课堂上展示自己。正因为这样,我开始慢慢与新同学进行交流、沟通,一起学习。这样的学习方式给了我很大的帮助!不仅是在学习上,在生活中,课改也让我有骨气、有勇气,去突破只有自己个人的世界,而学会与他人沟通。

——张秋翔

　　课改是我校一大特色,首先每节课下发导学案,同学们根据书本内容填写预习部分,然后小组讨论回答一些问题。让组内每个同学都做到了分工明确。大家可以像老师一样向同学们提出各种各样有针对性的疑问,我们也可以对其他同学的展示做出评价。这一系列的模块是井然有序地进行的,课堂显得十分生动有趣。课改给了我们一个个展示自我的机会。

——孙广俊

　　"我代表第×小组向大家展示。"随着这句话,你们也许就知道我要讲什么了吧?没错,今天我就来讲讲彩中独特的教学方式"ACP"课堂。我先来和大家讲讲"ACP"课堂的流程。在"ACP"课堂上一般是老师先出道题目,然后由学生们进行小组讨论,讨论后拍五次手"一二,一二三",然后各小组派出一个代表上台展示,展示完后由组外的成员来进行点评,最后再由老师点评。

　　我还记得第一次的"ACP"课堂上的是数学课,那时我是数学课代表,所以我们组的组员和组长都让我上台展示,当时数学才学到第一章内容,所以十分简单,我也就上台展示了,那时谈论完拍手一点也不齐,乱七八糟,我上台时开场就说错了,结尾也有的没说,有的还说错了。总之,糟糕透了。可是,渐渐地,我发现上台展示其实也并不怎么难,所以我们小组上台展示的经常是我。老师让同组其他人说,他们要么是不知道开头和结尾怎么说,要么就是什么也不会说。这下好了,任务来了,老师要我把同组的同学培养好,别什么也不会。于是,我让不会说的组员先从头和尾开始学,再让他们教其他的组员,这样相互学习,我们组进步得也比较快。因此,我们组在第一周得到"魅力小组"的称号。

　　我希望"ACP"课堂能在其他学校也得到实施,让它发扬光大。

——朱君毅

　　自从步入中学以后,我了解了一种新的学习方式和上课方式。那就是课改——小组合作。什么是小组合作呢?小组就是将几个人分为一个小组,并以此为单元讨论学习。大家互相提出问题,并互相解答分析;在讨论中合作解答问题。

　　了解到这种学习方法并用上之后,我觉得我的学习多了很多乐趣。在课堂上大家互相讨论、解答问题非常激烈,也非常好地达到了学习的目的,取得良好的效果。

我个人非常喜欢这种学习方式,这可以让我们很好地理解学习,也可以让我们更好地理解什么是合作、什么是团体。

小组合作先小组各自讨论,讨论完后再派各小组所选定的人上台来讲自己小组讨论出的答案。这样既可以让老师知道大家的理解程度、掌握程度,也让课堂变得丰富有趣。我非常喜欢课改小组合作,也希望大家能更了解课改。这是非常好的项目。

——吴天瑞

初二(8)班

我觉得课改很不错,比之前的上课方式更好。

——陈志杰

我觉得课改可以让学生更加适应学习状况,发表自己的见解。

——涂俊安

课改开创了一个全新的课堂,课改使课堂变得丰富多彩,生动有趣。

——黄诗语

课改让每位同学都参与其中,每时每刻跟上老师的步伐,让我们都听懂,会学,会用。

——王明慧

课改带来一种前所未有的体验,题材新颖,是一种很好的学习模式。

——肖雪儿

学校的课改使我们小组组员互相帮助,配合更加默契。

——吴元昊

课改工作让我们的课堂更加活跃。

——李嘉浩

课改带来许多好处,我个人也取得了很大的进步。

——朱洪阳

课改给我带来很好的学习效果。我爱课改。

——李先兵

课改导致组内不积极成员不肯回答问题,只有积极成员愿意参与小组讨论。这需要改进。

——王非同

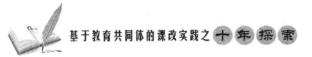

  课改的加分环节是每小组回答问题的动力,让每个小组成员都积极参与讨论,积极回答问题。

——梅浩舟

  课改让部分同学积极讨论问题,而少数同学则会悄悄聊天。所以课改既有好处,也有坏处。

——李 灿

  课改会使课堂更加活跃,让所有同学都参与到班级的讨论之中。

——钟欣雨

  课改让所有同学都有了共同思考、积极发言的机会,让同学们更好地思考问题、分析问题,每个成员都是组里共同参与讨论的人。

——陆梓茗

  课改使我们更看重过程而不是结果。

——资佳丽

  课改使我们在学习过程中劳逸结合,不会太过于劳累,心情舒畅。

——杜苏静

  课改使我们的学习更加进步,更上一层。

——姚润泽

  课改使我们更注重学习的方法。

——陈志豪

  课改是一把"双刃剑",认真讨论会使我们成长,但有时少数同学也会趁此机会聊些与上课无关的内容。认真的人会受益,不认真的人就实在对不起自己了。以上是我个人看法。

——左达赟

  课改使我们更开心。

——俞子涵

  这次课改使我很快乐,我也懂得了同学之间应该互帮互助。

——徐敬龙

  课改使我们同学之间互帮互助,遇到难题齐心协力分析、解决,共同进步。

——李毅豪

  课改让我觉得学习效率降低,上课讨论时间很长,浪费时间。

——唐丰萍

小组讨论还行,但有一些同学趁着大部分同学讨论时互相聊天。这违背了课改的初衷,课堂纪律有待改善。

——潘宗浩

在小组讨论过程中,有些同学并不积极参与讨论,而是在一旁无所事事,甚至在一旁闲聊,扰乱纪律。

——王　琪

课改可以增进同学之间的友谊,使交流学习更方便,我们可以及时知道自己的错误并改正。

——沈　悦

课改可以更好地使同学之间提升合作,互相学习,改正错误,同学间的距离感没有那么突出了,可以增进友谊。

——庄允香

小组合作学习可以互相提高学习效率,有问题及时更改,交流更简便快捷。

——马心远

小组合作是一个效果非常好的行动,在课堂上同学们可以更加积极地回答问题,遇到不会的题目还可以向小组其他成员请教,增进友谊。

——王翰博

小组合作能使同学之间友谊增进,遇到不会的问题可以课后相互请教,提高学习效率。

——吴中天

小组合作可以促进同学之间的了解,也可以取长补短,相互学习。

——邱逸飞

初二(9)班

一个人总会遇见别的许多人,有的来自暮春,有的来自深秋。我很幸运,一进入初中便遇上如此可亲可敬的他们。

第一次由6人组成学习小组,第一次为一份海报忙前忙后,第一次转过头发现后面还有5个强有力的队友,第一次用心去完成一项研究学习。

感触最深的还是同学间的合作,合作的确是一种力量。合作所带来的多样性会让学习效率大大提高。团结一心的能量是一个人独自无论如何也发挥不出来的,合作作为一种开始,终将持续。

——张智强

学习小组成立以来,我们组就定下了"不让每一个同学落后"的口号。以此为鉴,组内每一位成员都齐心协力为目标而奋斗。团结就是力量,功夫不负有心人,我们在学习和纪律上都取得了很大的进步。在此,我要向我的组员表示深深的感谢,正是因为有你们的努力,我们小组才会时时进步,蒸蒸日上。

首先,相互督促是关键。每个人都会有疲倦或懈怠的时候。一旦出现这种现象,我们组员总会相互激励、相互督促。其次,按部就班不可少。预习—听课—复习—巩固,每一环节,我们小组都严格把关,从不马虎。再次,相互探讨很重要。遇到难题,苦思冥想,终无所获,这时最有效的办法就是拿到小组中请大家一起研究、探讨。这一点,我们做得非常好,我们几乎每天都会共同探讨而解决众多难题。

当然,独立思考更是少不了。为了不使小组成员对小组依赖过大,我们还是提倡独立思考,只有通过独立思考解答时,体会才更深。最为重要的是,我们小组成员对于学习抱有极大的热忱,我们团结合作,不怕苦,不怕难,一步一步地、稳稳地在学习的激流中前进。近来,小组取得的成就,更是我们自豪的资本。纪律方面,在小组当中,我们有双重身份,既是学习者,又是管理者。所以我们每个组员都有责任去管理好自己组内成员,并做到:① 一切听从老师和组长的安排,严格按程序进行;② 在讨论过程中,不涉及与本节课无关的话题,不扯闲话;③ 不经过小组讨论的问题,不在全班提。要是小组内闹矛盾了,不要去责怪别人,想想自己到底有没有错,想想自己是否宽容了别人。从自身出发,查找问题症结所在,大家还会有矛盾吗?别总把自己的脾气发泄在别人身上。

当然,我们小组也有一些做得还不够的地方。平时作业完成经常有空缺,存在漏洞,或完成质量差。这是我们需要改进的地方。我们的成功更离不开各位老师的悉心教导,各位同学的热情帮助,各位组长的激励竞争,我代表小组成员真诚地对各位老师和全体同学说一声:谢谢你们!

——应佳悦

嵇鑫宇是我的学友,他是一个活泼好动的男孩。他原来学习成绩并不理想。

这学期老师把我安排做他的同桌,并展开了"伙伴合作争分"活动。嵇鑫宇不想连累我,便开始既刻苦又认真地学习。我看到他这样努力,十分感动,便更加愿意教他、帮助他。老师看到我们表现得如此出色,经常夸奖我们,我们希望能够保持下去。我们组的口号是"只要努力,就一定有收获!"

——梁　威

初三学生课改感言

初三(1)班

课改前,老师在讲,学生在听;课改后,老师在听,学生在讲。

——厚道组

我们在课改中进步,我们在课改中成长。

——厚爱组

我因课改而自信,课改因我更精彩。

——厚礼组

课改使我们思维拓展,使我们进步,让我努力,更让我幸福。

——厚德组

课改如一声春雷,惊醒了我们;我们如雨后春笋,节节高长。从此,课堂不再是老师一个人的独角戏,而是我们共谱的篇章。

——厚学组

课改伴我成长。

——厚问组

初三(2)班

在合作学习的过程中,小组成员之间相互信任、团结互助、以诚相待、荣辱与共,不计较个人的宠辱得失,为一个共同的目标而努力,改善了同学之间的关系。

——Fly dream 组

在课改中,我们学会了很多。通过课改,我们知道了小组合作的好处。它让我们每一个人都沉浸在学习中,让我们学会了合作,增强了耐心、责任心等。课改也给予我们信心。

——The world 组

呈现:同频共振,在绽放中美美与共

在合作学习中,我们小组互相配合,积极参与,明确合作目的,承担个人责任,形成良好的学习氛围,大家对学习产生浓厚的乐趣,积极参与,责任心增强。

——Stronger 组

小组合作使我感觉到了同学之间合作学习的快乐,能完成许多由一个人不能完成的事情。

——方诚组

小组学习让我们体验到学习的快乐,它不再是一个人思考而是几个人一起分享与讨论,能把自己的想法说出来并参考其他人的想法,让题目得到完美解析。这种学习方式让我们感受到学习的快乐。

——Lucky star 组

课改使我们上课更加积极地举手发言,以前,我因为怕回答问题时回答错了而被别人嘲笑,所以不敢举手回答问题,都是自己在下面默默听老师讲,难免会走神。实行课改以后,为了给小组加分,我经常举手发言,上课也更加认真了,自己也更自信了。

——Rainbow 组

初三(3)班

课改帮助我们在课堂上享受到了互助的快乐。

——Sunshine 组

课改改到深处是细节。

——Winner 组

在学校课改中,我与全班共进步,希望课改之路会更好。

——同路人

课改改变了我们的在校生活,使原本繁重的学习变得趣味盎然,丰富了我们生活的色彩。

——空白

我在课改中感受到了小组合作的乐趣,课改使我成长了许多。

——方圆组

只有经过个人的独立思考,有了交流的需要,合作学习才能有坚实的基础。

——星梦组

初三(4)班

课改因我而精彩,我因课堂而自信。课改让我们在课堂上享受互助的快乐。

——快乐无限

课改增强了我们的心智,唤醒了我们学习的动力源!

——乘风破浪

课改让我拥有成就感和幸福感。艺术课堂,多彩人生。

——梦想双翼

因为参与,我得到了成长;因为成长,我得到了无比的快乐。

——雄鹰展翅

课改是一种行动,让我们学会以"学"为中心;课改是一种态度,让我们敢于尝试,敢于反思。

——勤奋进取

课堂因我而精彩,我因课堂而自信。

——学海无涯

初三(5)班

合作学习有利于学生提高集体合作精神,增强交往能力和承受能力,激发创新精神,培养同学们的竞争意识与平等意识,激励同学们主动学习。

——乐体组

在沟通的过程中,同学们彼此互爱互助,沟通情感,提升了我们的交往能力。同时,激励了我们自主学习,让答案在讨论中得到解答,使同学更有信心学习。

——乐学组

经过小组合作学习,我们的合作能力显著增强,与人交流更加流畅,懂得了团结的重要性,并且知道了怎样担当责任。老师和小组分配给我的事情我一定要独立完成,并及时与组员进行讨论和修改。

——乐劳组

通过小组合作学习,我们懂得合作可以增加同学间的友情,让同学们更加团结!我们也可以学习到更多的知识。它可以培养合作学习的精神,也可以培养社交能力。

——乐律组

小组合作学习有利于培养我们的交流能力与团队合作精神,同时培养了我们的责任感、创新精神和竞争意识,拓宽了我们的知识面,它更能激励我们主动学习,有利于发挥我们每个人的特长,互相启发、互相补充、互相开导。

——乐美组

合作学习可以提高我们对于学习的兴趣和效率,也可以让我们更好地将老师上课讲授的知识快速掌握并融会贯通。这大大提高了我们的学习和生活效率。对于合作学习我们认为应多多益善。

——乐智组

初三(6)班

课改让我们学会合作学习、快乐学习。小组合作时的小组讨论和展示、点评,提高了我们的能力。课改让我们更好地成长,我们喜欢这样的学习方式。

——飞梦组

小组合作锻炼了我们的管理和组织才能。现代社会人与人之间的关系越来越密切,如果不能很好地处理同学之间的关系,大伙儿在学习上就不能共同进步。小组合作中的分工合作,让我们更好地处理同学关系,共同进步。

——飞扬组

小组合作的展示环节让我们在课堂上有了更多的个人表现,每个人都有机会发表自己的观点和见解。这种学习方式培养学生的独立思考能力,我们非常享受现在的课堂。

——飞天组

进入苏州市彩香实验中学,我体验到了从未有过的新课堂。我和我的组员不仅自己自治活动,通过分工展示自己的优点,而且可以点评其他组的同学。这样的课堂让我的学习不再枯燥!

——飞翔组

课改对我们组来说就是增强学习的主动性,使我们从被动学习变成主动学习。我们利用组里同学的资源优势,提高学生学习及活动的积极性,提高了学习成绩和能力。

——飞跃组

初三(7)班

新课改让我们知道读书时要圈、点、勾、划，要多问几个"为什么"，不要为写学案而读书，要学会借助学习工具和学习资源。经过一段时间，小组成员的自主学习能力得到了很大提高。

——光之晨曦

总的来说，课改对学生而言就是增强学习的主动性，使我们从被动学习变成主动学习。

——逐日之鹰

学生需要的不是一杯水、一桶水，而是自己去探究、去寻找整个知识大海的能力！

——梦想远航

学生在学校教师提供的舞台上，在教师的引领下，舞出自己的人生，秀出自己的精彩，实现自己的少年梦。

——逐梦之影

课改使每个学生都能在课堂上找到自己的价值，不同层次的学生都在课堂上找到了自己的位置。

——柠檬之声

课堂就是互动的课堂，课堂上教师不再是演讲者，他只是一个组织者、参与者。

——天穹之羽

初三(8)班

小组合作学习模式让我们在课堂上有了更多的发言权，每个人都有机会发表自己的观点和看法，我非常享受我们现在的课堂。这种模式也创造了同学们相互认识、相互交流、相互了解的机会，也有利于培养同学们的自主性和独立性。

——傲霜组

因为课改，我才有机会大胆地站在讲台上展示自己真正的风采。可想而知，若没有"学案制"，哪有我亮出风采的时候；若没有老师的备课，哪有我大胆体会的瞬间；若没有学校的课改，哪有我敞开胸怀、大胆自由地展现自我！

我感谢课改,是它让我变得优秀了。

——清客组

升入初中的我们,体会到了什么是课改。说实话,课改确实不错,让我们这些学生第一次拿起红粉笔,站在黑板前,扮成一副老师的模样,正儿八经地讲解题目。确实让我们有所突破。总的来说,对学生而言,课改就是增强学习的主动性,使学生从被动学习变成主动学习。对老师而言,就是要在利用一切可利用的资源提高学生学习兴趣的同时,提高学生的成绩,并让学生在快乐中学习,在快乐中成长。

——凌寒组

课改让我受到了最好的教育,让我更能好好地学习,让我学习到基础和必要的知识,更让我感受到了同学之间的友谊及学习的快乐。课改让我成长。

——踏雪组

这个学期,我们班分为6个小组,每个小组8个成员,大家坐在一起,我是"超越组"的组长。每次老师布置任务之后,我们组的组员都很迅速地大声读生字词和开展讨论,常常得到老师的称赞和加分。我们组很团结,我经常从郭颖的口中学到别的英语词语,从而扩展了自己的词汇量,也能从大家的讨论中学习到不一样的内容。我喜欢这样的学习方式。

——超越组

我们的《小组合作学习课堂评价手册》是按照我们回答的问题和课堂展评进行加分与减分的。如果我们遇到不会的题目时,可以在小组中讨论,实在不会的话可以问老师。小组合作让我增加了不少管理和组织才能。

——玉骨组

小组合作学习模式让我们在课堂上有了更多的发言权,每个人都有机会发表自己的观点和看法,我非常享受我们现在的课堂。这种模式不仅创造了同学们相互认识、相互交流、相互了解的机会,而且有利于培养学生的自主性和独立性。

——冷香组

初三(9)班

"ACP"小组合作使我们成长——锻炼了我们的表达能力,增强了我们的自信心,提升了我们的合作能力,它让课堂变得生动有趣,让我们成了课堂的主人。

——We are family 组

"ACP"小组讨论让我们小组更加团结，大家齐心协力讨论、钻研、解决难题——它让我们的学习效率提高了，每一个组员也充分参与其中，表达自己的想法，6个人的想法永远比某个人的更丰富、更全面。"ACP"小组合作让我们共同进步！

——全能特工组

"ACP"小组合作让我们收获颇多。小组成员互相帮助，成绩好的同学在帮助相对落后同学的同时，自身也能及时查漏补缺，相对落后的同学在大家的帮助下，争取进步，努力追赶伙伴。课堂之外，"ACP"使我们每一个组员之间更加默契，有更好的交流。

——世界和平组

"ACP"小组合作让我们共同解决问题，使得学习的过程更加有趣而有效。成员之间精诚合作，用自己的行动为小组加分，在愉快的竞争中发表自己不同的见解，让我们深刻体会到"众人拾柴火焰高"的真谛。

——STAR组

"ACP"小组合作学习是我们学校的独特的一种学习方式，在课改中我们学会了合作，明白了团结的重要性，在讨论合作的过程中不仅学到了知识，还学到了与人相处交往的方式，它使得学习更加愉快，更让我们学会分享——分享经验，分享学习方法，分享成功的喜悦。

——阳光组

"ACP"小组合作模式拉近了我们每一个组员之间的关系，让我们在学校的学习生活变得更融洽美好，让每一个人都能主动积极参与，给那些内向胆怯的同学更多展示学习的机会，让每一个人都勇于去挑战更难的题目。

——梦想起航组

初三(10)班

课改让同学之间的关系更加亲密，让我们对知识更加理解，也增加了我们的胆识。

——黑猫警长

小组学习的课堂提高了我对学习的兴趣，让我快乐！

——海绵宝宝

课改让枯燥的课堂变得生动有趣,让学生们更能放开自己、展现自己!

——樱桃小丸子

课改给学生们搭起展现自己的舞台,让学生们充分地发展自己!

——蜡笔小新

课改改变的是教育理念,改变的是学习状态,让学习变得更有趣、更吸引人!

——哆啦A梦

课改让我知道,学习不仅仅是一个人的事,组内合作更容易解决问题。

——忍者神龟

(三) 学生获奖：奔向卓越之路

荣誉总汇

江苏省金钥匙科技（化学）竞赛二等奖；

苏州市第十四届中小学生田径运动会初中组团体总分第二名；

苏州市中学生"三话"（苏州话、普通话、英语）比赛大市团体、个人一等奖；

苏州大市中学生社团比赛"十佳社团"，江苏省作文比赛二等奖；

全国首届青少年创客比赛暨第七届青少年机器人比赛一等奖；

苏州市第十四届国际跳棋比赛几乎包揽各奖项前三名；

江苏省金钥匙科技（化学）竞赛三等奖；

苏州市金钥匙科技（化学）竞赛一等奖；

苏州市第十五届中小学生田径运动会初中组团体总分第一名；

苏州市冬季三项比赛初中组团体第一名；

苏州市中学生"三话"（苏州话、普通话、英语）比赛大市团体、个人特等奖；

苏州市"社团建设先进学校"；

苏州市直属中小学舞蹈比赛二等奖；

苏州市课程基地示范学校；

全国首批足球示范学校；

苏州市区中学生"笼式足球"比赛第一名，女子足球第四名；

北京世界机器人大会VEX工程挑战赛金奖；

苏州市首批创客空间科技教育基地；

苏州市首批机器人项目实验学校；

"真趣"画信社团被评为苏州大市十佳社团提名，同时被评为苏州市"阳

光团队";

家庭教育课程优秀项目学校；

苏州市体育先进学校；

苏州市课程基地优秀学校；

中国教育信息化首批 STEM 教育 & 创客教育实验学校；

中国教育信息化 STEM 教育种子学校；

第十三届中华经典美文诵读比赛二等奖；

义务教育管理示范学校；

"新时代苏州有效教学研究"项目年度成果直属学校二等奖；

厚道少年科学院、张来群名师工作室落户校园；

苏州市教育工会大合唱比赛一等奖；

《小菜园大教育》获市直属德育工作十大创新案例；

苏派新行知课改联盟基地学校；

全国课改基地学校；

《基于核心素养培育的教育共同体建设的实践探索》被评为江苏省初中课堂教学改革优秀成果奖；

苏州市第四届中小学生艺术节"我与祖国共成长"合唱比赛中获初中组二等奖；

苏州市第四届中小学生艺术节"我与祖国共成长"书画比赛获中学组书法三等奖、绘画三等奖；

苏州市中小学生规范汉字书写比赛初中组硬笔一等奖、毛笔一等奖；

苏州市"平江杯"校园灯谜艺术节中获团体三等奖；

苏州市"市长杯"比赛中获直属中学好足球第二名；

苏州市"东吴姑苏晚报杯"第四名；

全国足球特色学校项目考核一等奖；

苏州市中小学生田径运动会初中组团体总分第三名；

江苏省第十七届中学生乒乓球锦标赛初中组女子第六名，其中钱佳雯获女子单打冠军；

苏州市"七里山塘杯"中小学生乒乓球比赛获初中女子组第一名；

第二十届中国中学生乒乓球锦标赛中，我校胡畅、王子熙获初中组男子双打第七名；

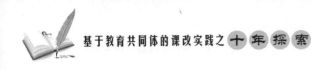

IF 想象未来课程的《地球之歌》和《七狸的警告》电子书获最佳项目一等奖;

苏州市青少年机器人比赛中,黄鹏同学获一等奖;

在诗词创作大赛中,葛羽杰、李镇宏、朱冬龙三位同学获苏州市直属学校特等奖,张晶婧获一等奖,周文慧获二等奖;

"创想空间"科技教育课程基地建设项目荣获"江苏省薄弱初中质量提升工程"立项项目;

《基于校园生态的 STEM 校本课程的开发与实践研究》获苏州市课程基地立项,同时获批中国教育科学院 STEM 教育 2029 创新行动计划课题,学校被评为 2019 年度中国教育信息化 STEM 年度最佳实验学校;

2019 年 5 月,学校通过江苏省中小学智慧校园市级评估验收,成为三星智慧校园并获"线上教育先进集体"称号;

校团总支荣获"五四红旗团委(总支)"称号。

艺术、体育类获奖

2017年苏州市教育局直属（代管）学校中小学跳绳、踢毽比赛中，我校运动员和运动队成绩斐然，荣获初中组团体第一名；

2017年3月4日苏州市中小学冬季三项总决赛中荣获初中组团体第三名；

2017年苏州市青少年阳光体育联赛中小学生国际跳棋比赛中，包揽了初一男女、初二男女单项的前五名，并获初中男子团体第一名、初中女子团体第一名；

2017年苏州市中小学田径比赛中荣获初中组团体总分第二名；

2018年苏州市笼式足球比赛中荣获初中组第一名；

2018年苏州市直属中小学舞蹈比赛二等奖；

2018年苏州市青少年体育先进集体；

2018年苏州市青少年阳光体育联赛市教育局直属学校中学生田径比赛获初中组第一名；

2018年苏州市排球比赛中获直属学校初中组女子组第四名；

2018年苏州市青少年阳光体育联赛中小学皮划艇比赛中获初中组"体育道德风尚奖"；

2018在苏州市教育局直属（代管）学校中小学跳绳、踢毽比赛中荣获初中团体第六名；

2018年7月平江灯谜比赛中获中学组团体三等奖；

2018年国际中学生灯谜精英赛中荣获团体三等奖；

2018年苏州市第六届中小学生艺术展演活动暨第三届中小学生艺术实践工作坊评选中荣获二等奖；

2018年苏州市全国足球特色学校考核中喜获一等奖；

2019年"星辰杯"江苏省第十七届中学生乒乓球锦标赛初中组女子团体

第六名,初中组女子单打第一名;

2019 年苏州市"七里山塘杯"中小学生乒乓比赛中获初中女子组第一名;

2019 年苏州市足球比赛中获直属初中女子组第四名;

2019 年"市长杯"初中女子组第二名;

2019 年苏州市排球比赛中直属初中女子组第四名;

2019 年苏州市中学生田径比赛中获直属初中组团体第三名;

2019 年苏州市直属中学"市长杯"足球比赛中获初中组女子组第二名,苏州市"东吴姑苏晚报杯"足球比赛中获初中女子组第四名;

2019 年在苏州市第四届中小学生艺术节"我与祖国共成长"合唱比赛中荣获初中组二等奖。

科技类获奖

2018年3月,苏州市彩香实验中学"STEM"课程项目将人工智能和苏州传统文化完美结合的"游园惊梦"项目成功入选在芬兰召开的2018 StarT 全球科学峰会。该项目在苏州市第三十届科普宣传周、第二届青少年科技节开幕式暨全国科技工作日主题活动和第九届苏州市少儿艺术节展出,并获得市领导的赞誉。

在2018国际空中机器人大赛亚太地区比赛中获得中学组障碍竞速赛团体第一名,熊志翔和杨泽熙分获中学组障碍竞速赛个人赛第一名和第三名,蔡牧然和徐昕烨获得中学组障碍竞速赛个人赛一等奖,我校获优秀组织奖。

刘昶同学代表学校参加VEX机器人亚锦赛获得银奖。

在第三十届国际科技与和平周全国中小学生(江苏地区)金钥匙科技竞赛中,我校姜明同学荣获省特等奖,皮谨侨获省三等奖,另有4人获苏州市二等奖,9人获苏州市三等奖。

在江苏省机器人国际赛总决赛中袁麟同学荣获vexedr工程挑战赛中学组冠军。

在江苏省青少年机器人竞赛中,我校获团体二等奖。

在2018年苏州市第七届青少年电子技师比赛活动创意焊接赛中,朱晨忆、夏佳、张天翔同学荣获一等奖,尚义杰、王靖尧同学荣获二等奖,钱方磊、沈德鑫、孙家豪同学荣获三等奖。

在苏州市第十八届青少年科技模型(建模、车模)比赛中,朱心怡同学荣获"玲珑馆"木质模型拼装项目一等奖,许思捷同学荣获"纸质精品六角亭"模型拼装项目一等奖,徐明同学荣获"老宅门"木质模型拼装项目二等奖,杜慧强同学荣获"纸质精品六角亭"模型拼装项目二等奖,冯雨洙同学荣获"冠云楼"木质模型拼装项目三等奖,唐烨文同学荣获"纸质精品六角亭"模型拼装项目三等奖,刘苏静同学"纸质精品六角亭"模型拼装项目三等奖,丁宇园、李壕、阮荆

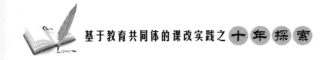

荆同学荣获团体场景设计模型"苏州古城墙"项目二等奖。

在苏州市青少年机器人比赛中包揽超级轨迹项目(中学组)前三名。

我校因于2017年立项的"创客空间"科技教育课程基地而于2018年获得"课程基地建设优秀学校"。

2019年3月,苏州市彩香实验中学校的《"创想空间"科技教育课程基地》项目获苏州市推荐申报2019年江苏省薄弱初中质量提升工程项目,获得立项。

2019年3月,第三届STEM教育及创客教育学术论坛暨项目式学习·PBL设计与教学研讨会,苏州市彩香实验中学的IF想象未来课程的两个项目:科幻小说《地球之歌》和创想小说《七狸的警告》电子书均获得最佳项目"一等奖"。

2019年5月11日,在苏州市青少年机器人比赛中,苏州市彩香实验中学的3D虚拟机器人社团在王歆老师的带领下发挥出色,载誉而归!黄鹏飞同学在3D虚拟机器人初中组近70组比赛队中荣获一等奖,另外四位选手——叶瑞森、李定珅、纪仲正和丛千斌荣获二等奖。

2019年6月,在苏州市第八届电子技师比赛中获python天线物联传感编程初中组综合团体一等奖,魏茗棋荣获一等奖,周子斐、丛千斌获二等奖,顾瑜、李宇轩获三等奖。

2019年8月,无人机社团在祁鸿杰老师的带领参加苏州市第三届青少年无人机"小飞手"比赛活动,成绩优异,陆佳毅、岳泰吉、杨泽熙、熊志翔、周子斐荣获一等奖,周天乐、解俊、蔡移然、李旭翔获二等奖。

2019年10月19日,课题《基于校园生态的STEM校本课程的开发与实践研究》通过了"中国STEM教育2019创新行动计划"第二批课题开题答辩。

2019年11月30日,参加"家门口的好学校"苏州教育展,获"中小学社团优秀组织奖"。

2019年12月12日,学校被评为2019年度中国教育信息化STEM年度最佳实验学校。

（四）学校荣誉：铸就品牌之光

2015 级学生在 2018 年中考中取得了学校近 10 年来最好成绩

学校 2017、2018 连续两年获苏州市教育局直属学校绩效管理"好"等次；

学校获得的部分荣誉有：

全国奥林匹克示范学校；

全国红十字教育模范学校；

全国首批足球特色学校；

江苏省首批实施教育现代化工程示范初中；

江苏省现代教育技术实验学校；

中国 STEM 教育种子学校；

中国教育信息化首批 STEM 教育 & 创客教育实验学校；

江苏省初中教学团队建设特色学校；

北京"世界机器人大会"机器人比赛 VEX 项目初中组全国金奖；

国际空中机器人大赛亚太地区中学组障碍竞速比赛团体第一名；

苏州市"文明校园"；

苏州市义务教育学校管理标准示范校；

苏州市优秀党建书记项目；

苏州市青少年体育先进集体；

苏州市中小学家庭教育课程优秀项目学校；

苏州市"课程基地建设优秀学校"；

苏州市模范职工之家；

江苏省生态文明学校；

江苏省教学管理创新学校；

江苏省初中教学团队建设特色学校；

优秀党建书记项目；

苏州市青少年体育先进集体。

（五）媒体报道：展呈辐射之力

1. 2015年12月3日《城市商报》刊载专题报道《40分钟一节课 学生从头讲到尾——彩香中学的"无师课堂"引来百名专家观摩》。

2. 2017年第3期《中小学管理》以当期封面人物的形式刊载苏州市彩香实验中学专题报道《厚其道　彩其人　香其学：一所普通初中的逆袭之路》。

厚其道 彩其人 香其学：
一所普通初中的逆袭之路

邹全红 / 江苏省苏州市彩香实验中学

"同学们，我给大家展示一堂微课'模拟呼吸运动装置的制作'，这是我和伙伴们一起制作的。大家回去也可以学着做一个哦！"在初一(10)班的生物课上，"小老师"正在开展自主教学，通过一部自制小电影，教同学制作模拟呼吸运动的装置。

"同学们，请欣赏这些美丽的图片，这是长城的四季风采，这是从不同角度展现的长城的建筑艺术之美。""这是关于长城的历史故事、成语、谚语、歌谣和影视片……"在初二(1)班语文课上，两位"小老师"正在用他们自制的PPT，从多个维度来解读长城。

……

如今，只要你走进江苏省苏州市彩香实验中学的课堂，像这样的场景是再寻常不过了。但几年前，这里的课堂还与大多数传统课堂一样中规中矩、平平常常，甚至平淡乏味、了无生趣，以能效"ACP"教学模式研究为核心的课程与教学改革，为学校发展带来了巨大变化。

一、寻找复兴支点：以生为本，以学为本

2014年8月，笔者调任江苏省苏州市第一中学分校（彩香实验中学）校长，此时学校刚由原彩香中学与三元中学重组合并而成。两校的文化、管理、师资、生源等各不相同。原彩香中学在十几年前普经辉煌一时，后来由于多种原因开始滑坡，初三中考成绩连续多年在市直20多所初中学校中近乎垫底。三元中学的情况也不容乐观。我第一天踏进教室时，就发现课堂死气沉沉。有的学生一上课就萎靡不振，个别"睡神"上午第一节课就想睡觉；有的学生一上课就捣乱，教师一边上课一边维持纪律。两校重组又使得部分优秀教师流失，教师心态不稳人心不齐。

师生精神涣散，得过且过，没有精气神；短时间内

学校的设施设备、生源等也很难改变。这种情况下，学校怎样才能走出困境？我与班子成员、教师、同行和上级领导深入交流，同时进行系列问卷调查，最终决定从最薄弱、最紧要处着手，凝神聚力，聚焦课程，改革课堂，走"课改"之路。

首先，明确"厚道"办学理念。学校变革，必须凝聚人心，理念先行。我校一进校门就能看到一块刻有"厚道"的巨石，"厚道"是资深老校长提出的校训。"厚"有深、广、大、宽容、仁善、淳朴、温暖等意。我们以"厚"字为核心，形成了一个系统的学校文化体系。如以"厚道"为校训，厚为人之道，厚职业之道，厚办学之道；以"厚德明道"为校风，以"厚爱博学"为教风，以"厚学乐行"为学风。师生在新的文化体系的引领下，提振了士气，明确了方向。

其次，以"生本教育"为理论依据。我们引导教师进行"生本教育"大讨论，理解"一切为了学生，高度尊重学生，全面依靠学生"的"生本教育"内涵。教师们认识到，"生本教育"是使学生真正成为学习的主人的教育；生本教学是教师为学生设计和服务的教学；生本课堂是

探究与交流的课堂;生本教育的内核是"先学后教,练后讲,最终达到不教而教的目的"。

再次,运用"学习科学"研究成果。我们通过对埃德加·戴尔"学习金字塔"的研究,引导师生改进课堂教与学方式,养成有效教学与科学学习习惯。"学习金字塔"揭示了不同学习方式的记忆效果,以及学习的基本规律,如认为"小组讨论"对于学习内容的24小时保持率在50%,"做中学"或"实际演练"的保持率为75%,"教别人"或者"马上应用",保持率可以达到90%。我们引导师生根据每节课的内容,科学选择学与教的方式。

二、打破传统范式:改课改学,方式与内容同变

"课改先改课,改课先改学"。学生上课无精打采,课堂气氛沉闷,既有教师教不得法的原因,也有学习内容枯燥的问题。我们双管齐下,先改学,让教师把自主学习的乐趣还给学生;再改课,将学习内容本身的魅力彰显出来。

1. 改学:打造能效"ACP"课堂

能效"ACP"课堂,是学生先学、先讲,师生再一起倾听和点评的课堂,"A"是active,即主动;"C"是cooperative,即互动;"P"是presentation,即展示。通常,教师提前一两天把"导学案"发给学生,并辅以微课、网络课程资源或其他教辅材料,让学生在自习课上(或家里)先进行自主学习。在第二天的课堂上,学生再对自学内容进行展示、补充与点评,学生合作探究、自我展示、自评互评,教师或讲解、或解疑、或赞赏,"教学"成了"学教","课堂"变成"学堂"。

这种模式刚开始推行时,最大的阻力是教师的观念和习惯问题,以及学生的预习习惯的养成问题。学生小组合作时相对而坐,是不是更方便"开小会"了?大部分内容都让孩子自学,老师干什么去,学生能学会吗?许多大大小小的担忧迎面而来。

为此,我们先改变教师的观念和教学习惯。首先,我们请课改专家、特级教师来校为全体教师做报告,更新观念。其次,我们请骨干教师上课改示范课,引领教师专业成长。再次,聘请专家贴身指导,如我们从苏州全市范围内聘请18位省特级教师担任我校58名骨干教师的指导教师。最后,让学生做课堂观察记录,倒逼教师改变教学方式。

为帮助学生养成良好的预习习惯,我们请外校优秀课改专家就此话题做专题讲座;通过"小组长论坛"来寻求好的建议与意见;加强小组长培训,严格把好预习关。慢慢地,大家惊喜地发现,学生真正成为了学习的主人。学生的自主学习、主动发展等核心素养也在自主生长。

在这样的课堂上,学生始终处于积极主动的思考状态,没有机会去走神,没有时间去打盹。学生在预习、合作、展示、点评、反馈等环节的表现,均会被记录和评价。以同导学,以学为要,以学定教,先学后教,把"课堂时间还给学生,把学习的主权还给学生,让学生真正成为学习的主人"的课堂改革目标初步实现。

2. 改课:开发厚博校本课程

改学,解决的是"怎么学"的问题;改课,则解决的是"学什么"的问题。我校遵循学生成长的规律,以个性发展为方向,构建多元"厚博"校本课程体系。

目前,学校已初步形成三大特色校本课程:厚德课程、厚悦课程和厚蕴课程。厚德课程主要是非限定性拓展课程,以德育活动课程为主,如社会实践、志愿者活动、军训,以及感恩教育等等主题活动。厚悦课程主要呈现自主选择性课程,分厚趣课程与厚真课程,厚趣课程包括烘焙、园艺、陶艺、木工、核雕、苏绣、木刻年画、古筝、柳琴、笛子、吉他、葫芦丝等艺术类课程;厚真课程包括未来工程师、机器人、创客空间、科学探秘、无人机等科学类课程。厚蕴课程包括阅读、足球、棋类(围棋、国际跳棋、中国象棋)等综合性并彰显学校特色的课程。

学校定期组织阅读节、艺术节、科技节、体育节活动,开展多种多样的常规社团活动。目前学校已有60多

个社团,形成了科技、棋类、足球等教育特色。例如:我们营造棋类文化氛围,打造魅力棋韵校园,通过棋类教育来开发学生智力,磨炼学生意志,完善学生人格,陶冶学生情操。为提高校园足球普及水平,学校每周每班级开设1节足球课,每周开展3次以足球训练为主题的大课间或课外活动。学校现为苏州市首批"全国青少年校园足球特色学校"和"欧亚校园足球促进会会员单位"。

三、完善践行机制:评价护佑,文化滋养,培养全面发展的人

1. 评价引领,聚焦核心素养

学校对学生个人、小组、班级,实施日评价、周评价、月评价、学期评价、学年评价、学段评价。初中三年,学生、小组和班级一律进行量化积分,实行"学一问一德一道"晋级制。

(1)"走红地毯"——寻我"校园之星"

对学生个人,每班每月评选一次"校园之星"中的"常规之星":分管理、合作、展示、点评、勤奋、进步、礼仪、卫生、劳动、纪律十个明星领域。每班每学期评选一次"校园之星"中的"特殊之星",分学习、体育、艺术、社团、阅读五个领域。学生评价实行"厚学少年一厚问少年一厚德少年一厚道少年"晋级制,晋级情况将作为其是否能进入国校学习、入团、评定三好生及优秀学生干部等的主要依据。学生依据各自积分可以到学校德育处兑换相应的学习和生活用品。学校还为同鼎"厚道少年"的学生召开表彰大会,让学生及其家长走一次红地毯,为其授予颁奖词,并让他们发表获奖感言。

(2)户外"撒欢"——激励魅力小组

对小组,每周每班评出魅力小组和周进步小组;每月每班评出月魅力小组和月进步小组。对小组评价实行"厚学小组一厚问小组一厚德小组一厚道小组"晋级制。对于每学期每班表现最优秀的小组成员,学校除精神奖励之外,还为他们赠书、组织他们免费看电影、游览名胜、进行户外实践、跟校长共进午餐和合影留念等。

(3)定制"班旗"——奖赏魅力班级

对班级,学校每月每年级评出月魅力班级和月进步班级。班级评价实行"厚学班级一厚问班级一厚德班级一厚道班级"晋级制。对于每学期每年级表现最优秀的班级,除授予班旗之外,学校还将为最优班级学生每人定制一套精美的班服。

2. 文化滋养,焕发生命光彩

文化是学校的DNA。学校文化建设,就是要让校内所有东西都能体现其内涵和个性,给学生以高雅的文化熏陶与浸染,培养其良好的品质和素养。

踏进校园,校本文化踪迹随处可见。镌刻的"三字经""弟子规",给人心灵的滋养;娇紫嫣红的樱花、红枫大道,令人赏心悦目;厚德楼、厚学楼、厚问楼、厚行楼等教学办公楼,昭示着学校文化的厚重。笑脸墙,是以全体教职工的一张张笑脸拼成的大"爱心";诚信小屋,存放着学生日常学习用品、图书、雨伞等,方便学生借用;篮言长廊,展示着教师们的教育箴言;学生作品展,让青涩的学生书画作品有了露脸的机会;小园中安置着几方棋盘,供学生随时对弈。

孩子们犹如一粒粒"种子",而班组文化就好比滋养他们成长的"土壤"。学校每间教室外的墙面上都悬挂着班牌,班牌上有班级的"全家福"、班名、班级简介、班级口号、班主任寄语、班级荣誉等内容。进入教室,每个小组围坐的桌面中央都摆放着学生亲手制作的组牌,组牌的内容包括组名、组训、组规、组花、组徽、组歌、小组口号等。在每个教室前面,是班级文化展示,由学生亲手设计,并定期更新。文化沉淀在学生的血液中,就会转变为自觉行为。如今,学生的自我管理与约束能力,班组凝聚力,竞争与合作意识,积极向上、奋勇争先的精神等,都比过去任何时候要高。

"便觉眼前生意满,东风吹水绿参差。"没有对教育的本真理解,就不会有充满生命活力的课堂。没有对课改的执着追求,就不会有学生美好生命的绽放。春华秋实,厚积薄发,我们相信,"厚德明道"的影响人,终会迎来自己五彩缤纷的芳香世界。

人物小档案

邹全红,江苏省苏州市彩香实验中学校长。江苏省苏州市高级校长,苏州市优秀教育工作者,优秀党员,苏州大学科学导师。

〔编辑 孙金鑫〕

3. 2017年4月5日《中国教育报》登载苏州市彩香实验中学校长邹全红所著的报道《"三厚教育"撑起学校一片天》。

4. 2017年11月1日《中国教育报》登载苏州市彩香实验中学教师钱玲所著的报道《能效课堂助生本教育理念落地》。

5. 2018年3月28日《苏州日报》登载图片新闻《"游园惊梦"入选全球科学峰会》。

https://newspaper.suzhou-news.cn/2020-03-20:01:05:51+743-9CA1-4e2bf02

6. 2018年6月18日《苏州日报》(教育周刊)登载报道《能效"ACP"让学生在课堂唱主角——彩香实验中学三年课改探索出一片新天地》。

7. 2018年9月26日《中国教育报》(课程周刊)第09版登载报道《苏州市彩香实验中学:课程变革打开成长空间》。

8. 2018年7-8月《华人时刊·校长》刊载封面人物报道《邹全红:溢彩流香在路上》。

基于教育共同体的课改实践之 十年探索

| 人 物 | 封面人物 |

邹全红：
溢彩流香在路上

□文／钱 玲

邹全红校长本着"先改变自己，再改变环境"的理念，克服工作中的重重困难，全身心地扑入到学校建设中。她以强烈的责任心和爱岗敬业的精神深深地感染了每一个人。"其身正，不令则行"，学校形成了一股强大的凝聚力，也激发了广大教师的工作热情。

校长工作千头万绪，但邹校长总能思路清晰，凸显重点，开拓创新，做出成效，开展了一系列有利于学校发展、凝聚人心的大活动，创设了良好的氛围，向教育局输送了多名年轻干部。同时非常重视管理，有创新能力，大胆进行课堂改革和课程改革，促进了学校教育教学质量的快速提升。

邹校长心里总是装着每一位老师，宽厚仁爱，乐于助人，亲和力非常强，她以自己的行动感召着每一位师生，相互的理解和支持使校园更和谐、更有生机。

2017年9月，中共中央办公厅、国务院办公厅印发了《关于深化教育体制机制改革的意见》，明确提出"关键能力"，《意见》指出："要注重培养支撑终身发展、适应时代要求的关键能力。在培养学生基础知识和基本技能的过程中，强化学生关键能力培养。"并进一步指出要培养四种关键能力即认知能力、合作能力、创新能力、职业能力。课堂是人才培养的主渠道，在某种程度上说，课堂模式基本上决定人才培养模式，邹校长意识到现在的课堂，也就是现在的人才培养模式，还很难培养出学生能够适应终身发展和社会发展需要的必备品质和关键能力。课堂是教育的主征地，课堂不变，教育就不变，教育不变，学生就不变，课堂是教育发展的核心地带，所以关键能力的培养这就要求每一所学校必须加强基于关键能力的有效教学的实践研究，积极落实课堂教学改革。

近年来，彩香实验中学以学生发展为本，以小组合作制课堂教学改革为基础，在基于关键能力的有效教学实践研究方面进行了一番探索，并初具成效。

呈现:同频共振,在绽放中美美与共

| 人　物 | 封面人物 |

> 邹金红,教育硕士,现任苏州市一中分校(彩香实验中学)校长,苏州市高级一等校长,苏州市优秀教育工作者、优秀党员,苏州大市学科带头人。她平易近人、开朗热情,作为一校之长,既有女性的温柔与细腻,又有男性自愧弗如的坚毅和魄力,工作敬业乐业、细致果断。

思考——寻找出路

苏州市第一中学校分校(苏州市彩香实验中学校)是由彩香中学和三元中学两所学校重组而成。这两所学校分别始建于1984年和1989年,属与居民新村相配套的初级中学。自建校以来,两校均有过辉煌。但随着立达等四大民办公助学校的扩招,以及苏州教育的一系列布局调整,再加上两校教学质量的逐渐滑坡,办学条件的日趋弱化,导致地段内优质生源留不住,两校50~70%均为外来务工人员子弟。2013年,苏州市教育局为促进城区义务教育优质均衡发展,扩大优质教育资源的覆盖面,为新城区建设提供优质品牌支撑,苏州市一中分校实施品牌输出,与彩香中学重组,成立苏州市第一中学校分校(苏州市彩香实验中学校),但是两校重组并未从根本上改变办学越来越难的现状——教师教得累,学生学得沉闷,"如何才能改变彩香的现状""如何才能将上级教育行政部门所定位的实验学校的实验二字落到实处",2014年8月新到任的邹金红校长带领着班子开始苦苦思考这些问题,并在彩中师生中开展了大讨论。

出路思考:苏州市一中分校(彩香实验中学)如果不进行课改,即使学校再重组,教师再努力都不可能改变学校在周边及在苏州市区的地位和影响。进行教学改革,积极探索,就有可能走出困境,从根本上改变学校的形象,从而真正发挥出实验和示范引领作用。

行为思考:要进行课改首先必须承认落后,立足于变,致力于改,并尝试着向前迈出一步,找到有效办法。为此邹金红校长与班子成员、上级领导多次进行深入交流,并在教师、学生、家长层面分别进行问卷调查,在广泛听取各方意见的基础上,最终决定从最薄弱、最紧要处——课堂入手寻求突破口,依托省级规划重点课题《初中能效ACP课堂的实践研究》,在重组后的一中分校(彩香实验)聚集课堂,改革课堂,走课改之路。

目标思考:力图通过课改营造最有味道的课堂、培养最有能力的学生、成就最有张力的教师,打造最有特色的学校。

| 人 物 | 封面人物 |

实践——寻求突破

通过思考讨论明确了课改方向后,彩中人说干就干。自2014年11月起,学校秉承"生本教育"和"学习金字塔"的理念,依托江苏省十二五重点规划课题——《初中能效ACP课堂模式的实践研究》,开展"小组合作制"模式下构建智慧课堂。

传统教学范式改革

改学——打造能效"ACP"课堂,改变学习方式。能效"ACP"课堂,是学生先学、先讲,师生再一起倾听和点评的课堂,"A"是active,即主动;"C"是cooperative,即互动;"P"是presentation,即展示。通常,教师提前一两天把"导学案"发给学生,并辅以微课、网络课程资源或其他教辅材料,让学生在自习课上(或家里)先进行自主学习。在第二天的课堂上,学生再对自学内容进行展示、补充与点评,学生合作探究、自我展示、自评互评,教师或讲解、或解疑、或赞赏,教师在课堂中退后一步,留给学生是能力发展的海阔天空。这样的课堂实现"知识传递"到"知识建构"、从"教学"到"学教"、从"课堂"到"学堂"的转变,让学生真正成为课堂的主角,成为自我发展的学习的主人。

优教——实施国家课程校本化,优化教学内容。国家课程校本化实施是对国家课程在学校层面的"再加工",规定了课程目标,给出了课程内容选择范围的国家课程的具体化实施过程,是构建适合学校性质、特点和需要的国家课程具体形态的动态过程。近年来彩中人对国家课程的校本化实施也进行了有效探索。首先每个学科组在认真研究课程标准的基础上,与本校的校情和学校相结合,编写各学科的教学案,并制作相应的PPT,设计每课小练,积极进行校本化的教学资源库建设。同时还根据校情对教材内容作适当的增加和删减,如在英语

| 人 物 | 封面人物 |

学科教学中,考虑到学校入学新生英语基础较差,很多新生小学时没有接受过系统音标学习的特点,专门在初一英语预备级学习单元中增加了音标部分教学内容;同时在初三的英语教学中,考虑到学校学生整体英语水平不算太高,而9B教材对于学生来说难度大大且中考又很少涉及,在教学中老师就果断地把9B的大部分内容全部砍掉。

研课——加强课例研究,完善学科教研。要实现"改学"和"优课"必须要抓好"研课"这个环节,积极加强课例研究,开展主题教研活动。近年来,彩中积极开展"每周一课"校内教学研讨活动,围绕着本学科的研究主题,每位老师每学年至少在教研组范围内开设一堂教学研讨课,开课后全组老师认真进行评课活动,总结亮点,提出建议。同时还积极搭建舞台给教师提供开设校外及以上公开课的机会,在公开课的准备过程中,学科组的老师帮助开课老师一起备课、听课、

磨课的过程,就是有效进行课例研究的过程。同时,校长室、课改中心、教学处和教科室还不定期对各年级各学科进行课改调研,并就调研情况对全校做反馈。并请课改专家、特级教师来校为全体教师做报告,更新观念;请骨干教师上课改示范课,引领教师专业成长;聘请专家贴身指导,如学校从苏州全市范围内聘请18位省特级教师担任我校58名骨干教师的指导教师。此外,学校还积极开展学生评教活动,让学生做课堂观察记录,倒逼教师改变教学方式,提高课堂教学效率。

班组文化建设给力

彩香实验中学多年来重视学校管理,并班组文化为切入口,把管理做实、做细、做好。一是建立以班级为主体的管理制度,制定班级文明公约、小组建设评比条例、优秀学生个人规定等,使班级管理工作有章可循。二是建立班级自主管理的机制,以班主任和任课教师为

主导,以学生自主管理为主体,以学校督导为引领,开展了丰富多彩的以班级为主体的管理实践。三是以文化建设为载体,体现管理的人文性。每个小组都有学生亲手制作的组牌,组牌的内容包括组名、组训、组规、组花、组歌、组徽、小组口号等。每间教室外的墙面上都赫然悬挂着班牌。班牌上有班级的"全家福"、班名、班级简介、班级口号、班主任寄语、班级荣誉等内容。

管理的目的不是约束和限制,而是促进学生成长和个性发展,发挥他们学习的主动性和最大潜力;而教学过程则表现为教师教和学生学的互动活动。其中有情感交流,有问题研讨,有管理技巧,有教学方法等众多的课堂教学元素;有自主管理、有监控管理、有人际管理等。这也就是我们彩中人称之为的"厚实管理",它既有显性的制度管理,又有隐性的人文管理,而且以隐性的人文管理为根本,塑造一种班组建设的文化氛围。

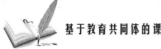

|人 物|封面人物|

综合素质评价助推

学校的综合素质评价体系分别从个人、小组、班级三个维度，实施日评价、周评价、学期评价、学年评价、学段评价的初中三年量化积分管理，实行"学——同——厚——道"的厚道晋阶式评级制度。

"走红地毯"——寻找校园之星。对学生个人，每班每月评选一次"校园之星"中的"常规之星"。分管理、合作、展示、点评、勤奋、进步、礼仪、卫生、劳动、纪律十个明星领域。每班每学期评选一次"校园之星"中的"特殊之星"，分学习、体育、艺术、社团、阅读五个领域。学生评价实行"厚学少年——厚同少年——厚德少年——厚道少年"晋级制，晋级情况将作为其是否能进入团校学习、入团、评定三好生及优秀学生干部等的主要依据。学生依据各自积分可以到学校德育处兑换相应的学习和生活用品。学校还为同鼎"厚道少年"的学生召开表彰大会，让学生及其家长走一次红地毯，为其授予颁奖词，并让他们发表获奖感言。

户外"撒欢"——激励魅力小组。对小组，每周每班评出周魅力小组和周进步小组；每月每班评出月魅力小组和月进步小组。对小组评价实行"厚学小组——厚同小组——厚德小组——厚道小组"晋级制。对于每学期每班表现最优秀的小组成员，学校除精神奖励之外，还为他们赠书，组织他们免费看电影、游览名胜，进行户外实践、跟校长共进午餐和合影留念等。

定制"班服"——奖赏魅力班级。对班级，学校每月每年级评出月魅力班级和月进步班级。班级评价实行"厚学班级——厚同班级——厚德班级——厚道班级"晋级制。对于每学期每年级表现最优秀的班级，除授予班旗之外，学校还将为最优班级学生每人定制一套精美的班服。

现代信息技术支撑

数字时代，信息技术与互联网正在逐渐进入教育领域，给传统的教育带来冲击和挑战。引起一场教育改革。在这个互联网+教育的时代里，给课程改革无疑也带来了机遇和挑战。如何利用现代教育技术提高课堂教学的有效性，也成为每个教育工作者必须思考的问题？彩中人在这方面的探索是：在学科教学中，学校建立了未来教室和班班通一体化优教系统，联合开发微课和微视频，通过教师任务导向、资源拓展、过程指引、评价导向，引导学生基于网络、教材和学案相结合的自主学习、互动学习，有效的实现信息技术和学科教学的有效融合，同时还充分利用技课大数据和云恒大数据，有效助力老师精益教学，学生灵巧学习，家校互动无间，真正实现科学提升教育生产力。彩中积极用信息化手段进行优质资源的深度整合，拓展学生学生学习的深度和广度，为学生实现高效学习、创新学习提供可能。

总结——再次出发

能效ACP教育教学改革推行3年以来，基于教育共同体的育人模式在彩中已经形成；教育理念、校园文化、共同体建设、课程建设、评价跟进等方面工作体系逐渐丰富和健全。在今天的彩中校园里，学生的学习生活丰富多彩，面且充满智慧，力量和人格精神。在这里，索质教育走进了课堂，全面依靠学生的威力，发掘了学生的潜能，激发了学生的学习天性，利用

| 人 物 | 封面人物 |

了学生自身的学习资源。

课改深受学生喜欢：今年4月，学校面对全体学生开展了推进课改工作的调查问卷，结果显示：有超过60%的学生更喜欢以小组合作制的教学、德育自主管理模式，在这样的管理模式中，学生感到进步最大依次为：集体荣誉感、自主学习能力、口头表达能力、处理问题的能力、人际交往能力、思维能力、自信心等。

学生关键能力提升，各项活动捷报频传、喜讯连连：据不完全统计2016年至今，学生在学科、科技、棋类、阅读、体育等多项比赛中荣获：全国一等奖5项、省一等奖5项、省二等奖17项大市一等奖21项、市二等奖10项。今年8月在北京世界机器人大赛学校获得了一等奖的好成绩，10月学校又取得了市区中小学生田径运动会初中组团体总分第一名，最近在刚刚结束的苏州市"普通话、苏州话、英语"比赛，学校又技压群芳，勇夺大市特等奖。

学校的发展引起了国内主流教育媒体的关注：近两年来，《中小学管理》《中国教育报》《苏州教育》《苏州日报》《姑苏晚报》等先后都报道过学校教育教学工作的经验及做法。2017年5月《教育视界》以五篇文章系统、详实的介绍了学校教育共同体的育人体系。学校的发展同时还得到了教育同行广泛关注：仅今年上半年，共吸引了来自全国14所学校400多教育同行参观。今年开学初，因学校教育共同体育人成果显著，在全市教育系统大会上专门就这项工作的进行了经验交流和成果展示。

学校的发展也得到了上级教育行政主管部门的充分肯定：三年来，学校致力于有效教学生本教学的研究，在全体教职工的努力下，取得了一个又一个的好成绩，先后被全国首批青少年足球特色学校、江苏省生态教育示范学校、江苏省教学管理创新特色学校、苏州市棋类教育课程范基地学校、苏州市"创客空间"科技教育课程基地学校、苏州市社团建设先进学校、苏州市家庭教育优秀项目学校、苏州市首批中小学品格提升工程项目单位等。

通过以上方面的努力，彰中要构建关键能力——课程建设——课堂教学——综合评价系列模型，将关键能力具体化，易操作化。同时，也要让学生在学校遇到适宜自己成长的土壤，遇到自我绽放的平台，遇到和他一起前进的伙伴和老师，这些美好的"相遇"是彰中努力的最大意义所在。

9. 2018年4月8日《苏州日报》（教育周刊）以整版形式做了《厚其道 彩其学 香其人》的专题报道。

10. 2019年3月29日《姑苏晚报》以整版形式做了《以生为本，溢彩流香——彩香实验中学特色育人故事集锦》的专题报道。

基于教育共同体的课改实践之 十年探索

11. 2019年5月29日《江苏教育报》登载专题报道《一所薄弱学校的"华丽转身"——苏州市彩香实验中学校"强身健体"之路》。

12. 2019年第22期《人民教育》刊载《溢彩流香　至真至美》专题报道。